Berichte zum Qualitätsmanagement

Band 12/2011

**Brigitte Petersen,
Verena Raab (Hrsg.)**

Qualitätskommunikation

Bericht zur GQW-Jahrestagung 2011 in Bonn

Shaker Verlag
Aachen 2011

Bibliografische Information der Deutschen Nationalbibliothek
Die Deutsche Nationalbibliothek verzeichnet diese Publikation in der Deutschen
Nationalbibliografie; detaillierte bibliografische Daten sind im Internet über
http://dnb.d-nb.de abrufbar.

Copyright Shaker Verlag 2011
Alle Rechte, auch das des auszugsweisen Nachdruckes, der auszugsweisen
oder vollständigen Wiedergabe, der Speicherung in Datenverarbeitungs-
anlagen und der Übersetzung, vorbehalten.

Printed in Germany.

ISBN 978-3-8322-9850-0
ISSN 1438-7654

Shaker Verlag GmbH • Postfach 101818 • 52018 Aachen
Telefon: 02407 / 95 96 - 0 • Telefax: 02407 / 95 96 - 9
Internet: www.shaker.de • E-Mail: info@shaker.de

Inhaltsverzeichnis

Vorwort 1

Prof. Dr. agr. Brigitte Petersen, Dipl. Oecotroph. Verena Raab

Abteilung Präventives Gesundheitsmanagement, Institut für Tierwissenschaften, Rheinische Friedrich-Wilhelms-Universität Bonn

Standortübergreifende Prozessabsicherung 3

Prof. Dr.-Ing. Robert Schmitt, Dipl.-Ing. Bastian Quattelbaum, Dipl.-Wirt.-Ing. Peter M. Becker

Fraunhofer Institut für Produktionstechnologie (IPT), Rheinisch-Westfälische Technische Hochschule Aachen

Qualitätskommunikation am Point of Sale – Ergebnisse einer adaptiven Conjoint-Analyse 29

Dipl.-Kfm. Ludwig Arens, Dr. agr. Mark Deimel, Prof. Dr. Ludwig Theuvsen

Betriebswirtschaftslehre des Agribusiness, Georg-August Universität Göttingen

Qualitätskommunikation im Innovationsprozess - die Balance zwischen Stabilität und Agilität 53

Dipl.-Wirt.-Ing. Katja Landgraf[1], Univ.-Prof. Dr.-Ing. Roland Jochem[2]

[1]Fachgebiet Qualitätsmanagement, Universität Kassel, [2]Fachgebiet Qualitätswissenschaft, TU Berlin, Institut für Werkzeugmaschinen und Fabrikbetrieb (IWF)

Qualitätskommunikation in einem regionalen Netzwerk 75

Dipl. Ing. agr. MSc Simon Düsseldorf[1], Dipl. Ing. agr. Christian Kagerer[2], Prof. Dr. agr. Brigitte Petersen[1], Dr. agr. Detert Brinkmann[1]

[1]Abteilung Präventives Gesundheitsmanagement, Institut für Tierwissenschaften, Rheinische Friedrich-Wilhelms-Universität Bonn,
[2]Lehrstuhl für Betriebswirtschaftslehre - Marketing und Konsumforschung, Technische Universität München

Advanced Reliability Analysis of Warranty Databases (RAW) Konzept: Beitrag zur frühzeitigen Zuverlässigkeitsanalyse im Wertschöpfungsnetzwerk am Beispiel der Fahrzeugtechnik 97

Prof. Dr.-Ing. Stefan Bracke, Dipl. Wirtsch.-Ing Stephan Haller

Lehrstuhl für Sicherheitstechnik / Risikomanagement, Bergische Universität Wuppertal

Wirtschaftlichkeit von Messungen 123

Dipl.-Wirtsch.-Ing. Adrian Dietlmaier, Prof. Dr.-Ing. Dr.-Ing. E.h. Dr. h.c. mult. Albert Weckenmann

Lehrstuhl Qualitätsmanagement und Fertigungsmesstechnik, Friedrich-Alexander-Universität Erlangen-Nürnberg

Werkzeug zur Weiterentwicklung des integrierten Managementsystems 137

Prof. Dr.-Ing. Horst-Artur Crostack, Dipl.-Ing. Constanze Kolbe, Priv.-Doz. Dr.-Ing. Robert Refflinghaus

Dortmunder Initiative zur rechnerintegrierten Fertigung (RIF) e.V., Dortmund

Verbesserung der Maschinenverfügbarkeit durch Zustandsprognose mit Methoden der künstlichen Intelligenz 157

M.Sc. Volker Renken, Dr.-Ing. Gerald Ströbel, Prof. Dr.-Ing. Gert Goch

Bremer Institut für Messtechnik, Automatisierung und Qualitätswissenschaft (BIMAQ)

Design of Prototype Test Procedures (DPP) – Konzept: Analyse komplexer Verschleißmechanismen am Beispiel der Fahrzeugtechnik 171

Prof. Dr.-Ing. Ralf Breede[1], Prof. Dr.-Ing. Stefan Bracke[2]

[1]Fachgebiet Fertigungssysteme, Fachhochschule Köln, [2]Lehrstuhl für Sicherheitstechnik / Risikomanagement, Bergische Universität Wuppertal

Anforderungsmanagement für die Qualitätsvorausplanung in KMU auf Basis einer webbasierten Kollaborationsplattform 191

Dipl.-Wi.-Ing. Toni Eiselt, Prof. Dr.-Ing. Michael Dietzsch, Dr.-Ing. Sophie Gröger

Institut für Fertigungsmesstechnik und Qualitätssicherung, Technische Universität Chemnitz

Zuverlässigkeits- und Innovationsgraderhöhung technischer Systeme durch die Nutzung eines erweiterten Funktionsverständnisses 207

M.Sc. Florian Riekhof, Prof. Dr.-Ing. habil. Petra Winzer

Produktsicherheit und Qualitätswesen, Bergische Universität Wuppertal

Anforderungsgerechte Produktentwicklung über den Produktlebenszyklus 229

Dipl.-logist. Christine Hartmann, M.Sc. Florian Riekhof, Prof. Dr.-Ing. habil. Petra Winzer

Produktsicherheit und Qualitätswesen, Bergische Universität Wuppertal

Die Qualitätsliga in Berlin-Brandenburg 259

Dipl.-Ing. Joachim Mai[1], Dipl.-Ing. Rico Witschas[2], Prof. Dr.-Ing. Ralf Woll[2]

[1]IHK Ostbrandenburg, [2]BTU Cottbus

Einsatzpotentiale von Biosensoren als Prüfmittel in überbetrieblichen QM-Systemen 277

Dipl. agr. Thorsten Klauke[1], Dr. rer. nat. Thomas Gronewold[2], Dr. agr. Susanne Plattes[1], Dr. agr. Detert Brinkmann[1], Prof. Dr. agr. Brigitte Petersen[1]

[1]Abteilung Präventives Gesundheitsmanagement, Institut für Tierwissenschaften, Rheinische Friedrich-Wilhelms-Universität Bonn, [2] SAW instruments GmbH, Bad Godesberg

GQW-Tagungsbände 297

Vorwort

Prof. Dr. agr. Brigitte Petersen, Dipl. Oecotroph. Verena Raab
Abteilung Präventives Gesundheitsmanagement, Institut für Tierwissenschaften, Rheinische Friedrich-Wilhelms-Universität Bonn

Qualitätsmanagement gilt mittlerweile als Querschnittsdisziplin, in der Wissenschaftlerinnen und Wissenschaftler interdisziplinär forschen und Problemlösungen entwickeln. Damit wird eine ganzheitliche Qualitätsstrategie verfolgt, die neben der Lösung von betriebswirtschaftlichen, organisatorischen, technischen und naturwissenschaftlichen Fragen auch eine tiefgreifende Änderung in der Einstellung und im Verhalten eines jeden Beteiligten verlangt. Hierzu gehört auch eine zunehmende Verlagerung von Maßnahmen in die planenden produkt- und prozessvorbereitenden Bereiche im Sinne einer präventiven Qualitätssicherung.

Ohne Kommunikation ist jedoch ein effizientes Qualitätsmanagement undenkbar. „Qualitätskommunikation" ist daher das Rahmenthema der Tagung. Innovationen zur Gestaltung der Qualitätskommunikation in Wertschöpfungsketten sind dabei von besonderer Bedeutung, um Kunden-Lieferanten-Beziehungen zu festigen, Krisensituationen rasch gemeinsam zu meistern und dem globalen Wettbewerbsdruck Stand zu halten.

Für ein effizientes Qualitätsmanagement spielt die interne Kommunikation innerhalb einer Organisation eine ebenso große Rolle, wie die zwischen Kunden und Lieferanten oder auch ganzen Wertschöpfungsketten. Die Herausforderung besteht darin, Kommunikation technisch und organisatorisch zeitgemäß zu gestalten. Dabei stellen sich folgende Fragen:

1) Welche Rolle spielen Standards und Zertifikate im Rahmen der Qualitätskommunikation?

2) Welche technischen und organisatorischen Lösungen haben sich bereits branchen- oder sektorweit etabliert?

3) Welche unterschiedlichen Marketing- und Kundenbindungsstrategien leben von einer kontinuierlichen Qualitätskommunikation?

Vorwort

Während der 14. GQW-Tagung am 01. und 02. März soll das Rahmenthema „Qualitätskommunikation" daher aus unterschiedlichen Perspektiven heraus diskutiert werden. Die 14. GQW-Jahresveranstaltung ist integriert in die dreitägigen Bonner Qualitätsmanagement-Tage 2011. Damit erweitert sich das Forum für den intensiven Gedanken- und Erfahrungsaustausch im Qualitätsmanagement zwischen Wirtschaft, Politik und Wissenschaft.

Die Entstehung des vorliegenden Bandes wäre ohne die Mitwirkung zahlreicher Beteiligter nicht möglich gewesen. Besonderer Dank gebührt den Autoren für ihr Engagement bezüglich der Anfertigung der Beiträge sowie der Überlassung der Manuskripte. Den Professoren Weckenmann, Crostack, Dietzsch, Winzer, Theuvsen, Woll und Schmitt danken wir für Ihr großes Engagement bezüglich des Reviews der Beiträge.

Bonn, Januar 2011

Prof. Dr. agr. Brigitte Petersen

Dipl. Oecotroph. Verena Raab

Standortübergreifende Prozessabsicherung

Prof. Dr.-Ing. Robert Schmitt, Dipl.-Ing. Bastian Quattelbaum, Dipl.-Wirt.-Ing. Peter M. Becker

Fraunhofer Institut für Produktionstechnologie (IPT), Rheinisch-Westfälische Technische Hochschule Aachen

Abstract

Standortübergreifende Prozessketten sind für Unternehmen kein neues Phänomen, deren Steuerung jedoch eine ständige Herausforderung. Besonders kleine und mittlere Unternehmen (KMU) stehen im Mittelpunkt der Kommunikation in kooperativen Netzwerken – durch ihre aktive Rolle als Informationsempfänger und -sender. In diesem Beitrag werden eine Methodik und deren Umsetzung in einem internetbasierten Workflow-Werkzeug vorgestellt, die es ermöglichen, innerhalb einer Prozesskette aufgenommene Kundenforderungen gezielt in eine geteilte Produktentwicklung und deren spätere Umsetzung zu integrieren. Damit befähigt die Methodik zur Abstimmung interner Kunden-/Lieferantenschnittstellen und kombiniert erfolgreich Projektmanagement- mit Informationsmanagementmethoden.

Die Methodik adressiert somit die Herausforderungen verteilt produzierender Unternehmen, deren Wettbewerbsituation sie dazu zwingt, effektiv und abgesichert über die Prozessketten zu kommunizieren. Hierbei wird hinsichtlich einer gezielten Technologieauswahl bzw. -steuerung (z. B. abgestimmte Auslagerung von Fertigungsschritten) sowie bei der Produktentwicklung (z. B. Integration aller relevanten Kundenforderungen) unterschieden. Das Einbinden aller Beteiligten von Beginn an in die Prozesskette sichert den Erfolg, um innovative Produkte anbieten zu können.

Mit steigender Anzahl der an einer Prozesskette beteiligten Unternehmen und zunehmender Komplexität der Produkte nimmt allerdings der Koordinationsaufwand stark zu. Ohne eine strukturierte, methodische Unterstützung ist eine solche Koordinationsaufgabe schwer handhabbar. Die bereits existierenden Softwarelösungen für das Projekt- und Dokumentenmanagement von verteilten Projektteams eignen sich jedoch bislang nur bedingt für die Planung und Steuerung von Prozessketten zur Herstellung komplexer technischer und anforderungsgerechter Produkte.

1 Einleitung

In der verarbeitenden Industrie ist eine Spezialisierung auf Kernkompetenzen und Dezentralisierung wesentliches Element der Wettbewerbsfähigkeit. Die heutige Produktentwicklung und -fertigung ist ein Zusammenspiel verschiedener Lieferanten, Unterlieferanten, Systementwickler, Entwicklungsdienstleister sowie dem eigentlichen Hersteller. Das Streben nach Kosten- und Ressourceneffizienz sowie gleichzeitige Qualitätsführerschaft veranlasst Unternehmen dazu, ihre Wertschöpfung global aufzustellen. Diese Entwicklung führt zu weltweit verteilten Entwicklungs- und Produktionsketten, die koordiniert und verwaltet werden müssen. Speziell kleine und mittlere Unternehmen besitzen nicht immer die Kapazitäten, diese gesamten Prozesse eigenständig abzuwickeln. Somit ist es für sie von besonderer Bedeutung, standort- bzw. unternehmensübergreifende Wertschöpfungsketten in kooperativen Netzwerken zu koordinieren, um alle notwendigen technischen Voraussetzungen für ihre Produkte bereitzustellen [1, 2, 3].

Solche Netzwerke sind schwer koordinierbar und oftmals durch allgemeine Missverständnisse, fehlende Informationen, ungenaue Spezifikationen sowie kulturelle Unterschiede zwischen den beteiligten Unternehmen in ihrem Erfolg bedroht [4]. Mehrere Studien zeigen, dass zwischen 50 und 90 Prozent der standort- und/oder unternehmensübergreifenden Kooperationen scheitern bzw. dass die erwarteten Ergebnisse der beteiligten Unternehmen nicht erfüllt werden [5]. Zusätzlich nimmt der Aufwand solcher standortübergreifenden Vorhaben mit zunehmender Produktkomplexität zu. Dies resultiert in sehr abstimmungsintensiven Entwicklungsprojekten und komplexen Prozessketten.

Dieser Beitrag stellt die Herausforderungen in der Abwicklung verteilter Entwicklungen und standortübergreifender Prozessketten dar. An zwei Beispielen werden Ansätze vorgestellt, um den Herausforderungen verteilter Vorhaben in Entwicklung und Produktion zu begegnen.

2 Verteilte Prozesse in kooperativen Netzwerken

Unternehmen agieren in der heutigen Zeit meist nicht als alleinige Institution im Markt, sondern bilden zusammen mit verschiedenen Zulieferern und Kooperationspartnern ein Unternehmens- oder Zulieferernetzwerk, die Supply Chain. Dieses Netzwerk von Entitäten stellt Waren zur Verfügung, verarbeitet sie oder fragt sie nach [6]. Dabei wird in verschiedenen Bearbeitungsschritten, vom Rohmaterial ausgehend, dem Endkunden ein fertiges Produkt geliefert [7]. Dieses Netzwerk hat nicht immer unternehmensübergreifenden Charakter, sondern kann auch intern ausgebildet sein. Das interne Netzwerk betrachtet die stufenweise Wertschöpfung innerhalb des Unternehmens, zumeist bei internationalen Unternehmungen mit verschiedenen globalen Produktionsstandorten. Im unternehmensübergreifenden Modell ist ein Netzwerk extern zusammenarbeitender Unternehmen abgebildet. Deren Steuerung erfolgt klassischerweise mit dem Hauptfokus der Logistik über das Supply Chain Management [8, 9].

Die angesprochenen Netzwerke bestehen aus mindestens zwei bis drei rechtlich getrennten Unternehmen, durch deren Kopplung der Fluss von Gütern, Dienstleistungen, Finanzmitteln und Informationen gewährleistet wird [10, 11]. Im Gegensatz zur klassischen Wertschöpfungskette besitzt jedes Mitglied des Netzwerks eine eigene Wertschöpfungskette und tauscht zusätzlich noch Informationen mit den anderen Mitgliedern aus [12]. Ein Unternehmensnetzwerk lässt sich horizontal durch die Art und Anzahl der Wertschöpfungsstufen und vertikal durch Art und Anzahl der Lieferanten und Kunden je Wertschöpfungsstufe bestimmen. In der Regel bilden mehrere Unternehmen eine Wertschöpfungsstufe [13]. Das Unternehmensnetzwerk berücksichtigt die Tatsache, dass ein Unternehmen meist verschiedenen Kollaborationen angehört oder mit verschiedenen Produkten oder Produktionsschritten auf unterschiedlichen Wertschöpfungsstufen derselben Kollaboration gleichzeitig vertreten sein kann [14]. Für die führende Entität des kooperativen Netzwerks wird die Steuerung immer schwieriger, da es ihr an Kompetenzen fehlt, die Arbeit der anderen Partner aufgrund deren Spezialisierung zu verstehen, zu spezifizieren oder zu lenken. In Zukunft werden jedoch vermehrt Netzwerke im Wettbewerb stehen, wobei die ganzheitliche Leistung zählt und nicht mehr der traditionelle Wettbewerb einzelner Unternehmen [3, 15].

2.1 Kommunikation in kooperativen Netzwerken

Für die Betrachtung der Zusammenarbeit von Unternehmen in Netzwerken bedarf es einer übergreifenden Kommunikation von Produkt- und Prozessinformation [16]. Nur wenn allen Partnern rechtzeitig die für sie relevanten Informationen vorliegen, kann ein qualitativ hochwertiges Produkt geliefert werden. Aus diesem Grund ist es in diesem Zusammenhang notwendig, zuerst den Begriff der Informationen zu betrachten und ihn vom oft synonym, tatsächlich jedoch ungenau verwendeten Begriff der Daten abzugrenzen. Weiterhin werden die Grundlagen zur Kommunikation ebendieser Informationen vorgestellt.

Trotz der häufigen Verwendung des Begriffs Information in verschiedenen thematischen Zusammenhängen gibt es keine einheitliche Definition [17]. In der Literatur wird häufig die Begriffshierarchie „Zeichen", „Daten", „Information" und „Wissen" angewendet [18], wobei auch verschiedene Autoren der Meinung sind, dass sich die erstgenannten Begriffe nicht trennscharf unterscheiden lassen, sondern dass es sich um ein Kontinuum zwischen den Polen Daten und Wissen handelt [17]. NORTH strukturiert die Begrifflichkeiten in einer Wissenstreppe, welche eine Erweiterung um die Begriffe Handeln, Kompetenz und Wettbewerbsfähigkeit findet (siehe Abbildung 1) [19].

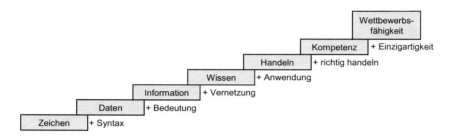

Abb. 1: Die Wissenstreppe [19]

Zeichen sind kleinste Datenbausteine, z. B. Buchstaben, Ziffern oder Symbole. Die Kombination aus Zeichen sind wiederum Daten, welcher erst bei einer bewussten Beobachtung nach regelkonformer Syntax entstehen [20]. Aus Daten werden Informationen, wenn eine Semantik (Bedeutung) im Sinne einer Zweckerfüllung zugeordnet wird und eine Wirkung auf die Beurteilung des Kontextes des Beobachters besteht [21, 22, 23]. Wissen beschreibt die zweckdienliche Vernetzung von Informationen als Ergebnis der Verarbeitung von Informationen durch das Bewusstsein. NORTH Wissenstreppe erweitert die ursprünglichen Begriffe zum organisationalen Lernen und der Umsetzung des erworbenen Wissens zu einer motivierten Organisation und wettbewerbsfähigen Produkten [19].

Diese Grundelemente der Wissenstreppe können innerhalb kooperativer Netzwerke kommuniziert werden. Das Wort Kommunikation hat seinen Ursprung im lateinischen Wort „communicatio" und bedeutet „teilen", „mitteilen" oder „gemeinsam machen" [24]. KLINGENBERG UND KRÄNZLE definieren Kommunikation als einen „Prozess des Austauschs von Informationen zwischen Kommunikationspartnern zum Zwecke der Verständigung", während Kommunikationsmittel als „Medien zur Überwindung einer räumlichen und/oder zeitlichen Distanz" eingesetzt werden [25]. Zur Kommunikation werden stets ein Sender und ein Empfänger benötigt. Die Verbindung zwischen Sender und Empfänger ist der Kommunikationskanal bzw. das Medium. Das Medium regelt den Transport der Mitteilung und kann unterschiedliche Formen haben, zum Beispiel Texte, Töne oder Bilder [26].

Kommunikation kann grundsätzlich aus verschiedenen Perspektiven betrachtet werden:

- Naturwissenschaftlich: Kommunikation wird als Informationsverbreitung und -verarbeitung betrachtet (Modell von SHANNON UND WEAVER) [27]
- Sprachwissenschaftlich: Sprechhandlungen und Deutungsprozesse stehen im Mittelpunkt. Es wird ausschließlich das Medium der Sprache behandelt. (Sprachtheorie von BÜHLER) [28]
- Sozialwissenschaftlich: Betrachtung der Kommunikation als sozialer Prozess in der Gesellschaft. (Kommunikationstheorie von WATZLAWICK) [29].

Beispielhaft sei an dieser Stelle auf das 1949 erstmals veröffentlichte Kommunikationsmodell von C. Shannon und W. Weaver eingegangen, mit welchem die Kommunikation in der amerikanischen Armee optimiert werden sollte. Das Modell zielt darauf, Fehler bei der Informationsübertragung korrigieren zu können, die durch Störquellen bei der Signalübertragung verursacht werden. Das Modell befasst sich mit technisch-mathematischen Aspekten der Informationsübertragung, ohne auf Einflüsse des Informationsinhaltes oder zwischenmenschliche Beziehungen innerhalb der Kommunikation einzugehen. Dabei kommen sechs Elemente zum tragen [30] (Abbildung 2):

- Die **Quelle** hält Informationen bereit oder produziert sie. Ausgehend von der Quelle wird die Information als Nachricht kodiert.
- Der **Sender** wandelt die Nachricht in ein Signal um.
- Über den **Übertragungskanal** gelangen die Signale zum **Empfänger**.
- **Störquellen** können das Signal im Übertragungskanal beeinflussen, so dass das ursprüngliche Signal verfälscht wird.
- Der Empfänger muss das Empfangssignal erst entschlüsseln, d. h. die ursprüngliche Nachricht wieder herstellen, damit der **Senke** die gesendeten Informationen zur Verfügung stehen.

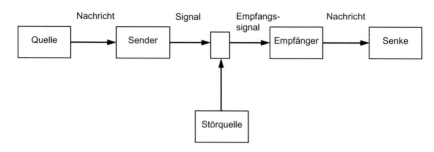

Abb. 2: Kommunikationsmodell von Shannon und Weaver [27]

Für die Gestaltung und Absicherung der Kommunikation und Prozesse in kooperativen Netzwerken sind das Wissen über die Herausforderungen der Kommunikation und ihre Beherrschung essentiell. Die robuste Gestaltung der zuvor genannten Elemente ist ein Erfolgsfaktor für unternehmensübergreifende Netzwerke.

2.2 Herausforderung der Produktentwicklung in kooperativen Netzwerken

Die Entwicklung eines Produktes kann als ein komplexer Prozess verstanden werden. In der Automobilindustrie bindet er beispielsweise zwischen drei und fünf Millionen Entwicklungsstunden. Die Arbeitspakete sind dabei auf verschiedene Personen und Fachbereiche verteilt. Die dadurch entstehenden Schnittstellen bei parallel arbeitenden Entwicklungsteams können auf zwei Weisen ausgestaltet sein [31]:

- „Over the Wall Approach": Verbindet sukzessive voneinander unabhängig ablaufende Prozesselemente. Es wird durch der Übergabe des Ergebnisses miteinander kommuniziert.

- Simultaneous Engineering: Andauernde Kommunikation zwischen parallel ablaufenden Prozessen. Die entstehenden Informationen beeinflussen sich über die Prozessgrenzen hinweg.

Simultaneous Engineering beschreibt die heute angestrebte Form im Produktentwicklungsprozess, welche eine integrierte und zeitlich parallele Produkt- und Prozessgestaltung vorantreibt. Neben dem primären Ziel der Durchlaufzeitverkürzung des Entwicklungsprozesses wird auch die Erhöhung der Ergebnisqualität und der Kundenzufriedenheit angestrebt. Durch den Einsatz dieser Methode kommt es neben der Entwicklungszeitverkürzung jedoch auch zu einem erhöhten Abstimmungs- und Koordinierungsaufwand. Dies ist besonders der Fall, wenn die Beteiligten nicht mehr an einem Standort, in unterschiedlichen Unternehmen oder in verschiedenen Zeitzonen zusammenarbeiten [3]. Der Netzwerkcharakter der Unternehmenskooperationen spiegelt sich auch in der Entwicklung wider (siehe Abbildung 3). Dabei können drei verschiedene Konstellationen von vernetzten Entwicklungsaktivitäten unterschieden werden [32]:

- Gemeinsame Entwicklungsaktivitäten innerhalb der Entwicklungsabteilung des Kooperationsführers.

- Gemeinsame Entwicklungsaktivitäten bei den Firmen des Netzwerks mit Ingenieuren des Kooperationsführers.

- Gemeinsame Entwicklung von Modulen, Komponenten oder Prozessen durch mindestens zwei Firmen des Netzwerks.

Standortübergreifende Prozessabsicherung

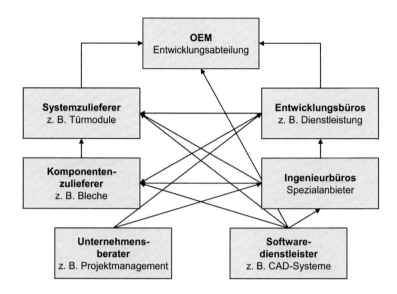

Abb. 3: Beispielhaftes Entwicklungsnetzwerk der Automobilindustrie [32]

Die komplexen kooperativen Netzwerke zeigen die Wichtigkeit auf, die einer vollständigen Kommunikation im Entwicklungsprozess zukommt. Vollständig kann diese nur sein, wenn der Kommunikationsprozess zwischen den Unternehmen in beide Richtungen ausgeprägt ist. Bekannt ist dies aus den bedarfsgetriebenen Beziehungen in Unternehmensnetzwerken [33]. Die Produktentwicklung muss sich der Herausforderung stellen, ein Produkt zu liefern, das den Kundenforderungen entspricht und effizient entwickelt wurde. Problematisch ist dabei die Lücke zwischen dem Wissen über Kundenforderungen in den frühen Phasen der Produktplanung, der Definition der technischen Produkteigenschaften und den Produktänderungsmöglichkeiten. Zu Beginn des Produktentwicklungsprozess sind die Kundenforderungen mit einer großen Unsicherheit belegt und werden im Laufe des Prozesses detailliert. Doch dann ist die Festlegung der technischen Produkteigenschaften auch weitestgehend abgeschlossen. Änderungsmöglichkeiten am Produkt sind fast nicht mehr gegeben oder nur noch mit erheblichem Aufwand zu realisieren [34] (vgl. Abbildung 4).

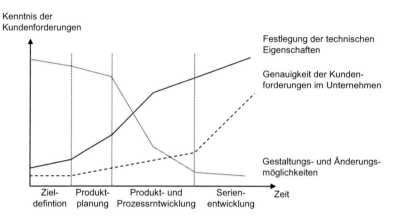

Abb. 4: Herausforderung der Produktentwicklung [34]

Aus der Perspektive der Produktqualität ändert sich für produzierende Unternehmen zusätzlich der Fokus der Produktentwicklung. Produkte werden heutzutage zwar von Käufern oder Nutzern nach technischen Merkmalen und deren qualitativen Ausführung ausgesucht, die finale Kaufentscheidung erfolgt jedoch auf Basis der subjektiv wahrgenommenen Qualität. Dieses Verhalten gilt für alle Arten von Produkten, sowohl im Konsumgütermarkt als auch im Markt für Industriegüter. Die zentrale Aufgabe der Produktentwicklung ist es, diese subjektive Käuferwahrnehmung zu erfassen, in nutzbare Informationen für die Unternehmensprozesse zu überführen und in die Unternehmensnetzwerke zu distribuieren [35]. Aktuelle Ansätze zielen auf die Aufnahme von generalistischen Kundenforderungen und stellen Insellösungen in der Organisation dar. Weiterhin werden diese Ansätze hauptsächlich von Marktforschungs- und Marketingabteilungen vorangetrieben, lassen aber einen Zugang zu technologischen Fachbereichen vermissen. Dies, obwohl die Produktentwicklung einen maßgeblichen Anteil an der Umsetzung der Kundenforderungen in das Produkt hat. Produktentwickler versuchen heutzutage mit der Methode des Quality Function Deployment unzuverlässige Eingangsdaten (von der Quelle Kunde) in Produktmerkmale zu überführen [36].

2.3 Herausforderung der Produktion in kooperativen Netzwerken

Die Herausforderung hinsichtlich der Produktion in kooperativen Netzwerken ist die Gewährleistung eines reibungslosen Arbeitsablaufs. Die Produktion lässt sich am besten über eine Prozesskette darstellen, die in der Regel mehrere Prozessschritte enthält, welche untereinander eine Vielzahl organisatorischer als auch technischer Abhängigkeiten aufweisen. Die tatsächliche Komplexität einer standortübergreifenden Prozesskette kann im Verhältnis zu der geographischen Entfernung sowie zu den benötigten Informationen zwischen den einzelnen Prozessschritten gesetzt werden [37]. Zur Steuerung dieser Prozessketten bedarf es eines systematischen Ansatzes [38]. Eine systematische Vorgehensweise wird in Abbildung 5 dargestellt [39].

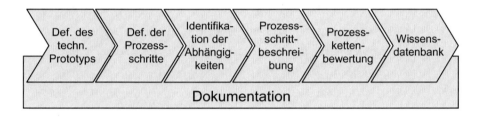

Abb. 5: Systematische Prozesskettenplanung

- Ein solcher Ansatz bedeutet für die Produktionsplanung innerhalb eines kooperativen Netzwerks, dass in einem ersten Schritt die Spezifikationen eines technischen Prototyps zu erfolgen haben. Unter Spezifikation fallen Aspekte wie geometrische Abmessungen, optische Funktion, Oberflächengüte, Formgenauigkeit oder Material.

- Im zweiten Schritt werden alle relevanten Prozessschritte für die Herstellung eines spezifischen Produkts chronologisch (s. Abbildung 6) dargestellt. Jeder Prozessschritt beinhaltet immer nur eine Technologie und wird durch eine verantwortliche Person bearbeitet.

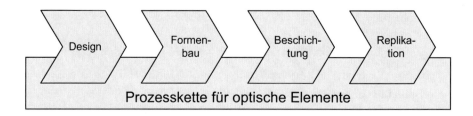

Abb. 6: Prozesskette am Beispiel der Herstellung optischer Elemente

- Nachdem die komplette Prozesskette im Detail visualisiert wurde, gilt es nun, den Austausch von Informationen und Leistungen zwischen den einzelnen Prozessschritten zu koordinieren. Auf diesem Wege kann verhindert werden, dass die zuständigen Personen eines Prozessschritts entscheidende Informationen übersehen und so die gesamte Prozesskette fehlschlagen könnte. Informative Abhängigkeiten bestehen nicht nur zwischen den direkt aufeinander folgenden Prozessschritten, sondern auch innerhalb der gesamten Prozesskette [40]. Eine Visualisierung aller informationellen Beziehungen zwischen den einzelnen Prozessschritten ist in Abbildung 7 am Beispiel der so genannten Prozess-Struktur-Matrix (PSM) zu sehen. Jedes Feld innerhalb der Matrix steht für eine Abhängigkeit zwischen den einzelnen Prozessschritten. In Kapitel 4 wird die Handhabung der PSM noch detailliert beschrieben.

Standortübergreifende Prozessabsicherung

Anforderungs- und Lieferungs-Matrix
PK Untersuchung (Erstellen einer PK)

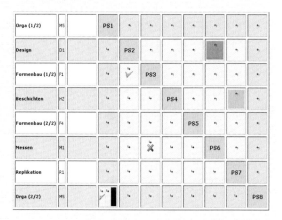

Legende:
keine Forderung eingetragen
Forderung gestellt
vom Lieferanten abgelehnt
vom Lieferanten akzeptiert
Leistung als erbracht gemeldet
vom Forderungssteller abgelehnt
vom Forderungssteller akzeptiert

Abb. 7: Informatorische Abhängigkeiten von Prozessschritten

- Der dritte Schritt einer systematischen Prozesskettenplanung besteht aus der Entwicklung der informationellen Beziehungen. Die ursprünglichen Prozessschritte aus Schritt 2 werden miteinander sachlogisch verkettet und alle Informations- und Materialbeziehungen aufgezeigt. Die erforderlichen Informationen zwischen den Prozessschritten können so für jede Schnittstelle dokumentiert werden.

- Im vierten Schritt eines systematischen Ansatzes wird jeder einzelne Prozessschritt detailliert beschrieben. Die Intention dieses Schritts ist es, eine klare Vorstellung zu erhalten, wo genau die erforderlichen Informationen und Leistungen innerhalb des Prozessschrittes benötigt und angewendet werden.

- In Schritt fünf beginnt die Auswertung der gesamten Prozesskette. Die Netzwerkmitglieder nehmen beispielsweise an einem Bewertungsworkshop teil, um die Ergebnisse der Prozesskette zu diskutieren. Die Produktspezifikationen werden mit den tatsächlich hergestellten Produkten verglichen und Maßnahmen zur Verbesserung der Prozesskette abgeleitet. Dies sind wesentliche Verfahren, um die Prozesskette und deren Ergebnisse ständig zu verbessern.

- Der sechste und letzte Schritt stellt eine Fortsetzung des fünften Schrittes dar. Gewonnene Erfahrungen werden ausgewertet und anschließend in einer Datenbank gesichert. Die so gespeicherten Informationen dienen der künftigen Koordinierung und Verbesserung neuer oder auch bereits bestehender Prozessketten.

Dieses allgemeine Vorgehen zeigt, dass gerade die Produktion in kooperativen Netzwerken neben einer detaillierten Planung eine kontinuierliche Steuerung und Abstimmung benötigt. Vor dem Hintergrund des Kommunikationsmodells von SHANNON UND WEAVER gilt es, einen geeigneten Übertragungskanal zur Verfügung zu stellen, der die Störquellen auf technische Störquellen reduziert.

3 Gestaltung und Umsetzung wahrgenommener Qualität in kooperativen Netzwerken

Die Herausforderungen der Gestaltung und Umsetzung hochwertiger Produktqualität bestehen in der Unsicherheit der Informationen aus der Quelle (dem Kunden) und der zielgerichteten Verortung der Informationen hin zur Senke im kooperativen Netzwerk.

Zur Verringerung der Unsicherheit der Informationen der Quelle lässt sich durch die im Folgenden vorgestellte Struktur und deren Operationalisierung durch Erhebungsinstrumente die Wahrnehmung des Kunden von der Gesamtwahrnehmung bis zum technischen Parameter erfassen. Ausgangspunkt jeglicher Informationsaufnahme ist als Quelle immer der „naive Kunde". Er liefert die ursprünglichsten, unverfälschtesten Informationen zu einem Produkt. Die Grundidee der Operationalisierung der Wahrnehmung ist ein schrittweises Vorgehen zur nachhaltigen Objektivierung von Kundenforderungen und damit zur Erhöhung der Genauigkeit der erhobenen Informationen.

Die Wahrnehmungsstruktur umfasst die Objektivierung des Gesamteindrucks hinsichtlich eines Produkts über die Schritte des Wahrnehmungsclusters, der Qualitätsattribute, der Deskriptoren bis hin zum technischen Merkmal (Abbildung 8).

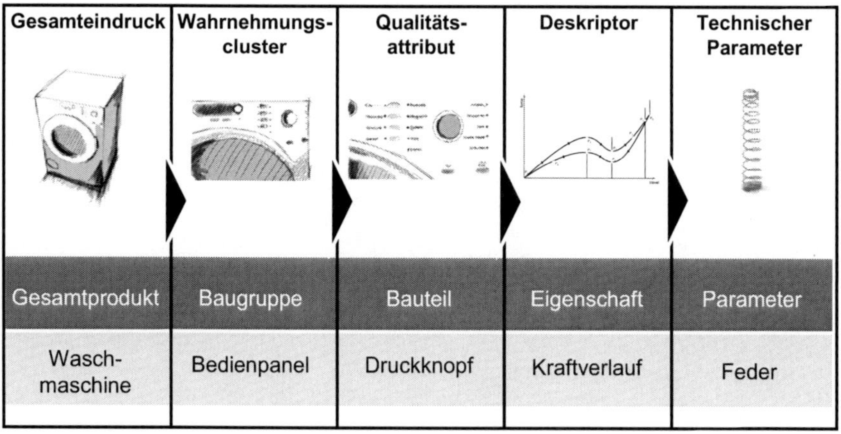

Gesamteindruck	Wahrnehmungscluster	Qualitätsattribut	Deskriptor	Technischer Parameter
Gesamtprodukt	Baugruppe	Bauteil	Eigenschaft	Parameter
Waschmaschine	Bedienpanel	Druckknopf	Kraftverlauf	Feder

Abb. 8: Wahrnehmungsstruktur

Ausgangspunkt ist der Gesamteindruck eines Kunden von einem Produkt. Dieser entsteht während der ersten Interaktion mit einem Produkt und basiert auf Produktdetails und einzelnen Bestandteilen. Er wird im weiteren Verlauf der Produkterfahrung durch eine detailliertere Wahrnehmung geprägt, doch lässt er noch keine direkten Rückschlüsse auf die Ursächlichkeiten der Beurteilung zu.

Als nächste Verfeinerungsebene lassen sich Bereiche identifizieren, die vom Kunden als Einheit wahrgenommen werden. Dabei verknüpft der Kunde Produktmerkmale auf der Ebene einzelner Sinneswahrnehmungen (z. B. Harmonie in Optik oder Haptik) oder sinnesübergreifend (z. B. Kongruenz von Optik und Haptik). Unter Zuhilfenahme von teilstrukturierten Interviews lassen sich solche gruppierten Produktmerkmale identifizieren und damit Wahrnehmungscluster beschreiben. Der Schritt zur Bildung von Wahrnehmungsclustern bietet sich besonders zur Festlegung weiterer Untersuchungsbereiche bei komplexen Produkten an. Beispiele für Wahrnehmungscluster können z. B. die Tastatur eines Notebooks, das Armaturenbrett im PKW, aber auch alle Oberflächen eines Produktes sein. Unregelmäßigkeiten in der Qualitätsanmutung innerhalb eines Wahrnehmungsclusters führen neben negativen Einflüssen auf die Beurteilung des Clusters auch zu einer schlechten Beurteilung des Gesamteindrucks.

Die für den Qualitätseindruck verantwortlichen Merkmale eines Produkts setzen sich aus bewusst, aber auch unbewusst wahrgenommenen Faktoren zusammen. Doch gerade diese unbewussten Faktoren kann der Kunde meist nicht entsprechend artikulieren. Anstelle einer direkten Befragung sind somit folgende Erhebungsmethoden zielführender:

- freie Interviews,
- die Beobachtung bei der Interaktion,
- die Methode des „Lauten Denkens" oder
- Workshops in Kleingruppen.

Dabei handelt es sich um zeitaufwändige Verfahren, welche in einem ersten Schritt mit einer kleinen Stichprobe durchzuführen sind. Die Ergebnisse lassen sich anschließend mit einer empirischen Untersuchung verifizieren. Ziel ist es, skalierbare Qualitätsattribute zu identifizieren (z. B. benötigte Kraft für einen Drehknopf). Diese repräsentieren die Produktmerkmale, die als Grundlage für die Qualitätsbewertung des Kunden dienen.

Zur weiteren Differenzierung eines Qualitätsattributs bedarf es qualifizierter Probanden, da „naive Kunden" zwar in der Regel eine Veränderung in der Sinneswahrnehmung feststellen, diese aber selten beschreiben können. Eine Möglichkeit zur weiteren Identifikation wahrnehmungsrelevanter Produkteigenschaften sind „deskriptive Methoden" aus der Sensorik [41, 42]. Qualitätsattribute lassen sich durch einen oder mehrere Deskriptoren festlegen. Anhand dieser Deskriptoren können technisch-physikalische Zusammenhänge so differenziert wie möglich durch partielle Vergleiche mit bekannten Sachverhalten beschrieben werden. Die oben angesprochenen, qualifizierten Probanden zeigen entweder durch besonderes Fachwissen oder durch entsprechende Schulungen eine erhöhte Sensibilisierung für bestimmte Sinneswahrnehmungen. In Einzelsitzungen und Workshops werden die Deskriptoren eines Qualitätsmerkmals erarbeitet und deren skalierbare Ausprägungen bestimmt. Diese entsprechen in „Kundensprache" möglichst weitgehend dem technischen Parameter. Bei den so erhobenen Informationen handelt es sich um Informationen mit geringerem subjektivem Einfluss und damit um „teil-objektivierte" Informationen. Verifiziert werden auch diese Ergebnisse durch „naive" Kunden, die unterschiedliche Deskriptorenkombinationen in standardisierten Studien beurteilen. Abschließend lässt sich über die Korrelation der unterschiedlichen Ausprägungen eines Deskriptors mit entsprechenden Messwerten der technische Parameter ermitteln, welcher für die Konstruktion, Fertigung oder Montage relevant ist.

Verschiedene Erhebungen an verschiedenen Produkten, wie Schnurlostelefonen, Lenkrädern, Schaltkulissen, Fahrzeuginnenräumen oder Webshops haben gezeigt, dass die vorgestellten Stufen und Erhebungsinstrumente reliable Kundeninformationen liefern und einen erheblichen Anteil zu einer Objektivierung der Wahrnehmung leisten [43]. Die subjektiven Informationen der Quelle können standardisiert erfasst und aufbereitet werden. Damit kann die Unsicherheit der Eingangsdaten für die weitere Kommunikation an die Senke reduziert werden. In einem nächsten Schritt gilt es zu klären, welche Informationen dieser Wahrnehmungsstruktur an welcher Stelle im Unternehmensnetzwerk benötigt werden und wie diese Informationen innerhalb des Netzwerks verknüpft werden müssen.

4 Management verteilter Prozesse in kooperativen Netzwerken

Den in Kapitel 2.3 beschriebenen systematischen Ansatz zur Koordinierung standort- und/oder unternehmensübergreifenden Prozessketten gilt es, in einem leicht anzuwendenden Übertragungskanal abzubilden. Darüber hinaus ist es notwendig, einen Weg für die Verwaltung aller Kunden-Lieferanten-Beziehungen in einer dezentralisierten Form bereitzustellen [44]. Ein internetbasiertes und somit ortsunabhängiges Management-Tool stellt für dieses Anliegen eine erfolgversprechende Lösung dar.

Innerhalb eines Forschungsprojekts des SFB/TR4 "Prozessketten zur Replikation komplexer Optikkomponenten" wurde durch den so genannten Prozesskettenmanager (PKM) die Transformation des theoretischen Ansatzes in ein tatsächliches Werkzeug durchgeführt. Der PKM ermöglicht es einem standortübergreifenden Projektteam, alle Kunden-Lieferanten-Abhängigkeiten aufzuzeigen und zu koordinieren, wobei Kunde und Lieferant jeweils den nach- bzw. vorgelagerten Prozessschritt repräsentieren. Der Projektverlauf kann durch Aktionslisten und Zeitpläne gezielt gesteuert werden. Das Software-Tool basiert auf einer mySQL-Datenbank und kann technologieunabhängig für alle standortübergreifenden Prozessketten verwendet werden.

Der PKM ist eine interaktive Web-2.0-Plattform. Jedes Mitglied eines Projektteams verfügt über einen personalisierten Zugang zu diesem Tool und besitzt ein eigenes Profil, über das es mit anderen Projektmitgliedern alle relevanten Informationen über seine verschiedenen Prozessschritte oder auch Ketten austauschen kann. Zusatzinformationen wie Name, Kontaktadresse, verantwortliches Teilprojekt, Institut bzw. Unternehmen und laufende sowie abgeschlossene Prozessketten des Users werden im Profil aufgelistet.

Beim Erstellen einer neuen Prozesskette muss das zu fertigende Produkt zunächst hinsichtlich seiner Spezifikationen beschrieben werden. Um sicherzustellen, dass alle benötigten Informationen über das Produkt benannt werden, wurde im PKM eine standardisierte Produktparameterabfrage eingerichtet. Desweiteren können Dokumente wie technische Zeichnungen oder Fotografien hochgeladen und Informationen über einen integrierten E-Mail-Dienst ausgetauscht werden. So haben alle Projektmitglieder einen direkten Zugriff auf alle relevanten Produktinformationen.

Eine der Hauptanwendungen des PKM ist die Nutzung der Prozess-Struktur-Matrix (PSM) für die Koordinierung der Anforderungen und Leistungen zwischen den einzelnen Prozessschritten. Nachdem die Prozesskette mit all ihren einzelnen Prozessschritten definiert wurde, wird die PSM hinsichtlich aller Anforderungen und Leistungen gefüllt. Dafür wurde ein systematischer Ablauf entwickelt, welcher in Abbildung 9 dargestellt ist.

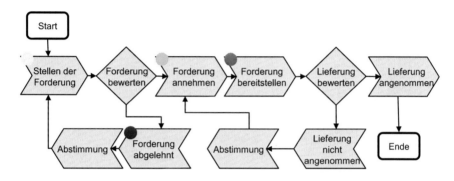

Abb. 9: Systematisches Vorgehen innerhalb der PSM

Die Software erlaubt es jedem Teilnehmer mittels der zugeordneten Zugriffsrechte, Forderungen nur an den Schnittstellen zu platzieren, für die er verantwortlich ist. Der Prozess zur Abstimmung von Leistungen zwischen den Prozessschritten folgt klaren Regeln, wie das Flussdiagramm in Abbildung 9 zeigt. Im Ablaufdiagramm wie auch in der PSM wird eine Farbcodierung mit der gleichen Bedeutung verwendet. Dies ermöglicht es jedem Projektmitglied, allein durch die Farbe einer Schnittstelle zu erkennen, wie weit der Kommunikationsprozess vorangeschritten ist.

Nachdem das systematische Vorgehen durchlaufen wurde, folgt der letzte und sehr wichtige Schritt: Der Erwerb von Prozesswissen [45]. Fertigungsverfahren für optische Komponenten sind äußerst individuell und aufwändig. Daher muss jede Prozesskette genutzt werden, um neue Erfahrungen zu gewinnen. Die Prozesserfahrung wird als Wissensbasis genutzt, um die Qualität künftiger Prozessketten weiter zu steigern. Jedes Prozessmitglied wird daher verpflichtet, Erfahrungen zu dokumentieren und zu bewerten. Die Bewertung erfolgt in einem Workshop mit allen beteiligten Verantwortlichen einer Prozesskette. All diese Informationen werden zusammen mit den elektronisch verfügbaren Dokumenten wie Zeichnungen, Stücklisten, Arbeitsanweisungen und Messprotokollen auf einem Server gespeichert. Somit können alle Teilnehmer der Prozesskette zeit- und ortsunabhängig auf die gesammelten Daten zugreifen. Dadurch kann der Zeitaufwand für die Suche relevanter Daten und Informationen stark reduziert werden.

Im SFB/TR4 kam der PKM am Pilotbeispiel der Fertigung komplexer Optiken zum Einsatz und reduzierte die Informationsverluste deutlich. Die Kommunikationsprozesse zwischen den verschiedenen Quellen und Senken wurden standardisiert abgewickelt. Die Implementierung als Web-2.0-Plattform hatte besondere Bedeutung für die Herausforderung der kooperativen Netzwerke.

5 Fazit

Standort- oder unternehmensübergreifende Entwicklungs- und Wertschöpfungsprozesse erreichen oftmals nicht die zuvor definierten Ziele. Dies kann aufgrund eines unzureichenden Informationsflusses oder auch durch eine undefinierte Kommunikationsstruktur innerhalb der einzelnen Prozessschritte entstehen.

Die vorgestellten Ansätze zeigen auf der einen Seite eine Reihe geeigneter Methoden für eine strukturierte Abwicklung von Prozessen in kooperativen Netzwerken. Auf der anderen Seite wird deutlich, dass die Zusammenarbeit in diesen Netzwerken vielschichtige Herausforderungen mit sich bringt, um den Kunden ein Produkt zu liefern, welches seine Qualitätsforderungen erfüllt. Der Schlüssel zu einer effizienten Prozesskette liegt in der Koordination der entsprechenden Kunden-Lieferanten-Beziehungen. Dies kann nur durch eine sehr genaue Aufnahme der Kundenforderungen, deren Überführung in standardisierte Produktbeschreibungen und die anschließende abgesicherte Kommunikation im Netzwerk erreicht werden. Darüber hinaus muss eine eindeutige und tiefgehende Analyse der Anforderungen und Leistungen an den Schnittstellen der Netzwerkpartner erstellt werden. Der Prozesskettenmanager stellt ein Werkzeug dar, welches standortübergreifende Projektteams bei ihrer Aufgabenbewältigung unterstützt und mit welchem Projekte unter verschiedensten Betrachtungswinkeln gesteuert werden können.

Literatur

[1] Schuh, G.; Bergholz, M.: Collaborative Production on the Basis of Object Oriented Software Engineering Principles. In: Annals of CIRP 52/1, S. 393-396, 2003.

[2] Rentmeister, B.: Einbindung und standörtliche Organisation von Ingenieurdienstleistern in der Automobilentwicklung. In: Forschungsberichte – Institut für Wirtschafts- und Sozialgeographie – Johann Wolfgang Goethe-Universität Frankfurt. 2002, Nr. IWSG Working Papers 12-2002, S. 9.

[3] Jürgens, U., Europaspezifischer Entwicklungsweg in der Automobilindustrie, 2004, S. 27.

[4] Scheermesser, S.; Vinke, J.: Quality based management and optimization of cross-site production process chains. In: Annals of the CIRP 55/1, 2006.

[5] Fontanari, M.-L.: Voraussetzung für den Kooperationserfolg – eine empirische Analyse. In: Schertler, W.: Management von Unternehmenskooperationen. Ueberreuther, Wien, 1995.

[6] Davis, T.: Effective Supply Chain Management. Bd. 34. Boston: Massachusetts Institute of Technology, 1993, S. 37.

[7] La Londe, B. J.; Masters, J. M.: Emerging Logistics Strategies – Blueprints for the Next Century. In: International Journal of Physical Distribution & Logistics Management. 24. Jg., 1994, Nr. 7, S. 38.

[8] Stadtler, H.; Kilger, C.: Supply chain management and advanced planning. Concepts, models, software, and case studies. 4. Aufl. Berlin: Springer, 2008, S. 9.

[9] Zimmer, K.: Supply chain coordination with uncertain just-in-time delivery. In: International Journal of Production Economics. 77. Jg., Nr. 1, 2002, S. 1.

[10] Corsten, D.; Gabriel, C.: Supply Chain Management erfolgreich umsetzen. Grundlagen, Realisierung und Fallstudien. 2. Aufl. Berlin Springer, 2004, S. 8.

[11] Trautvetter, U.: Gestaltung logistischer Prozesse durch Dienstleister – der LDL als Collaborator? In: Dangelmaier, W.; Kaschula, D.; Bneumann, J. (Hrsg.): Supply-Chain-Management in der Automobil- und Zuliefererindustrie. Bd. 12, 1. Aufl. Paderborn: ALB-HNI-Verlagsschriftenreihe, 2004, S. 233.

[12] Fredendall, L. D.; Hill, E.: Basics of supply chain management. 3. Aufl. Boca Raton, Fla.: St. Lucie Press, 2001, S. 3-4.

[13] Richert, J.: Performance measurement in supply chains. Balanced scorecard in Wertschöpfungsnetzwerken. 1. Aufl. Wiesbaden: Gabler, 2006, S. 25f.

[14] Corsten, H.; Gössinger, R.: Einführung in das Supply-chain-Management. 1. Aufl. München: Oldenbourg, 2001, S. 21.

[15] Gehr, F.; Hellingrath, B.: Logistik in der Automobilindustrie. Innovatives Supply Chain Management für wettbewerbsfähige Zulieferstrukturen. 1. Aufl. Berlin Springer, 2007, S. 2.

[16] Scholz-Reiter, B.; Krause, L.: Integriertes Produktdatenmanagement als strategische Schlüsseltechnologie in Industrieunternehmen. In: Wirtschaftinformatik Proceedings, 2001, Paper 65.

[17] Landwehr, S.: Know-how-Management bei der Gründung innovativer Unternehmen. 1. Aufl. Wiesbaden: Dt. Univ.-Verl., 2005, S. 70.

[18] Ahlert, M.; Blaich, G.; Spelsiek, J. U.: Vernetztes Wissen: Organisationale, motivationale, kognitive und technologische Aspekte des Wissensmanagements in Unternehmensnetzwerken. Wiesbaden: Dt. Univ.-Verl., 2006, S. 41.

[19] North, K.: Wissensorientierte Unternehmensführung: Wertschöpfung durch Wissen. Wiesbaden: Gabler, 2005, S. 31f.

[20] Biethahn, J.; Mucksch, H.; Ruf, W. U.: Ganzheitliches Informationsmanagement. München: Oldenbourg, 2004, S. 94.

[21] Bodendorf, F.: Daten- und Wissensmanagement. 2. Aufl. Berlin Springer, 2005, S. 1.

[22] Kreitel, W. A.: Ressource Wissen: wissensbasiertes Projektmanagement erfolgreich im Unternehmen einführen und nutzen; mit Empfehlungen und Fallbeispielen. Wiesbaden: Gabler, 2008, S. 14.

[23] Güldenberg, S.: Wissensmanagement und Wissenscontrolling in lernenden Organisationen: ein systemtheoretischer Ansatz. Wiesbaden: Dt.-Univ.-Verl., 2003, S. 158.

[24] Luhmann, N.: Kommunikation. In: Berger, M.; Chalupsky, J.; Hartmann, F. (Hrsg.): Change Management – (Über-)Leben in Organisationen. (Reihe: Schriftenreihe Organisation, Bd. 4). 6. Aufl. Wettenberg: Schmidt Dr. Goetz, 2008, S. 261.

[25] Klingenberg, H.; Kränzle, H. P.: Kommunikation und Nutzerverhalten – Die Wahl zwischen Kommunikationsmitteln in Organisationen. In: Picot, A.; Reichwald, R. (Hrsg.): Bürokommunikation. München. CW-Edition, 1983, S. 33.

[26] Seidel, A.: Kundenorientierte Kommunikation: Konzeptionalisierung und empirische Analyse im Dienstleistungsbereich. Wiesbaden: Deutscher Universitätsverlag, 2007. S. 71f.

[27] Shannon, C. E.; Weaver, W.: The mathematical theory of communication. Urbana Univ. of Illinois, Press, 1998.

[28] Bühler, K.: Sprachtheorie: die Darstellungsfunktion der Sprache. Stuttgart: Lucius & Lucius, 1982.

[29] Watzlawick, P.; Beavin, J. H.; Jackson, D. D.: Menschliche Kommunikation: Formen, Störungen, Paradoxien. Bern: Huber, 2000.

[30] Schöneberger, H.: Kommunikation von Unternehmertum – Eine explorative Untersuchung im universitären Umfeld. In: Picot, A.; Reichwald, R; Franck, E. (Hrsg.): Markt- und Unternehmensentwicklung. 1.Aufl. Wiesbaden, DUV, 2006.

[31] Prefi, T.; Neumärker, I.; Schmitt, R.; Daniel, K.: Qualitätsmanagement in der Produktentwicklung. In: Schmitt, R.; Pfeifer, T. (Hrsg.): Masing Handbuch Qualitätsmanagement. 5. Aufl. München: Carl Hanser, 2007, S. 414.

[32] Eversheim, W.: Organisation in der Produktionstechnik – Konstruktion, Bd. 2. 3. Aufl. Berlin: Springer Verlag, 1998, S. 247.

[33] Ostertag, R.; Fleischmann, B.: Supply-Chain-Koordination im Auslauf in der Automobilindustrie. Koordinationsmodell auf Basis von Fortschrittszahlen zur dezentralen Planung bei zentraler Informationsbereitstellung. 1. Aufl. Wiesbaden: Gabler, 2008, S. 21.

[34] Schwarze, J.; Jehle, E.: Kundenorientiertes Qualitätsmanagement in der Automobilindustrie. 1. Aufl. Wiesbaden: Dt. Univ.-Verl., 2003, S. 87.

[35] Quattelbaum, B.; Schmitt, R.: Perceived Quality. New Information Data for Production Specifications. In: Tagungsband 11th CIRP International Conference on Computer Aided Tolerancing. Annecy, France Eigendruck Université de Savoie Annecy/ France.

[36] Betzold, M.; Enslin, A.; Falk, B.; Knecht, S.; Lützeler, R.; Mircea, R.; Prefi, T.; Quattelbaum, B.; Schmitt, R.: Perceived Quality: Der nächste Evolutionsschritt der industriellen Produktgestaltung – Systematische, kosteneffiziente Gestaltung begeisternder Qualität. In: Schmitt, R.; Schuh, G.; Klocke, F.; Brecher, C. (Hrsg.): AWK-Tagungsband: Wettbewerbsfaktor Produktionstechnik – Aachener Perspektiven. Aachen: Apprimus, 2008. S. 299-328.

[37] Schmitt, R. and Scharrenberg, C.: Approach for the Systematic Implementation of Quality Gates for the Planning and Control of Complex Production Chains. VIMation Journal, Issue 1, 2008, S. 40-45.

[38] Mentink, R. J., van Houten, F. J. A. M, Kals, H. J. J.: Dynamic process management for engineering environments. Annals of CIRP 52/1, 2003, S. 351-354.

[39] Schmitt, R.; Becker, P: Productivity Gain Through Successful Networking of Cross-Sited Production Process Chains, 16th World Productivity Congress and European Productivity Conference, 2010.

[40] Petridis, K. D., Pfeifer, T., Scheermesser, S.: Business Process Improvement: Development of an Quality-Characteristics-Library as Controlling Instrument for Business Processes. Proceedings of the 45th EOQ Congress. Vol. 45, 2001, S. 313-323.

[41] Piper, D.; Scharf, A.: Descriptive Analysis – state of the art and recent developments. In: Scharf, A. (Hrsg.): Series Sensory Analysis. No.1. 2. Auflage, Forschungsforum, Göttingen, 2006.

[42] Busch-Stockfisch, M.: Technische Geräte. In: Busch-Stockfisch, M. (Hrsg.): Praxishandbuch Sensorik in der Produktentwicklung und Qualitätssicherung. Loseblattsammlung, 16. Akt.-Lfg. 08/2007, Behr's Verlag, Hamburg, Kap. V-2.3.

[43] Schmitt, R.; Quattelbaum, B.; Falk, B.: Distribution of Customer Perception Information within the Supply Chain. In: Operations & Supply Chain Management. 3. Jg., 2010, Nr. 2, S. 94-104.

[44] Lutters, D., Mentink, R.J., van Houten F.J.A.M.: Workflow management based on Information Management. Annals of CIRP 50/1, 2001, S. 309-312.

[45] Rozenfeld, H.: An Architecture for Shared Management of Explicit Knowledge Applied to Development Processes. Annals of CIRP 51/1, 2001, S. 413-416.

Qualitätskommunikation am Point of Sale – Ergebnisse einer adaptiven Conjoint-Analyse

Dipl.-Kfm. Ludwig Arens, Dr. agr. Mark Deimel, Prof. Dr. Ludwig Theuvsen

Betriebswirtschaftslehre des Agribusiness, Georg-August Universität Göttingen

Abstract

Durch eine Vielzahl von Lebensmittelskandalen ist das gesellschaftliche Interesse bezüglich Transparenz im Lebensmittelsektor erheblich gestiegen. Pauschale Forderungen nach einer gläsernen Produktion und mehr Informationen über bspw. Lebensmittelsicherheit werden laut. Dabei ist jedoch noch nicht hinreichend geklärt, welche Informationen zum Herstellungsprozess und somit welcher Grad an Transparenz tatsächlich von Konsumenten beim Einkauf gefordert bzw. verarbeitet werden kann. Um diese Diskussion aus Sicht der Verbraucher zu analysieren, wurde eine großzahlige empirische Untersuchung durchgeführt. Hierdurch soll mittels einer adaptiven Conjoint Analyse festgestellt werden welche Transparenzvorstellungen, in Form von Informationen auf verpacktem Schweinefleisch, bei den Verbrauchern herrschen. Erste Ergebnisse zeigen, dass pauschale Forderungen der Konsumenten nach mehr Informationen teilweise nicht ihrem eigentlichen Nutzenprofil entsprechen. Diese Inkonsistenzen sind möglicherweise auf eine in der Gesellschaft verbreitete soziale Erwünschtheit zurückzuführen.

1 Einleitung

Ausgelöst durch eine Reihe von Lebensmittelkrisen ist das gesellschaftliche Interesse an Fragen der Transparenz von Wertschöpfungsketten in der Lebensmittelproduktion erheblich gestiegen. Sowohl der europäische als auch der deutsche Gesetzgeber haben daher neue Rechtsvorschriften erlassen, die der Schaffung von Transparenz in der Lebensmittelproduktion dienten. In diesem

Zusammenhang sind z.B. Rückverfolgbarkeitssysteme für Lebens- und Futtermittel etabliert worden (Art. 18 Regulation (EC) 178/ 2002) [1]. Über „tracking and tracing" hinaus, das der Verbesserung der von Hofstede so genannten „historischen Transparenz" dient [2], finden sich im öffentlichen Diskurs zunehmend Forderungen nach weiterreichenden Informationen, beispielsweise zur Lebensmittelqualität und -sicherheit, zum Tier- und Umweltschutz sowie generell zur Nachhaltigkeit der Herstellungsprozesse von Lebensmitteln. Diese Forderungen sind Ausdruck eines Bedürfnisses nach mehr Transparenz bzw. einer gläsernen Produktion [3].

Empirische Studien der letzten Jahre zeigen, dass vor allem Fleischprodukte und deren Erzeugung ein relativ geringes Verbrauchervertrauen genießen [4, 5]. Daher finden sich seit einigen Jahren vor allem in diesem Bereich vielfältige Initiativen, durch mehr Transparenz das Verbrauchervertrauen zu erhöhen [6]. Allerdings ist bis dato noch nicht hinreichend geklärt, welche Informationen über den Herstellungsprozess und somit welcher Grad an Transparenz tatsächlich von Konsumenten beim Einkauf gefordert wird bzw. verarbeitet werden kann [7]. Oder anders formuliert: Wie viel Qualitätskommunikation ist am Point of Sale überhaupt möglich?

Zur Beantwortung dieser Frage wurde eine Verbraucherbefragung durchgeführt. Mittels einer computergestützten adaptiven Conjoint-Analyse (ACA) wurde die Transparenzwahrnehmung der Konsumenten beim Kauf von frischem Schweinefleisch analysiert. Die Wahl der adaptiven Variante der Conjoint Analyse ermöglicht es, das vielschichtige Konstrukt „Transparenz" mittels einer größeren Anzahl von Eigenschaften (z.b. Herkunft des Tiers, eingesetzte Futtermittel oder Einhaltung von Umweltstandards) und unterschiedlichen dazugehörigen Merkmalsausprägungen zu operationalisieren. Darüber hinaus lässt sich mit dieser Methodik untersuchen, in welchen Bereichen des Herstellungsprozesses Transparenz den Verbrauchern wichtig ist und welche Grade von Transparenz dem Konsumenten tatsächlich Nutzen stiften.

Empirische Erkenntnisse über die Transparenzwahrnehmung von Konsumenten beim Einkauf sind für Unternehmen der Lebensmittelwirtschaft von besonderem Interesse, da mögliche Transparenzinitiativen nur am Point of Sale entlohnt werden können, z.B. durch höhere Abverkäufe oder eine Mehrzahlungsbereitschaft der Kunden für entsprechende Informationen. Die Ergebnisse können zudem wertvolle Hinweise liefern, inwieweit Transparenz zur Verbesserung der Marktorientierung der Unternehmen [8] oder zur Weiterentwicklung von Qualitätssicherungssystemen genutzt werden kann [9, 10].

2 Stand der Diskussion

Transparenz: Versuch einer Begriffsbestimmung

Der Begriff Transparenz findet sich in den unterschiedlichsten Zusammenhängen. Umgangssprachlich verbindet man ihn mit Durchsichtigkeit, aber auch Deutlichkeit, Verstehbarkeit sowie Klarheit [11, 12]. „Klarheit" beispielsweise bedeutet, dass eine bewusste und nicht lediglich dunkle Vorstellung z.B. von der Lebensmittelproduktion vorherrscht [13]. Trotz der grundsätzlichen Übereinstimmung im Verständnis von Transparenz bestehen in der Wissenschaft disziplinenspezifische Nuancen [14]. So steht der Begriff in der Physik bspw. für die Lichtdurchlässigkeit von Materialien [12]. Die Wirtschaftswissenschaften wiederum betrachten Transparenz als wesentliche Voraussetzung für das Funktionieren von Märkten [15]. Soziologen wiederum verbinden Transparenz mit dem Prozess der aktiven Informationsgewinnung durch ein Individuum und betrachten Transparenz als eine wesentliche Voraussetzung dafür, sich in einer komplexen Umwelt zu orientieren [16, 17].

Die Herstellung von Transparenz geht mit einem Mehr an Informationen, die nach ihrer Gewinnung und Weiterverarbeitung den individuellen Wissensstand des Rezipienten verändern, einher. Hier wird ein Ansatzpunkt für die Operationalisierung von Transparenz erkennbar [14, 18, 19]. Generiert wird Transparenz durch ein wechselseitiges Zusammenspiel von Akteuren, die ein Mehr an Informationen schaffen, und Akteuren, die diese Informationen wahrnehmen. Kommunikationsprozesse dienen dabei zum Ausgleich von Informationsangebot und -nachfrage. Intransparenz entsteht durch fehlgeschlagene, unzureichende oder nicht vorhandene Kommunikationsprozesse [14, 18].

Formen der Transparenz im Agribusiness

Betrachtet man den gegenwärtigen gesellschaftlichen Diskurs, ist eine stärker werdende Forderung nach mehr Transparenz gerade im Bereich der tierischen Lebensmittel zu verzeichnen. Ihr wurde bereits in zahlreichen Vorschriften des Lebensmittelrechts nachgekommen [20-22]. Dabei wurden Themen wie die Rückverfolgbarkeit als Instrument zur Verbesserung der „historischen Transparenz" sowie die Transparenz in „Business to Business" (B2B)-Beziehungen fokussiert [2]. Letzteres beinhaltet Elemente wie überbetriebliche Kommunikation und unternehmerische Partizipation an komplexen Wertschöpfungsnetzwerken. In diesem Zusammenhang wird zwischen der operativen und strategischen Transparenz differenziert (vgl. Abbildung 1) [2, 23]. Die operative Transparenz wird als Resultat einer unternehmensübergreifenden gemeinschaftlichen Planung täglicher Abläufe verstanden (z.B. Logistik). Strategische Transparenz bezieht sich auf den zukunftsorientierten, reziproken Informationsfluss zwischen Unternehmen (z.B. gemeinsame Produkt- und Prozessinnovationen). Zusammenfassend steht die Unterscheidung in historische, operative und strategische Transparenz für das Ausmaß des gemeinsamen Verständnisses der bzw. Zugriffs auf die von den Mitgliedern einer Wertschöpfungskette nachgefragten Produktinformationen [2, 23]. Ergänzend zu Hofstede [2] kann unter historischer Transparenz neben der Rückverfolgbarkeit auch die transparente Gestaltung von Produktionsprozessen verstanden werden.

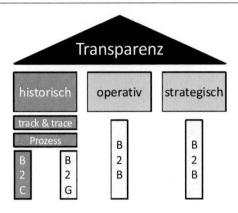

Abb. 1: Stakeholder und Dimensionen der Transparenz

Transparenz und Verbraucherkommunikation

Verbraucherkommunikation dient der Herstellung von Transparenz auf der Mikroebene in der „Business to Consumer" (B2C)-Beziehung (Abbildung 1). Sie umfasst neben Preisangaben, Marken und Herstellernamen auch alle weiteren gesetzlich geregelten und freiwilligen Angaben, die Auskunft über wesentliche Eigenschaften der Güter geben [24-26]. Darüber hinaus kann Transparenz auch über Produktionsprozesse hergestellt werden, z.B. durch Informationen über die eingesetzten Futtermittel oder die Einhaltung von Tierschutz- und Umweltstandards.

Der Bedarf der Konsumenten nach mehr Transparenz ist zum Teil auf ihre Verunsicherung zurückzuführen [5, 27, 28]. Ursachen dieser Verunsicherung sind u.a. eine zunehmende Entfremdung der Verbraucher von der Erzeugung, Verarbeitung und Zubereitung von Nahrungsmitteln, dem sinkenden Grundvertrauen in der Wohlstandsgesellschaft in die Lebensmittelproduktion [29], der Geringschätzung von Lebensmitteln angesichts ihrer reichlichen Verfügbarkeit [27] und der starken Arbeitsteilung in den komplexen Wertschöpfungsketten der Lebensmittelproduktion [5]. Das substanziell sinkende Grundvertrauen bezieht sich auf politische, administrative und wissenschaftliche Institutionen [30, 31]. Es geht so weit, dass wissenschaftlichen Untersuchungen zur Lebensmittelsicherheit immer weniger Glauben geschenkt werden [5, 28]. Auch die Markenvielfalt und die starke Ausdifferenzierung des Produktangebots tragen zur aus Sicht der Konsumenten bestehenden Intransparenz bei. Diesem Mangel in der Kaufsituation kann nur durch mehr Informationen begegnet werden [32]. Dabei hängt die Höhe des Informationsbedarfs und somit der Transparenz von den individuellen kognitiven und sozialen Fähigkeiten, aber auch den zur Verfügung stehenden zeitlichen und finanziellen Mitteln der Konsumenten ab [27].

Im Markt finden sich bereits zahlreiche unternehmerische und staatliche Initiativen, deren Ziel die Verbesserung der Transparenz der gesamten Wertschöpfungskette „from farm to fork" ist. Qualitäts- und Gütesiegel sowie eine Vielzahl weiterer Lebensmittelkennzeichnungen spielen dabei eine besondere Rolle. Mit diesen Anstrengungen wird es für die Konsumenten zunehmend schwieriger, alle Informationen am Point of Sale zu verarbeiten [33]. Zudem können nicht mehr alle für den Kunden möglicherweise wichtigen Informationen bspw. über Inhaltsstoffe, Nährwerte und Merkmale der Produktionsprozesse transparent über die Verpackung kommuniziert werden [34]. Somit besteht das Problem von mangelnder Transparenz einerseits und Informationsüberflutung andererseits. Lösungen für dieses Problem werden in IT-basierten Ansätzen, wissenschaftlich fundierten Informationskampagnen, für den Verbraucher verständlicheren Informationen sowie standardisierten Symbolen und Gütesiegeln gesehen [34-36].

3 Zielsetzung und Methodik

Ziel des vorliegenden Beitrags ist es, mittels einer empirischen Befragung die Konsumentenansprüche an Transparenz und die Wahrnehmung von Transparenz durch Verbraucher am Point of Sale zu analysieren. Dieser Frage wurde am Beispiel des Kaufs von verpacktem Grillfleisch vom Schwein an der Selbstbedienungstheke (SB) nachgegangen.

Verschiedene Grade an Transparenz wurden durch Informationen zu unterschiedlichen Produktmerkmalen und deren Merkmalsausprägungen operationalisiert [14, 18, 19]. Dem lag die Prämisse zugrunde, dass mit zunehmendem Detaillierungsgrad der Informationen zu einem Merkmal der Grad an Transparenz steigt.

Im Rahmen der vorliegenden Studie wurden 849 Konsumenten ab 18 Jahren mittels eines Online-Fragebogens im August 2010 befragt. Ein Vergleich mit Daten des Statistischen Bundesamtes anhand von Alters- und Geschlechtsquoten bestätigte die Repräsentativität der Befragung. Um eine qualitativ hochwertige Auswertung zu gewährleisten, wurde der Datensatz vor der Durchführung der deskriptiven Analyse um 112 Fälle bereinigt. Es wurden in einem ersten Schritt die Befragten ausgesondert, die weniger als 10 Minuten zur Beantwortung des gesamten Fragebogens benötigt hatten. Im zweiten Schritt wurden Ausreißer sowie Fälle mit Plausibilitätsmängeln aussortiert. Somit konnten 737 Fälle in die weiteren Analysen einfließen. Mittels einer Quotierung wurde sichergestellt, dass alle Befragten Schweinefleisch essen.

Die Transparenzwahrnehmung wurde im Fragebogen auf zwei Wegen erfasst. Zunächst wurde eine adaptive Conjoint-Analyse (ACA) durchgeführt. Im Rahmen der ACA wurden die Konsumenten in eine Kaufsituation für verpacktes Grillfleisch vom Schwein an der Selbstbedienungstheke (SB) versetzt. Im zweiten Schritt wurden die Probanden mittels Statement-Batterien allgemein zum Fleischverzehr sowie zu ihren Einstellungen zu Themen wie Verunsicherung, Risikoeinschätzung, Qualität, Preiswahrnehmung, Umwelt und Ethik befragt. Dabei wurde überwiegend mit siebenstufigen Likert-Skalen gearbeitet.

Die ACA wurde bewusst an den Anfang gestellt, um die Probanden nicht bereits vor der Conjoint-Analyse zu stark für die Thematik zu sensibilisieren und somit einen Fleischeinkauf mit dem entsprechenden – typischerweise eher geringen – Involvement möglichst realistisch zu simulieren. Die Produktgruppe Grillfleisch wurde gewählt, da sie zum einen saisonal in den Erhebungsmonat August passte. Zum anderen ist Grillfleisch ein bekanntes Produkt, das viele Verbraucher kaufen, so dass sie sich leicht in die Kaufsituation versetzen können. Im Rahmen der ACA wurden den Probanden verschiedene fiktive Produkte jeweils mit unterschiedlichen Kombinationen von Merkmalsausprägungen am Computer zum Kauf angeboten. Dabei wurden insgesamt zwei Transparenzmerkmale mit jeweils drei Merkmalsausprägungen und sieben Merkmale mit jeweils vier Merkmalsausprägungen berücksichtigt (Tabelle 1). Die ausgewählten Merkmale stehen überwiegend im Zusammenhang mit dem Herstellungsprozess. Die Zusammenstellung erfolgte unter Berücksichtigung wissenschaftlicher Studien [37, 38], aktueller Forderungen von Verbraucherschutzorganisationen sowie bestehender Initiativen zur Signalisierung von Transparenz, z.B. Markenfleischprogrammen, Regionalmarken und Konzepten der ökologischen Erzeugung. Die Abstufungen des Merkmals Preis basieren auf Erhebungen der Durchschnittspreise bei jeweils drei Hard-Discountern (Ø 4,75 €/kg) und Supermärkten (Ø 6,87 €/kg), drei unterschiedlichen Markenfleischprodukten (Ø 9,50 €/kg) sowie drei Fleischprodukten nach EU-Ökoverordnung (Ø 13,66 €/kg).

Tab. 1: Merkmale und ihre Ausprägungen.

Merkmale	Ausprägungen	Merkmale	Ausprägungen
Preis	Preis: 4,75 €/Kg	Marke	Marke: Hofglück Markenfleisch
	Preis: 6,87 €/Kg		Marke: Kornmeyer Fleischwaren
	Preis: 9,50 €/Kg		Marke: gut&preiswert
	Preis: 13,66 €/Kg		Marke: keine Marke
Herkunft des Tiers	Herkunft des Tiers aus der Region	Schlachtung des Tiers	Schlachtung des Tiers in der eigenen Region
	Herkunft des Tiers aus Deutschland		Schlachtung des Tiers in Deutschland
	Herkunft des Tiers aus Europa		Schlachtung des Tiers in Europa
	Herkunft des Tiers: keine Angaben		Schlachtung des Tiers: keine Angaben
Lebensmittelsicherheit	Lebensmittelsicherheit: QS-Ihr Prüfsystem für Lebensmittel		
	Lebensmittelsicherheit: aus kontrollierter Produktion		
	Lebensmittelsicherheit: keine besonderen Angaben		
Herstellerangaben	Herstellerangaben: Namensangabe aller beteiligten Unternehmen (z.B. Verpacker, Verarbeiter, Schlachthof, Landwirt)		
	Herstellerangaben: Namensangabe von Landwirt und Schlachthof		
	Herstellerangaben: Namensangabe von nur einem beteiligten Hersteller		
	keine Namensangabe des Herstellers		
Fütterung der Tiere	nur hofeigene und regionale Futtermittel werden eingesetzt		
	kein Einsatz gentechnisch veränderter Futtermittel und Futtermittelzusatzstoffe		
	Futtermitteleinsatz streng nach gesetzlichen Vorschriften		
	keine Angabe zu eingesetzten Futtermitteln		
Tierhaltung	Tierhaltung: reduzierte Tierzahl pro Stalleinheit mit Stroh-Einstreu		
	Tierhaltung: reduzierte Tierzahl pro Stalleinheit		
	Tierhaltung streng nach gesetzlichen Vorgaben		
	keine Angabe zur Tierhaltung		
Umweltstandards bei der Herstellung	Einhaltung von Umweltstandards bei der Herstellung über die gesetzlichen Anforderungen hinaus		
	strenge Einhaltung gesetzlicher Umweltstandards bei der Herstellung		
	keine Angabe zur Einhaltung von Umweltstandards bei der Herstellung		

Aus den durch die Konsumenten abgegebenen Kaufentscheidungen wurde anschließend die individuelle Wichtigkeit der Transparenzmerkmale und der individuelle Nutzen einer Information über eine Merkmalsausprägung bestimmt.

4 Ergebnisse

Deskriptive Ergebnisse

Mit der Befragung wurden zu 62,1% die Hauptentscheider im jeweiligen Haushalt erfasst. So wurde die Frage „Wer ist in Ihrem Haushalt für den Lebensmitteleinkauf zuständig?" zu 33,9% mit „Nur Ich" und zu 28,2 mit „Überwiegend ich" beantwortet („Teils ich, teils jemand anderes"; 28,4%; „Meist jemand anderes": 9,5%). Die Entscheider haben zu 94,6% Erfahrung mit Fleisch aus der SB-Theke; bei 27,3% der Befragten entfällt mehr als 2/3 des Fleischs auf verpackte

SB-Ware. Die Kaufhäufigkeit frischen Schweinefleischs ist sehr unterschiedlich. 49,5% kaufen weniger als einmal pro Woche und 42,1% 1-2 mal pro Woche frisches Schweinefleisch.

Die Auswertung der Statement-Batterien zur Analyse der Einstellungen der Befragten zu Lebensmitteln und zum Lebensmitteleinkauf zeigt, dass gut die Hälfte der Befragten sich durch die vergangenen Lebensmittelskandale verunsichert fühlt (Abbildung 2); über 66% wünschen sich eine stärkere Lebensmittelkontrolle.

Statement	µ	σ	trifft überhaupt nicht zu 5	4	3	2	trifft voll und ganz zu 1
Die Lebensmittelskandale in den letzten Jahren haben mich verunsichert.	2.51	1.162					
Bei uns kann man alles ohne Bedenken essen, weil es eine staatliche Lebensmittelkontrolle gibt.	3.33	0.992					
Wenn ich weiß, woher ein Lebensmittel kommt, bin ich nicht mehr verunsichert.	2.39	0.904					
Es gibt nicht genug Lebensmittelkontrollen.	2.12	1.074					

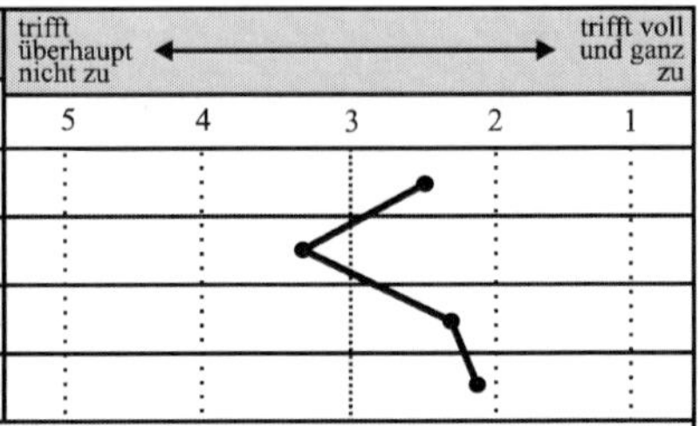

µ=Mittelwert σ=Standardabweichung

Abb. 2: Verunsicherung der Konsumenten

Dementsprechend können nur gut 20% der Befragten bestätigen, dass man in Deutschland alles bedenkenlos essen kann, da es eine staatliche Lebensmittelkontrolle gibt. Knapp 52% der Befragten geben an, dass ihnen Prüf- und Gütesiegel auf der Verpackung in Sachen Lebensmittelsicherheit Vertrauen geben.

Abbildung 3 zeigt das Informationsverhalten der Probanden am Point of Sale. Es ist insoweit inkonsistent, als die Mehrheit der Probanden das Angebot an Informationen als nicht ausreichend einstuft, jedoch nur 19% der Befragten eindeutig bestätigen können, dass sie sich alle Angaben vor dem Fleischeinkauf durchlesen. Auch machen lediglich 36% ihren Einkauf von angegebenen Informationen zum Herstellungsprozess (z.B. Futtermittel, Tierhaltung, Schlachtung) abhängig. Ca. 70% können nicht eindeutig bestätigen, sich gut über die Fleischherstellung informiert zu fühlen. Weiter sind gut 83% der Befragten der Meinung, bei Fleisch gäbe es große Qualitätsunterschiede. Jedoch sagen lediglich 10%, beim Einkauf immer die beste Qualität zu wählen und dabei nicht auf den Preis zu achten; fast

31% der Probanden geben an, beim Fleischeinkauf nur auf den niedrigsten Preis zu schauen.

Statement	μ	σ	5 (trifft überhaupt nicht zu)	4	3	2	1 (trifft voll und ganz zu)
Ich lese vor dem Fleischkauf alle Angaben auf der Verpackung durch.	2.53	1.095					
Ich finde das Angebot an Informationen zum Fleisch auf der Produktpackung immer ausreichend.	3.27	0.874					
Ich mache meinen Produktkauf davon abhängig, ob Informationen zum Herstellungsprozess vorliegen.	2.87	1.038					
Meine Kaufentscheidungen treffe ich anhand von Fakten und weniger aufgrund des Bauchgefühls.	2.74	1.043					
μ=Mittelwert σ=Standardabweichung							

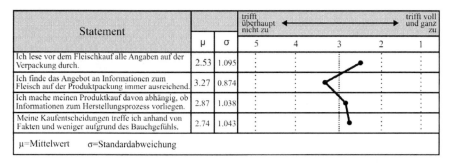

Abb. 3: Informationsverhalten der Konsumenten

Knapp 80% der Befragten Verbraucher bevorzugen nach eigenen Angaben Fleisch aus der eigenen Region und über die Hälfte geben an, Fleisch aus der Region sei qualitativ höherwertig. Hinsichtlich der Herstellungsprozesse geben 88% der Verbraucher an, dass es für sie wichtig ist, dass in der Schweinehaltung auf Tierschutz geachtet wird. Über 62% sind tendenziell bereit, für besonders tiergerecht erzeugtes Fleisch mehr Geld auszugeben (Abbildung 4).

Statement	μ	σ	5 (trifft überhaupt nicht zu)	4	3	2	1 (trifft voll und ganz zu)
Es ist sehr wichtig für mich wenn in der modernen Schweinehaltung auf Tierschutz geachtet wird.	1.64	0.777					
Ich bin bereit, für besonders tiergerecht erzeugtes Fleisch mehr Geld auszugeben.	2.29	1.095					
			sehr unwahrscheinlich				sehr wahrscheinlich
Wie wahrscheinlich ist es, dass in der modernen Schweinehaltung sehr auf Tierschutz geachtet wird.	3.22	0.985					
μ=Mittelwert σ=Standardabweichung							

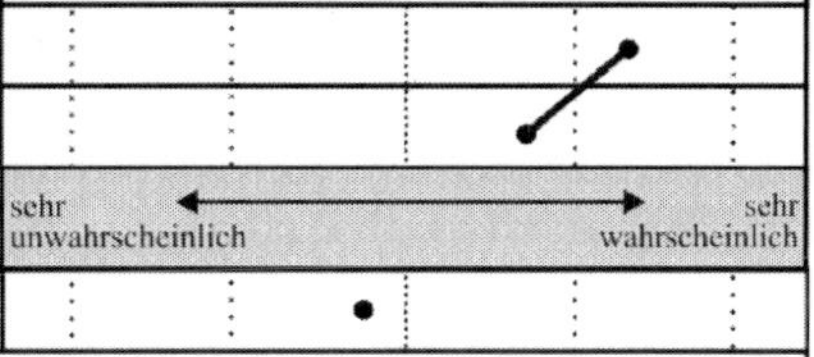

Abb. 4: Statements zur Tierhaltung

Ob die Aussagen aufgrund sozial erwünschten Antwortverhaltens u.U. verzerrt sind und ob sich die geäußerten Verbrauchereinstellungen tatsächlich den Produktkauf beeinflussen, ist ein Gegenstand der weiterführenden Conjoint-Analyse.

Merkmale und Durchführung der adaptiven Conjoint-Analyse

Die adaptive Conjoint-Analyse (ACA) gilt im Kern als eine Weiterentwicklung der hybriden Conjoint-Verfahren [39]. Sie basiert auf einer computergestützten Datenerhebung, die in der vorliegenden Erhebung mittels eines Online-Tools realisiert wurde. Die Entwicklung der ACA in den 1980er Jahren war der Forderung geschuldet, auch komplexe Dienstleistungen und Produkte mittels vieler Merkmale und Merkmalsausprägungen beschreiben zu können [40], um einen realistischen Beurteilungsprozess durch die Befragten zu simulieren [41]. Dies wird in der ACA durch die Kombination von kompositionellen und dekompositionellen Untersuchungsteilen sichergestellt. Der Befragte durchläuft insgesamt fünf Phasen im Rahmen der computergestützten Online-Befragung, wobei die erste und fünfte Phase optional sind [42]. Abbildung 5 verdeutlicht den Untersuchungsablauf einer ACA.

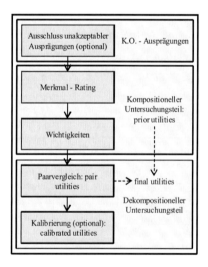

Abb. 5: Phasen einer adaptiven Conjoint-Analyse

Die hier durchgeführte Befragung verzichtet auf die erste Phase, den Merkmalsausschluss, da bewusst keine für den Probanden absolut inakzeptablen Merkmale, bspw. „Bio vs. konventionell", in die Befragung aufgenommen wurden. Die darauf folgenden beiden Phasen gehören zum kompositionellen Teil der Befragung. In der zweiten Phase müssen die Untersuchungsteilnehmer entweder mittels des nicht-metrischen Ranking-Verfahrens oder des metrischen Rating-Verfahrens (Anwendung einer Skala) den Gesamtnutzen eines jeden Stimulus einstufen [43]. Die hier durchgeführte Studie bediente sich des metrischen Rating-Verfahrens, um die Erhebung für den Probanden einfach zu halten. In der sich daran anschließenden dritten Phase erfolgt die Abfrage der Wichtigkeiten durch Gegenüberstellung der zuvor am besten und am schlechtesten bewerteten Ausprägungen eines jeden Merkmals. Dabei soll der Befragte anhand einer Skala bewerten, wie wichtig ihm der Unterschied zwischen diesen beiden Ausprägungen ist. Nach Abschluss der dritten Phase werden die individuellen „prior utilities" berechnet. Diese werden anschließend zur Konstruktion der Produktprofile, die der Befragte in der nächsten Phase der ACA paarweise bewerten muss, herangezogen.

Die vierte Phase umfasst die Paarvergleiche. Hier werden dem Befragten jeweils zwei Produkte zur Bewertung vorgelegt, bei denen er aufgrund der ermittelten „prior utilities" tendenziell indifferent sein müsste. Die zugrunde gelegte Studie verwendet dafür eine siebenstufige Ratingskala. Die Anzahl der Paarvergleiche ist abhängig vom Befragungsdesign [44]. Nach jedem Paarvergleich werden die ungefähren Teilnutzenwerte (Nutzenwert einer Merkmalsausprägung) sukzessive korrigiert. Dies wird mittels einer Ordinary-Least-Square-Regression realisiert und resultiert in die „pair utilities" [45]. Nach dem Ende der vierten Phase werden die „prior" und die „pair utilities" kombiniert, um den Gesamtnutzen („final utilities") zu erhalten.

Die fünfte und letzte, optionale Phase dient der Kalibrierung der in den ersten vier Phasen bestimmten Nutzenwerte. Dazu werden den Befragten Vollprofile von Produkten präsentiert [43], zu denen sie Kaufwahrscheinlichkeiten abgeben können. Dies dient unter anderem dazu, die vorher erhobenen Präferenzangaben auf Konsistenz zu prüfen. Auch hierbei wird der Untersuchungsverlauf entsprechend dem individuellen Beurteilungsverhalten der Befragungsteilnehmer angepasst. Somit kann von einer echten Individualanalyse ausgegangen werden

[46]. Die letzte Phase schließt mit der Berechnung der individuellen „calibrated utilities".

Der Datensatz mit den berechneten Nutzenwerten muss für Auswertungszwecke einige Qualitätskriterien erfüllen. Da die ACA für SB-Fleisch konzipiert ist, wurden alle 31 Nicht-SB-Fleischnutzer aussortiert. Zudem muss eine Prüfung auf externe und interne Validität durchgeführt werden [47]. Die externe Validität ist bei repräsentativen Untersuchungen erfüllt [48]. Die interne Validität kann durch das Bestimmtheitsmaß R^2 ermittelt werden [45]. Es entstammt der Regression zwischen den finalen Teilnutzenwerten und den in der Kalibrierungsphase angegebenen Kaufwahrscheinlichkeiten. Anhand des R^2 musste weitere 131 Fälle zwecks Sicherstellung der Validität der ACA eliminiert werden. Dabei wurde das Gütekriterium $R^2 \geq 0,5$ zugrunde gelegt [42]. Die Erfüllung der Validität gewährleistet weiterhin die Reliabilität der Analyse [49]. Die bleibenden 575 Fälle weisen nun ein durchschnittliches R^2 von 0,7799 auf, welches eine gute Grundlage für die weitere Auswertung der Ergebnisse darstellt [42].

Nach Sicherstellung der Güte der Untersuchungsergebnisse müssen die Daten für die Analyse auf aggregierter Ebene vorbereitet werden. Die bereits vorliegenden nicht normierten individuellen „calibrated utilities" eignen sich nur für Analysen auf individuellem Niveau [45]. Sollen die Daten jedoch für die ganze Stichprobe aggregiert oder für Vergleiche zwischen Individualwerten herangezogen werden, müssen die Nutzenwerte normiert werden. Dadurch wird erreicht, dass die Teilnutzenwerte aller Befragten sich auf den gleichen Nullpunkt beziehen und auf der gleichen Skaleneinheit basieren. Zur Normierung wurde die zero-centered-diffs-Methode (siehe nachfolgende Formel) verwendet [50, 51].

$$\beta_{mlj}^* = \frac{\left(\beta_{mlj} - \frac{\sum_{l=1}^{L_m} \beta_{mlj}}{L_m}\right) * M * 100}{\sum_{m=1}^{M}(max_{l \in (1....L_m)}\{\beta_{mlj}\} - min_{l \in (1....L_m)}\{\beta_{mlj}\})}$$

J : Anzahl der Probanden

β_{mlj}^* : normierter Teilnutzenwert für die $l - te$
Merkmalsausprägung des $m - ten$ Merkmals
beim $j - ten$ Probanden .

$min_{l \in (1,....L_m)}\{\beta_{mlj}\}$: geringste Merkmalsausprägung
des $m - ten$ Merkmals beim $j - ten$ Probanden

$max_{l \in (1,....L_m)}\{\beta_{mlj}\}$: größte Merkmalsausprägung
des $m - ten$ Merkmals beim $j - ten$ Probanden

Die Aggregation der „zero centered utility diffs" erfolgt durch die Bildung des arithmetischen Mittels über alle 575 Fälle.

Die nun folgende Auswertung des Conjoint-Blocks unterteilt sich in zwei Abschnitte. In einem ersten Schritt wird zur Beurteilung der Relevanz der neun einzelnen Produktmerkmale die Analyse der relativen Wichtigkeiten herangezogen. Abbildung 6 zeigt die Mittelwerte der aggregierten relativen Wichtigkeiten für jedes Merkmal. Dabei wurden die relativen Wichtigkeiten mittels nachfolgender Formel ermittelt:

$$w_m = \frac{\beta_{ml}^{max} - \beta_{ml}^{min}}{\sum_{m=1}^{M}(\beta_{ml}^{max} - \beta_{ml}^{min})}$$

w_m : relative Wichtigkeit des Merkmals m
β_{ml}^{max} : höchster Teilnutzenwert des Merkmals m
β_{ml}^{min} : niedrigster Teilnutzenwert des Merkmals m

Aus der Formel wird ersichtlich, dass sich die relative Wichtigkeit eines Merkmals aus der Differenz zwischen der am besten und der am schlechtesten bewerteten Eigenschaftsausprägung errechnet. Die maximale Nutzenspanne (bzw. Differenz) wird zu den maximalen Nutzenspannen aller neun Merkmale ins Verhältnis gesetzt.

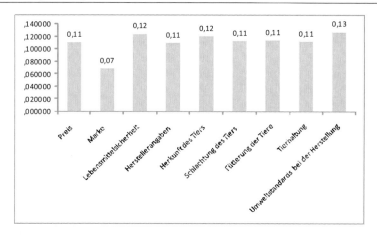

Abb. 6: Aggregierte relative Wichtigkeiten der Merkmale

Da die Aufsummierung der relativen Wichtigkeiten 100% ergibt, kann aus den jeweiligen einzelnen relativen Wichtigkeiten der direkte Nutzenbeitrag jeder Eigenschaft abgelesen werden [42]. Die aggregierten Prozentwerte in Abbildung 6 verdeutlichen, dass die Merkmale größtenteils von ähnlich hoher Wichtigkeit sind; die „Umweltstandards bei der Herstellung" stellen mit knapp 13% das wichtigste Merkmal dar. Ebenfalls auffällig ist die geringe relative Wichtigkeit des Merkmals „Marke" mit nur knapp 7%. Das Merkmal „Preis" ist etwas unerwartet nur von eher durchschnittlicher Wichtigkeit, doch findet sich hier die größte Standardabweichung. Gleiches gilt für das Merkmal Lebensmittelsicherheit. Dies verdeutlicht, dass innerhalb des Gesamt-Samples offensichtlich heterogene Präferenzstrukturen der Befragten vorliegen.

Tab. 2: Aggregierte normierte „calibrated utilities" der Merkmalsausprägungen.

Umweltstandards bei der Herstellung	über die gesetzlichen Anforderungen hinaus	38,88
	strenge Einhaltung gesetzlicher Umweltstandards	27,13
	keine Angabe	-66,02
Tierhaltung	reduzierte Tierzahl pro Stalleinheit mit Stroh-Einstreu	29,11
	reduzierte Tierzahl pro Stalleinheit	13,52
	streng nach gesetzlichen Vorgaben	11,08
	keine Angabe	-53,71
Fütterung der Tiere	kein Einsatz gentechnisch veränderter Futtermittel	17,85
	nur hofeigene und regionale Futtermittel	28,48
	streng nach gesetzlichen Vorschriften	10,08
	keine Angabe	-56,41
Schlachtung des Tiers	in der eigenen Region	43,94
	in Deutschland	24,19
	in Europa	-24,44
	keine Angaben	-43,70
Herkunft des Tiers	aus der Region	44,32
	aus Deutschland	28,74
	aus Europa	22,09
	keine Angaben	-50,97
Hersteller- angaben	Namensangabe aller beteiligten Unternehmen	34,12
	Namensangabe von Landwirt und Schlachthof	25,86
	Namensangabe von nur einem beteiligten Hersteller	11,55
	keine Namensangabe	-48,43
Lebensmittel- sicherheit	QS-Ihr Prüfsystem für Lebensmittel!	27,66
	aus kontrollierter Produktion	33,47
	keine besonderen Angaben	-61,13
Marke	Hofglück-Markenfleisch	9,61
	Kornmeyer Fleischwaren	-1,13
	gut&preiswert	4,30
	keine Marke	-12,78
Preis	13,66/Kg	-46,96
	9,50/Kg	-14,13
	6,87/Kg	18,91
	4,75/Kg	42,18

Im zweiten Schritt wurden, wie bereits oben beschrieben, die normierten „calibrated utilities" jeder einzelnen Merkmalsausprägung für alle Probanden aggregiert; in Tabelle 2 sind die Mittelwerte dargestellt. Es zeigt sich auf den ersten Blick, dass das Merkmal „Marke" insgesamt als am unbedeutendsten wahrgenommen wird. So sind die Probanden größtenteils indifferent zwischen dem Markenfleischprogramm („Hofglück"), der Herstellermarke („Kornmeyer Fleischwaren") und der Handelsmarke („gut & günstig"). Lediglich Produkte ohne Marke werden überwiegend schlecht bewertet. Aus Tabelle 2 geht weiter hervor, dass neben dem Preis die Ausprägungen aller Merkmale mit Bezug zur Transparenz des Herstellungsprozesses grundsätzlich wie erwartet bewertet wurden; so werden keine Angaben zum Herstellungsprozess durchweg schlecht bewertet. Transparenz durch Informationen zum Herstellungsprozess stiftet dem Verbraucher somit augenscheinlich Nutzen. Dies gilt jedoch auch für unpräzise und undifferenzierte Angaben wie „aus kontrollierter Produktion" oder „streng nach gesetzlichen Vorgaben", also für Angaben, die Kenntnisse der Probanden über die genauen gesetzlichen Anforderungen erfordern und damit Transparenz eher suggerieren. Die unpräzise Angabe zur Lebensmittelsicherheit „aus kontrollierter Produktion" wird sogar besser bewertet als der Aufdruck des Prüfsiegels eines Zertifizierungssystems („QS - Ihr Prüfsystem für Lebensmittel").

5 Fazit

Im Rahmen der Analyse der Verbrauchereinstellungen und der Transparenzwahrnehmung bei Lebensmitteln konnte anhand der Beantwortung vorgegebener Statements eine deutliche Verunsicherung der Probanden hinsichtlich der Lebensmittelsicherheit festgestellt werden. Insgesamt werden seitens der Befragten mehr Informationen zum Herstellungsprozess und damit mehr Transparenz gewünscht. Diese Erkenntnisse werden im Detail auch durch die Conjoint-Ergebnisse zu den einzelnen Ausprägungen der Transparenzmerkmale bestätigt. Allerdings zeigt sich, dass Informationen mit eher niedrigem Informationsgehalt, bspw. „aus kontrollierter Produktion", teilweise mehr Nutzen stiften als detaillierte Informationen zum Herstellungsprozess. Dies deutet darauf hin, dass der Verbraucher zwar Informationen wünscht, diese jedoch nicht zu sehr ins Detail gehen dürfen, sondern in Form für ihn glaubwürdiger und leicht aufnehmbarer Qualitätssignale („kontrolliert") dargeboten werden müssen.

Eine Herausforderung für die Qualitätskommunikation am Point of Sale bleibt auch, dass der Kenntnisstand der Konsumenten sehr unterschiedlich ist. Während bei wenig informierten Konsumenten eine Information bspw. zur Einhaltung von gesetzlichen Standards einen Nutzen stiften kann, wird dies bei anderen, besser informierten Verbrauchern eher nicht der Fall sein und eine entsprechende Angabe nicht als Transparenzsignal gewertet.

Wie die Heterogenität der Konsumenten im Rahmen von Transparenzinitiativen berücksichtigt werden kann, sollte in nachfolgenden Studien vertieft untersucht werden und deutet auf weiteren Forschungsbedarf hin. Vielversprechend wäre eine Segmentierung mittels Clusteranalyse bspw. anhand des abgefragten Wissensstandes zur Fleischproduktion oder soziodemografischer Daten wie etwa Bildung oder Einkommen.

Um Erkenntnisse insbesondere für die Ausgestaltung der Produktpolitik fleischerzeugender Unternehmen ableiten zu können, sollte in einem weiteren Schritt anhand der vorliegenden Daten eine Marktsimulation durchgeführt werden. So könnten Preis-Absatz-Funktionen für Produkte mit verschiedenen Ausprägungen der Transparenzmerkmale simuliert werden. Für Hersteller- und Handelsunternehmen könnte mit dieser Vorgehensweise aufgezeigt werden, ob eine Transparenzinitiative bei Fleischprodukten tatsächlich durch einen höheren Marktanteil bzw. eine höhere Zahlungsbereitschaft der Kunden entlohnt wird.

Literatur

[1] Theuvsen, L.; Hollmann-Hespos, T.: Investments in tracking and tracing systems: An empirical analysis of German food manufacture. In: Parker CG, Skerratt S, Park C , Shields J, Environmental and rural sustainability through ICT (Proceeding). EFITA/WCCA., Glasgow, 2007.

[2] Hofstede, G.J.: Trust and transparency in supply netchains: A contradiction?, AIM-Conference, Grenoble, 2003.

[3] Albersmeier, F.; Spiller, A.: Das Ansehen der Fleischwirtschaft: Zur Bedeutung einer stufenübergreifenden Perspektive. In: Böhm J, Albersmeier F , Spiller A, Die Ernährungswirtschaft im Scheinwerferlicht der Öffentlichkeit. Agrarökonomie. Josef Eul Verlag, Lohmar und Köln, S. 213-250, 2009.

[4] Albersmeier, F.; Mörlein, D.; Spiller, A.: Zur Wahrnehmung der Qualität von Schweinefleisch beim Kunden. Universität Erlangen-Nürnberg, Lehrstuhl für Statistik und empirische Wirtschaftsforschung, Nürnberg, 2009.

[5] Alvensleben, Rv.: Risikowahrnehmung des Verbrauchers: Woraus resultiert die Verunsicherung? In: Österreichische Zeitschrift für Wissenschaft, Technik, Recht und Wirtschaft, 23, S. 178-183, 1999.

[6] Bodmer, U.; Horváth, L.: "Gläserne Produktion" von Fleisch unter Berücksichtigung von Informationstechnologien. In: Zeitschrift für Agrarinformatik, 4, S. 54-60, 2002.

[7] Frentrup, M.: Transparenz in Wertschöpfungsketten des Agribusiness: Entwicklung eines Messkonzepts und Evaluierung des Status quo am Beispiel der deutschen Milch- und Fleischwirtschaft. Eul, Lohmar [u. a.], 2008.

[8] Mohr, J.; Nevin, J.R.: Communication strategies in marketing channels: A theoretical perspeetive. In: Journal of Marketing, 54, S. 36-51, 1990.

[9] Engler, A.; Henry, G.; Iglesias, D.H.; Alves, A.F.; Gutiérrez, G.: Actor organisation for QAS along supply-chains: the case of mycotoxins reduction in Southern Cone grains. In: Theuvsen L, Spiller A, Peupert M, Jahn G, Quality management in food chains. Academic Publishers, Wageningen, S. 475-488, 2007.

[10] Gawron, J.-C.; Theuvsen, L.: Certification Schemes in the European Agrifood Sector: Overview and Opportunities for Central and Eastern European Countries. In: Outlook on Agriculture, 38/1, S. 9-14, 2009.

[11] Baer, D.; Wermke, M.; Drosdowski, G.; Klosa, A.: Bibliographisches Institut & F. A. Brockhaus AG. Dudenredaktion: Duden - Fremdwörterbuch. Dudenverl., Mannheim [u.a.], 2001.

[12] Popp, M.; Zwahr, A.: Brockhaus: Enzyklopädie, 22. Brockhaus, Leipzig u.a., 2006.

[13] Loddenkemper, H.-J.: Transparenz im öffentlichen und privaten Wirtschaftsrecht: eine Untersuchung zu ihrer Bedeutung anhand ausgewählter Beispiele aus dem Bank-, Börsen- und Medienrecht. Nomos Verl.-Ges., Baden-Baden, 1998.

[14] Nitschke, J.: Maßstäbe für die Transparenz allgemeiner Versicherungsbedingungen unter Berücksichtigung des englischen Rechts. Nomos, Baden-Baden, 2002.

[15] Krone, P.: Horizontale Markttransparenz im Zeitalter einer Informationsgesellschaft: eine kartellrechtliche Analyse unter besonderer Berücksichtigung der Marktmechanismen des elektronischen Handels. Kovac, Hamburg, 2003.

[16] Karg, K.R.: Transparenz von Organisationen aus der Sicht ihrer Mitglieder. Dissertation Thesis, Erlangen-Nürnberg Universität, Erlangen, 1990.

[17] Winterstein, H.: Mitarbeiterinformation: Informationsmaßnahmen und erlebte Transparenz in Organisationen. Hampp, München [u.a.], S. 14, 1996.

[18] Bittl, A.: Transparenz in der Versicherungswirtschaft–eine Frage der Kommunikation? In: Zeitschrift für Versicherungswesen, 6, S. 174-175, 2000.

[19] Bittl, A.; Müller, B.: Das versicherungstechnische Risiko im Zentrum versicherungswirtschaftlicher Betätigung. Theoretischer Ansatz und empirische Relevanz des branchenspezifischen Risikos von Versicherungsunternehmen. In: Zeitschrift für die gesamte Versicherungswissenschaft, 87, S. 369-402, 1998.

[20] Deimel, M.; Frentrup, M.; Theuvsen, L.: Transparency in food supply chains: empirical results from German pig and dairy production. In: Journal on Chain and Network Science, 8, S. 21-32, 2008.

[21] Schoenheit, I.: Was Verbraucher wissen wollen - Ergebnisse einer empirischen Studie zum Informationsbedarf der Verbraucher, 2005.

[22] Hoffmann, K.: Verbraucher kaufen nach Skandalen bewusster ein. In: Lebensmittelzeitung, 39, S. 22, 2006.

[23] Hofstede, G.J.: Transparency in netchains. In: Harnos, Z.; Herdon, M.; Wiwczaroski, T.; Information technology for a better agri-food sector, environment and rural living. Proeeeding EFITA Conference. Debrecen Universität, Debrecen, S. 17-29, 2003.

[24] Schwan, P.: Der informierte Verbraucher?: das verbraucherpolitische Leitbild auf dem Prüfstand; eine Untersuchung am Beispiel des Lebensmittelsektors, Springer eBook Collection Humanities, Social Science [Dig. Serial]. Verlag für Sozialwissenschaften, Wiesbaden, 2009.

[25] Weser, A.; Annuk, I.: Warenkennzeichnung, ein Mittel der Verbraucherinformation. Schwartz, Göttingen, 1976.

[26] Beier, U.: Warenkennzeichnung: Bedeutung für Industrie, Handel und Verbraucher, 1982.

[27] Bergmann, K.: Der verunsicherte Verbraucher: neue Ansätze zur unternehmerischen Informationsstrategie in der Lebensmittelbranche. Springer, Berlin [u.a.], 2000.

[28] Willhöft, C.: Verbraucherverunsicherung-eine ausweglose Situation? Bundesforschungsanstalt für Ernährung, Karlsruhe, 2001.

[29] Franz, R.: Bestimmungsgründe der Verbraucherverunsicherung und Ansatzpunkte zur Vertrauensbildung durch ökologisch und regional erzeugte Lebensmittel. Dissertation Thesis, TU München, Weihenstephan, 2005.

[30] Lipset, S.M.; Schneider, W.: The Decline of Confidence in American Institutions. In: Political Science Quarterly, 98/3, S. 379-402, 1983.

[31] Pharr, S.; Putnam, R.; Dalton, R.: Trouble in the advanced democracies? A quarter-century of declining confidence. In: Jounal of democracy, 11/2, S. 5-25, 2000.

[32] Raffée, H.; Silberer, G.: Informationsverhalten des Konsumenten: Ergebnisse empirischer Studien. Gabler, Wiesbaden, 1981.

[33] Honold, C.-U.: Agrarmärkte 2008. Landesanstalt für Entwicklung der Landwirtschaft und der Ländlichen Räume Bayerische Landesanstalt für Landwirtschaft, Freising-Weihenstephan, S. 327, 2009.

[34] Oltersdorf, U.; Ecke, J.: Bundesforschungsanstalt für Ernährung: Entwicklungstendenzen bei Nahrungsmittelnachfrage und ihre Folgen. Bundesforschungsanstalt für Ernährung, Karlsruhe, 2003.

[35] TAB: Potenziale für eine verbesserte Verbraucherinformation - Entwicklungstendenzen bei Nahrungsmittelangebot und -nachfrage und ihre Folgen, Büro für Technikfolgen-Abschätzung beim Deutschen Bundestag, Berlin, 2003.

[36] Barlösius, E.; Schiek, D.: Das Profil öffentlicher Ernährungskommunikation - eine Synopse. In: Barlösius, E.; Rehaag, R.; Skandal oder Kontinuität. Forschungsgruppe Public Health, Berlin, 2006.

[37] Krystallis, A.; Chryssochoidis, G.: Does the country of origin (COO) of food products influence consumer evaluations?: an empirical examination of ham and cheese. In: Journal of Food Products Marketing, 15, S. 283 - 303 2009.

[38] Lichtenberg, L.; Heidecke, S.-J.; Becker, T.: Determination of willingness-to-pay for traceability of meat by means of conjoint analysis, Tagungsband der 8th. International Conference on Management in AgriFood Chains and Networks, Wageningen, 2008.

[39] Voeth, M.; Hahn, C.: Limit Conjoint-Analyse. In: Marketing ZFP, 20, S. 19-132, 1998.

[40] Johnson, R.M.: Adaptive Conjoint Analysis. In: Johnson, R.M.; Ketchum, I.D.; Proceedings of the Sawtooth Software Conference on Perceptual Mapping, Conjoint Analysis and Computer Interviewing, Sun Valley, S. 253-265, 1987.

[41] Green, P.E.; Srinivasan V.: Conjoint analysis in marketing : new developments with implications for research and practice. In: Journal of Marketing, 54, S. 3-19, 2007.

[42] Ahlert, D.; Schulze-Bentrop C.: Pricing of Solutions, Projektbericht Transolve. Westfälische Wilhelms-Universität Münster, Münster, 2010.

[43] Globalpark: ACA Fachbeitrag. Globalpark GmbH, Hürth, 2007.

[44] Green, P.E.; Krieger, A.M.; Agarwal, M.K.: Adaptive Conjoint Analysis: Some Caveats and Suggestions. In: Journal of Marketing Research, 28, S. 215-222, 1991.

[45] Backhaus, K.; Erichson, B.; Plinke, W.; Weiber, R.: Multivariate Analysemethoden: Eine anwendungsorientierte Einführung. Springer Berlin Heidelberg, Berlin, Heidelberg, 2006.

[46] Backhaus, K.; Erichson, B.; Plinke, W.; Weiber, R.: Multivariate Analysemethoden: Eine anwendungsorientierte Einführung. Springer Berlin Heidelberg, Berlin, Heidelberg, 2006.

[47] Campbell, D.T.; Stanley, J.C.: Experimental and quasi-experimental designs for research. McNally, Chicago, 1963.

[48] Backhaus, K.; Brzoska, L.: Conjointanalytische Präferenzmessungen zur Prognose von Preisreaktionen : eine empirische Analyse der externen Validität. In: Die Betriebswirtschaft 1, S. 39 - 57, 2004.

[49] Böhler, H.: Marktforschung. Kohlhammer, Stuttgart, 2004.

[50] Sawtooth Software: ACA User Manual, 5, 2003.

[51] Schmidt, R.: Präferenzbasierte Segmentierung von Fondskäufern: Verbesserung der Kundenorientierung im Fondsvertrieb. Deutscher Universitäts-Verlag, Wiesbaden, 2006.

Qualitätskommunikation im Innovationsprozess - die Balance zwischen Stabilität und Agilität

Dipl.-Wirt.-Ing. Katja Landgraf[1], Univ.-Prof. Dr.-Ing. Roland Jochem[2]

[1]Fachgebiet Qualitätsmanagement, Universität Kassel, [2]Fachgebiet Qualitätswissenschaft, TU Berlin, Institut für Werkzeugmaschinen und Fabrikbetrieb (IWF)

Abstract

Die immer geringer werdenden Entwicklungszeiten, die zunehmende Anzahl der Technologien und deren Systemverknüpfungen, die vielen globalen Prozessschnittstellen innerhalb und außerhalb des Produktentstehungsprozesses, die Erweiterungen der Kundenmärkte, der erhöhte Kostendruck u. v. m. - all dies führt zu einem immer komplexer werdenden Innovationsprozess, der stabil beherrscht werden will [2] und sich gleichzeitig flexibel und agil an die neuen Randbedingungen (der Kunden, des Marktes, der Gesetze, usw.) anpassen muss.

Eine weitere Komplexitätssteigerung entsteht durch die Virtualisierung der Produktentstehung selbst, insbesondere durch den Anspruch der Modellierung und Abbildung aller sinnvollen Abhängigkeitsbeziehungen zwischen den Produktkomponenten, den Prozessen, der Organisationen, der Anforderungen, Produktfunktionen, IT-Systemen, etc.

Die Produzenten entlang der Wertschöpfungskette müssen immer effizientere, innovativere und qualitativ hochwertigere Produkte mit einer Vielzahl an individuellen Varianten entwickeln und produzieren [8].

Um innovative Produkte in kurzen Technologiezyklen entwickeln zu können, bedarf es der Kommunikation von Qualitäts- und Prozessstandards innerhalb und außerhalb des Unternehmens. Hier gilt es, die Balance zwischen benötigter Stabilität und erforderlicher Agilität der Prozesse, Verfahren und Methoden zu halten.

Die Stabilität wird zum größten Teil durch die Definition von Qualitäts- und Prozessstandards erreicht. Doch was ist das benötigte Maß der Standardisierung innerhalb eines kreativen Innovationsprozess?

Werden die umfassenden Standards komplett innerhalb des Prozesses umgesetzt und gelebt, laufen meist die Faktoren „Zeit" und „Kosten" aus dem Ruder. Innovationen können dadurch ggf. mit erheblichen Kosten zu spät auf den Markt kommen.

Ziel muss es sein, stabile Qualitäts- und Prozessstandards zu definieren und gleichzeitig so flexibel bzw. agil zu sein, um sich rasch an verändernde Rahmenbedingungen anpassen zu können.

Agil bedeutet dabei, den am Prozess beteiligten Stakeholdern eine höhere Bedeutung teil werden zu lassen, als vordefinierten Prozessen und implementierten Tools. Die schnelle Reaktion bei ungeplanten Änderungen sollte den vordefinierten Plänen vorgezogen werden. Zudem stehen das funktionierende Produkt und die Zusammenarbeit mit dem Kunden, neben einer umfassenden Dokumentation und detaillierten Vertragsverhandlungen, im Vordergrund [1].

Das Landgraf'sche Modell (L-Modell^{Agil}) (entwickelt am Fachgebiet QM der Universität Kassel), eine Weiterentwicklung des sog. V-Modells [4, 6], ist eine Möglichkeit den oben genannten Herausforderungen zu begegnen.

Die Zielsetzung des L-Modells^{Agil} ist die Erhöhung der Innovationsqualität und – Geschwindigkeit von komplexen Systemen in den frühen Phasen eines stabilen und gleichzeitig agilen Innovationsprozesses.

Das L-Modell^{Agil} gibt zum einen eine detaillierte Vorgehensweise der systematischen Analyse und Bewertung von Ideen in den frühen Phasen inklusive einem Methodenkatalog und Kennzahlen vor, die als Standard in das Unternehmen implementiert werden kann. Zum anderen zeigt das Modell, wie dieser kreative frühe Phasen agil, mit einem minimalen Prozessstandard und mit Hilfe der agilen Methode Scrum [6] sowie durch gezielte Kommunikation von Qualität und Ergebnissen, bewältigt werden kann.

Agil ist dabei, u. a. die passende Methode aus einem schier unendlich scheinenden Angebot auszuwählen und sich derer zu bedienen. Agiles Vorgehen wird im Besonderen durch die große Vielfalt an Methoden, deren passende Auswahl, fortlaufende Bewertung und gegebenenfalls die Änderung der Methode bestimmt [6].

Die Umsetzung des L-Modells kann anschließend mit dem dazu entwickelten Reifegradmodell bewertet und Handlungsempfehlungen zur kontinuierlichen Verbesserung generiert werden.

1 Einleitung

Die immer geringer werdenden Entwicklungszeiten, die zunehmende Anzahl der Technologien und deren Systemverknüpfungen, die vielen globalen Prozessschnittstellen innerhalb und außerhalb des Produktentstehungsprozesses, die Erweiterungen der Kundenmärkte, der erhöhte Kostendruck, - all dies und mehr führt zu einem immer komplexer werdenden Innovationsprozess, der stabil beherrscht werden will [2, 3] und sich gleichzeitig flexibel und agil an die neuen Randbedingungen (der Kunden, des Marktes, der Gesetze, usw.) anpassen muss.

Die Produzenten entlang der Wertschöpfungskette müssen immer effizientere, innovativere und qualitativ hochwertigere Produkte mit einer Vielzahl an individuellen Varianten entwickeln und produzieren [8]. Um innovative Produkte in kurzen Technologiezyklen entwickeln zu können, bedarf es der Kommunikation von Qualitäts- und Prozessstandards innerhalb und außerhalb des Unternehmens. Hier gilt es, die Balance zwischen benötigter Stabilität und erforderlicher Agilität der Prozesse, Verfahren und Methoden zu halten. Die Stabilität wird zum größten Teil durch die Definition von Qualitäts- und Prozessstandards erreicht. Doch was ist das benötigte Maß der Standardisierung innerhalb eines kreativen Innovationsprozess?

Werden die umfassenden Standards komplett innerhalb des Prozesses umgesetzt und gelebt, laufen meist die Faktoren „Zeit" und „Kosten" aus dem Ruder. Innovationen können dadurch ggf. nur mit erheblichen Kosten und zu spät auf den Markt kommen.

Ziel muss es sein, stabile Qualitäts- und Prozessanforderungen zu definieren und zu kommunizieren, gleichzeitig aber so flexibel bzw. agil zu sein, um sich rasch an verändernde Rahmenbedingungen anpassen zu können.

Das L-ModellAgil ist eine Möglichkeit, den oben genannten Herausforderungen der Fahrzeugindustrie zu begegnen.

Das L-ModellAgil (entwickelt am Fachgebiet QM der Universität Kassel) ist eine Weiterentwicklung des so genannten V-Modells. Die Zielsetzung des L-ModellsAgil ist eine Sicherung und Erhöhung der Innovationsqualität von komplexen Systemen in den frühen Phasen eines stabilen und gleichzeitig agilen Innovationsprozesses.

Das L-ModellAgil - befasst sich konkret mit diesen frühen Phasen des Innovationsprozesses von komplexen Systemen innerhalb des Fahrzeugbaus, mit dem Ziel, mittels der agilen Methoden Scrum, die Innovationsqualität zu sichern und weiter zu erhöhen. Durch den Einsatz von Scrum in den kreativen frühen Phasen des Innovationsprozesses soll eine gezielte Kommunikation des erforderlichen Inputs und des benötigten Outputs mit der richtigen Qualität, zu den entsprechenden Kosten und in der geplanten Zeit zwischen allen Beteiligten ermöglichen. Neben dem Einsatz von Scrum, zur Planung und Überwachung des Innovationsprojektes, hat das Requirements Management und Engineering (RM&E) eine weitere Schlüsselrolle zur Kommunikation der Qualitätsanforderungen innerhalb des Innovationsprozesses. Durch die Integration des RM&E in die frühen Phasen des Innovationsprozesses wird eine strukturierte Vorgehensweise zur Erfassung, Dokumentation und Verwaltung aller relevanten Markt-, Wettbewerbs- und Kundenanforderungen gegeben. Dies stellt die Kommunikation zwischen allen relevanten Qualitätsanforderungen sicher.

Das L-ModellAgil besteht aus vier Teilen. Der erste Bestandteil ist der so genannte Innovations-Requirements Prozess (IR-ProzessAgil). Er beinhaltet einen Methodenkatalog, Prozessschablonen und ein Rollenmodell. Für die Umsetzung des Modells werden dazu zwei zentrale Dokumente vorgegeben, die eine prototypische Realisierung ermöglichen. Zweiter Bestandteil des L-Modells ist der Kennzahlenkatalog, der zur Steuerung des Prozesses entwickelt wurde. Der dritte Teil, das so genannte Innovations-Requirements Reifegradmodell (IRR), bewertet die Umsetzung des L-ModellsAgil und gibt Handlungsempfehlungen für eine kontinuierliche Verbesserung.

Die gesamten Informationen werden anschließend im vierten Bestandteil des Modells in einem web-basierten Vorgehensleitfaden zusammengefasst.

Die Struktur sowie die vier Bestandteile werden folgend erläutert.

2 Das Grundkonzept des L-ModellsAgil

Die Intention des L-ModellsAgil ist es, auf bestehende etablierte Forschungskonzepte aufzubauen. Da sich das V-Modell bereits im gesamten Fahrzeugbau etabliert hat, wurde es als Anknüpfungspunkt für das L-ModellAgil gesehen.

Das V-Modell ist das Modell, welches in nahezu jedem Unternehmen des Fahrzeugbaus angewendet wird. Der Begriff kommt aus dem V-förmigen Aufbau der Projektelemente. Die „V-Form" drückt aus, dass zu jedem konzeptionellen Schritt ein äquivalenter Verifikations- oder Validierungsschritt stattfindet. So werden beispielsweise die nötigen Anforderungen des späteren Anwenders an das zu entwickelnde System in einem Lastenheft oder einer Anforderungsspezifikation vorgegeben. Das Vorgehen bei der Entwicklung wird mit Konzepten und Vorschlägen unterstützt [4, 6].

Eine weitere Basis für die Struktur des L-Modells ist, neben dem V-Modell, die Integration des RM&E und des Innovationsmanagements mit Scrum zu einem so genannten Innovations-Requirements ProzessAgil (IR-ProzessAgil).

Anhand des erstellten IR-ProzessesAgil wurde ersichtlich, dass für eine systematische Analyse und Bewertung von Ideen, bzw. zukünftigen Innovationen, das V-Modell und konkret das erste Element des V-Modells, die „Anforderungsermittlung und Spezifikation", nicht für den erforderlichen Kontext ausreichend war. Der Ansatz des L-ModellsAgil ist es daher, das V-Modell um den Kontext, bzw. um die Phasen der Ideenentwicklung und damit um die Zerlegung und Spezifikation einer Idee, zu erweitern.

Die Erweiterung erfolgt um drei Elemente:

- Element 1: Die Potentialermittlung und erste Rahmenbedingungen
- Element 2: Ideenermittlung inkl. erster Anforderungen
- Element 3: Ideenfreigabe zur Umsetzung

Für die Erhaltung der „Symmetrie" innerhalb des L-Modells wurden die Elemente des V-Modells um 45 Grad gedreht und um die Elemente der Ideenzerlegung und –spezifikation erweitert.

Die Elemente des V-Modells, inklusive der Erweiterung, bilden die Struktur des L-Modells (siehe Abbildung 1).

Die Elemente der Struktur des L-ModellsAgil fungieren als Gates innerhalb des IR-ProzessesAgil, welche durch eine Ampel verdeutlicht werden. Die Elemente des linken Stamms werden, wie im V-Modell, anhand der Bedingungen des rechten Stamms validiert. Die drei ersten Elemente werden durch identifizierte Lessons Learned Informationen aus der gesamten Wertschöpfungskette überprüft und somit der Innovationsprozess kontinuierlich verbessert.

Qualitätskommunikation im Innovationsprozess - die Balance zwischen Stabilität und Agilität

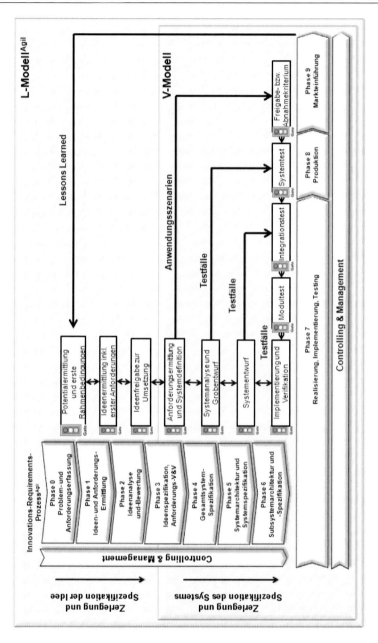

Abb. 1: Die Struktur des L-ModellsAgil

Wie in Abbildung 1 verdeutlicht, beginnt der IR-Prozess mit der systematischen Generierung einer Idee - Phase 0, die „Problem- und Anforderungserfassung".

Durch die Stakeholderermittlung und der Competitive Intelligence in dieser Phase sollen konkret die heterogenen Kundenwünsche sowie die Anforderungen aus dem Markt und dem Wettbewerb erfasst und in Phase 1, der „Ideen- und Anforderungsermittlung", integriert werden. Das Gate zwischen Phase 0 und 1 gilt als Qualitätskontrolle der gesammelten Informationen. Die Qualitätskontrolle soll an dieser Stelle einen qualitativ hohen Informationsgrad einer jeden Anforderung bzw. Information gewährleisten. Missverständnisse durch die systematische Generierung und Sammlung der Informationen und Anforderungen sollen dadurch vermindert werden.

Innerhalb des IR-ProzessesAgil kann eine Idee systematisch aus dem Markt (durch Phase 0) oder „unsystematisch" (ohne Markforschung direkt durch Phase 1) z. B. durch Mitarbeiterideen in Form von Lessons Learned generiert werden. Eine frühzeitige Anforderungsanalyse und -modellierung (durch UML/SysML/Swimlane) in Phase 1, der „Ideen- und Anforderungsermittlung", steigert dabei bereits zu Beginn die Qualität der Analyse und Bewertung von Ideen und unterstützt die Entscheidungsträger im Bewertungsprozess. Dies minimiert wiederum Fehleinschätzungen und erhöht die Innovationsqualität. Durch die modellgestützte und systematische Analyse und Bewertungen können erste Risiken bereits frühzeitig erkannt werden. Eine Grobbewertung der Idee schließt die Phase 1 ab.

In Phase 2, der „Ideenanalyse und Bewertung", wird mit Unterstützung des RM&E die Analyse und Bewertung der Idee weiter verfeinert. Risiken können dadurch sukzessive bewertet und Maßnahmen frühzeitig eingeleitet werden. Die Entwicklungskosten und die Entwicklungszeit können durch frühzeitiges Erkennen der Risiken und einer genauen, modellgestützten Spezifikation minimiert werden. Der Entscheidungsträger im Gate der Phase 2 entscheidet anschließend über die Freigabe zur Umsetzung der Idee, einer weiteren Überarbeitungsschleife, oder den Abbruch.

Ist entschieden worden, dass die Idee zur Umsetzung freigegeben wird, beginnt Phase 3, die Ideenspezifikation und die Anforderungs-V&V (Verifikation & Validierung). Der Fokus der Phase 3 ist die genaue Spezifikation der Idee und die Qualitätsprüfung der Anforderungen. Parallel dazu wird das Marketingkonzept entwickelt. Durch Unterstützung des RM&E und der Anforderungsstruktur aus dem Systems Engineering erhalten die modellgestützten Ideenspezifikationen einen hohen Informationsgrad und vermindern Fehleinschätzungen. Zudem können diese Informationen effizient an angrenzende Prozessschnittstellen, z. B. der Produktentwicklung (Phase 4 der „Gesamtsystemspezifikation"), weitergeleitet werden.

Danach werden in Phase 5 („Systemarchitektur und Systemspezifikation") und 6 („Subsystemarchitektur/-spezifikation") entsprechend die Subsysteme sowie deren Architektur weiter spezifiziert, bevor in Phase 7 die Realisierung, die Implementierung und das Testing erfolgt. Nach bestandenen Systemtests erfolgt in Phase 8 die „Serienproduktion" mit der anschließenden Phase 9, der „Markteinführung". Parallel werden die 10 Phasen durch das Controlling und Management begleitet.

Folgend werden die vier Bestanteile des L-ModellsAgil erläutert.

3 Die Bestandteile des L-ModellsAgil

Die vier Hauptbestandteile des L-ModellsAgil sind wie bereits einleitend erwähnt, neben dem IR-ProzessAgil (Bestandteil 1) ein Kennzahlenkatalog zur Steuerung des Prozesses (Bestandteil 2), ein Reifegradmodell zur Bewertung der Umsetzung des Modells (Bestandteil 3) und ein web-basierender Vorgehensleitfaden, welcher die gesamten Informationen, inklusive eines Implementierungskonzeptes zeigt (Bestandteil 4). Im Folgenden werden nun die vier Bestandteile des L-ModellsAgil vorgestellt. Im Rahmen dieses Beitrages wird sich konkret dabei auf die frühen Phasen des Innovationsprozesses, die so genannten Ideenentwicklungsphasen innerhalb des IR-ProzessesAgil, bezogen.

3.1 Der Innovations-Requirements-Prozess im L-ModellsAgil (Methoden und Elemente)

Ein Innovationsprozess muss sich kontinuierlich an neue Rahmenbedingungen anpassen. Unter diesem Zeitdruck ist meist kein umfangreiches Anwenden der Prozesse möglich. Zudem ist gerade in diesen Kreativitätsphasen die Kommunikation innerhalb und außerhalb des Unternehmens ein wichtiger Erfolgsfaktor. Der Innovationsprozess muss also agil sein. Die agile Vorgehensweise innerhalb des L-ModellsAgil wird folgend erläutert.

Die Basis für agile Methoden sind die vier Grundregeln des „Agile Manifest" [1]:

„Individuals and interactions over processes and tools

Working software over comprehensive documentation

Customer collaboration over contract negotiation

Responding to change over following a plan"

Agiles Vorgehen wird im Besonderen durch die große Vielfalt an Methoden, deren passende Auswahl, fortlaufende Bewertung und gegebenenfalls die Änderung dieser bestimmt. Agil bedeutet, die passende Methode aus einem schier unendlich scheinenden Angebot auszuwählen und sich ihrer zu bedienen [6]. Zur Integration einer agilen Methode in das Modell wurde sich für Scrum entschieden.

Scrum zeigt Regeln zur Planung und Überwachung von Projekten. Ein Scrum-Projekt besteht aus mehreren Iterationen (Sprints), die durch Teamtreffen (Sprint-Meetings) unterstützt werden. Durch Sprints sind Verantwortlichkeiten, Termine und Ergebnis klar definiert. Durch Scrum besteht der IR-ProzessAgil aus einer klar definierten Vorgehensweise und ist deshalb einfach und systematisch umzusetzen. Die Sprints werden jeweils durch die Phasen des IR-Prozesses bestimmt. Ein Sprint dauert ca. 30 Tage, ist jedoch unternehmensabhängig und deshalb im L-ModellAgil als eine „Timebox" definiert (siehe Abbildung 2) [7].

Vor jedem Sprint werden aus einem Pool, dem so genannten Product-Backlog, Informationen entnommen, die im nachfolgenden Sprint durch das Scrum-Team bearbeitet werden. Je nach Phase kann das ein Pool aus Anforderungen, Potentialen, Rahmenbedingungen oder sogar Ideen sein [9].

Bevor ein Sprint starten kann, wird das Sprint-Ergebnis bzw. der Output aus diesem Sprint genau definiert. Während des Sprints sorgt der Scrum Master dafür, dass das Scrum-Team nicht bei der Entwicklung des Sprint-Outputs unterbrochen oder abgelenkt wird. Das Team ist selbstorganisierend tätig und trifft sich innerhalb des Sprints zu Sprint-Meetings, die täglich oder in einem größeren Zeitabschnitt erfolgen können. Durch das vom Scrum Master moderierte Meeting können Fragen an die Auftraggeberseite, dem Product Owner, geklärt oder Probleme diskutiert werden. Der Product Owner vertritt hier die fachliche Auftraggeberseite [7].

Nach einem Sprint werden die definierten Sprintergebnisse im Sprint-Review dem Product Owner (oder ggf. dem Kunden) präsentiert und so ein schnelles Feedback erzielt. Jedes Sprint-Review ist durch die Gates aus dem L-ModellAgil definiert. Im Review wird entschieden, ob der vordefinierte Sprint-Output erreicht wurde oder nicht. Falls nicht, ist der Sprint entsprechend zu wiederholen oder der Product Backlog entsprechend anzupassen. Das anschließende Sprint-Restrospective-Meeting beinhaltet die kontinuierliche Verbesserung und Lessons Learned im Prozess. Mit Unterstützung durch das Innovations-Reifegradmodell können an diesem Punkt Potentiale erfasst und umgesetzt werden, um effizienter und effektiver zu werden [7].

Anhand der Phasen 0-3 wird nun der Ansatz der agilen Methoden im IR-ProzessAgil vorgestellt.

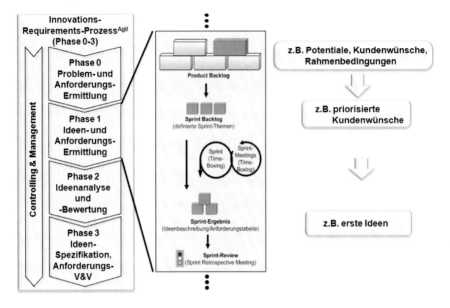

Abb. 2: Scrum im L-ModellAgi

Durch Scrum können Termine, Verantwortlichkeiten und das zu entwickelnde Ergebnis pro Phase klar und transparent definiert und umgesetzt werden. Dadurch können Entscheidungen zeitnah getroffen werden und werden, wenn man die Regeln von Scrum befolgt, nicht nach hinten verschoben.

3.1.1 Die Prozessschablonen

Im L-ModellAgil dient das Modell lediglich als Nachschlagewerk, indem neben dem IR-ProzessAgil vier weitere Prozessschablonen vorhanden sind, die den IR-Prozess ohne Unterstützung von Scrum zeigt und separat den Innovations- und RM&E Prozess darstellt. Die fünfte Prozessschablone beinhaltet den Innovations-Requirements Prozess speziell zur Generierung und Implementierung von Prozess-, Sozial- und Organisationsinnovationen, da sich der IR-Prozess sonst konkret nur auf Produktinnovationen bezieht.

3.1.2 Der Methodenkatalog

Der vorhandene Methodenkatalog besteht aus Bewertungs-, Qualitäts- und Risikomanagementmethoden, Ermittlungstechniken und Modellierungsmodellen, die den Prozess zur Erhöhung der Innovationsqualität innerhalb des Fahrzeugbaus unterstützen. Die genaue, prozessorientierte Zuordnung der Methoden macht eine kontext- und unternehmensabhängige Auswahl der Methoden pro Prozess möglich. Insgesamt befinden sich 106 Methoden und Modelldiagramme (wie z. B. UML/SysML-Diagramme oder eine Machbarkeits- und Wirtschaftlichkeitsanalyse) im Methodenkatalog, die den beteiligten Personen zur Verfügung stehen.

3.1.3 Das Rollenmodell

Der IR-Prozess beinhaltet in den Phasen 0-3 insgesamt sechs Rollen (siehe Abbildung 3).

Abb. 3: Rollenmodell des L-ModellsAgil

Durch die Rollenbeschreibung des L-Modells werden die personengebundenen Aufgaben, die Anforderungen an die Rolleninhaber, die Kompetenzen und Pflichten genau festgeschrieben. Alle Rollen im Modell müssen in ständigem Kontakt miteinander stehen, um eine Idee effizient und effektiv analysieren und bewerten zu können.

Als Kommunikationsmedium und Checkliste werden die beteiligten Personen im Prozess von zwei zentralen Dokumenten, der Ideenbeschreibung und der Anforderungstabelle, unterstützt. Jede der Rollen hat Zugriff auf diese Dokumente, um ihr Wissen bzw. ihre Ergebnisse zu dokumentieren. Durch diese systematische und transparente Sammlung der Informationen und Anforderungen soll die Flut an Dokumenten und die Suche nach dem Speicherort einer Information zur Idee minimiert werden.

3.1.4 Die zentralen Dokumente

Im L-ModellAgil gibt es zwei zentrale Dokumente, die Ideenbeschreibung und die Anforderungstabelle. Sie sollen eine Kommunikation der relevanten Qualitätsanforderungen und des gesamten Wissens einer Idee sicherstellen.

Die Ideenbeschreibung stellt alle relevanten Informationen über eine Idee dar. Dort sind pro Phase und Prozess die benötigten Informationen in Form einer Checkliste inklusive der Verantwortlichkeiten dargestellt. Parallel dazu werden zu jedem Prozess der dafür erforderliche Input und der Output, sowie die ggf. einzusetzenden Methoden, explizit in einer Tabelle gezeigt.

Das zweite zentrale Dokument im IR-ProzessAgil ist die Anforderungstabelle. Dort werden alle zur Idee vorhanden Anforderungen, Rahmenbedingungen usw. gesammelt und einer Systemstruktur zugeordnet. Dadurch werden die vorhandenen Anforderungen inklusive der Attribute, den Systemelementen der Systemanforderungen, wenn möglich, bis hin zu Komponentenanforderungen heruntergebrochen.

Mit Hilfe der Ideenbeschreibung und der Anforderungsstabelle werden die Ideen von Phase zu Phase kontinuierlich verfeinert und spezifiziert. Dadurch können die gesammelten Informationen später transparent und systematisch an den Produktentwicklungsprozess übergeben werden.

Die Verknüpfung der Ideenbeschreibung mit der Anforderungstabelle stellt einen durchgängigen Informations- und Methodenfluss und damit eine Kommunikation der Anforderung innerhalb des IR-ProzessesAgil in den Phasen 0-3 sicher. Abbildung 4 verdeutlicht anhand eines Beispiels die Durchgängigkeit der Methoden und Informationen. Hier exemplarisch mit den Methoden QFD und FMEA.

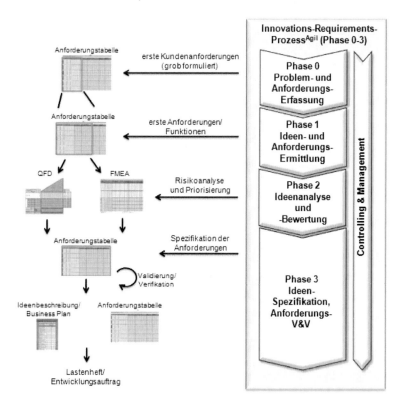

Abb. 4: Verknüpfung der Anforderungen mit Methoden aus dem IR-ProzessAgil – hier beispielhaft mit der Methode QFD und FMEA

Die Abbildung 4 verdeutlicht, dass in Phase 0 die Erfassung der ersten Kundenanforderungen in der Anforderungstabelle und dabei eine direkte Zuordnung in die Produktstruktur erfolgen kann. Eine Transformation der Kundenanforderungen zu den Systemanforderungen sowie die Integration von Lessons Learned aus Vorgängerprojekten, erfolgt in Phase 1, der Ideen- und Anforderungsermittlung. Hier werden zum Beispiel rudimentär die Anforderung/Informationen, der Anforderungstitel sowie mögliche Stakeholder und der Autor der Anforderung in der Anforderungstabelle und der Ideenbeschreibung spezifiziert.

Auf Basis dieser Informationen können nun in Phase 2, der Ideenanalyse und – bewertung, die Anforderungen durch die QFD technisch priorisiert und anhand der FMEA Fehlfunktionen sowie präventive Handlungsmaßnahmen für die Produktentwicklung generiert werden.

Phase 3 komplettiert die Informationen, indem die Idee durch Ausfüllen der relevanten Attribute ergänzt wird. Neben der Spezifizierung ist in Phase 3 ein wichtiger Bestandteil die Verifikation und Validierung der Anforderungen. Erst nach erfolgreichem Absolvieren der Verifikation und der Validierung kann die Ideenbeschreibung sowie die Anforderungstabelle an die Produktentwicklung, bzw. Phase 4 des IR-ProzessesAgil, weitergeleitet werden. Die Verifikation und Validierung sorgen dabei für einen hohen Qualitätsstandard der relevanten Informationen einer Idee und gewährleisten ein hohes Niveau der Kommunikation von Qualitätsanforderungen.

Die hier vorgestellten Methoden und Elemente sind der erste Bestandteil des L-ModellsAgil. Das nachfolgende Kapitel zeigt die drei weiteren Bestandteile des L-ModellsAgil.

3.2 Der Kennzahlenkatalog im L-ModellAgil

Entscheidend für das konsequente Steuern des Prozesses ist die Definition und Erfassung von Kennzahlen. Das L-ModellAgil verfügt über einen Kennzahlenkatalog mit insgesamt 80 Kennzahlen und Metriken, wie z. B. die Anzahl der Ideen oder die Produktivität im IR-Prozess.

Dabei werden die Kennzahlenkategorien in vier Gestaltungsfelder gegliedert. Die Gestaltungsfelder stehen jeweils in einem komplexen Zusammenhang zueinander [9]. Sie sind anhand spezifischer (bezogen auf das Prozessgebiet) und generischer Ziele (prozessübergreifend) sowie deren kritischer Erfolgsfaktoren und (Zeit-)Treiber abgeleitet worden.

Abb. 5: Gestaltungsfelder des Kennzahlensystems

Neben der Steuerung des Prozesses durch Kennzahlen und Metriken ist die Bewertung der Prozessumsetzung zur Identifizierung von Verbesserungspotentialen ein weiterer Bestandteil, der für die Erhöhung der Innovationsqualität und der Implementierung von Lessons Learned von Bedeutung ist. Für den IR-ProzessAgil wurde ein spezifisches Reifegradmodell, das so genannte Innovations-Requirements Reifegradmodell (IRR), entwickelt, welches folgend erläutert wird.

3.3 Das Reifegradmodell des L-ModellsAgil

Der Anwendungsbereich des Innovations-Requirements-Reifegradmodells (IRR) bezieht sich auf die Phasen 0 bis 3 des IR-Prozesses innerhalb des Fahrzeugbaus. Dabei betrachtet dieser nicht nur die Umsetzung der frühen Phasen des Innovationsprozesses bei komplexen Systemen, sondern zudem die Durchführung des Requirements Management und Engineerings innerhalb dieser, bis an die Schnittstelle zum Produktentwicklungsprozess.

Das IRR bezieht sich auf die vier Gestaltungsfelder aus der Kennzahlenentwicklung. Innerhalb des IRR können zwei Bewertungsschemata gewählt werden. Dabei wird zwischen der Ermittlung des Reifegrades und der Ermittlung des Fähigkeitsgrades unterschieden.

- Bewertungsvorgehen 1: Mit diesem Bewertungsvorgehen erfolgt die Ermittlung des Innovations-Requirements Reifegrades. Dadurch werden die Fähigkeiten der Organisation [5] bezüglich den Thematiken des L-Modells, anhand der vier Gestaltungsfelder, bewertet.

- Bewertungsvorgehen 2: Mit dem Bewertungsvorgehen 2 wird der Fähigkeitsgrad eines Prozessgebietes ermittelt [5]. Die Bewertung der IR-Fähigkeit erfolgt auf Basis des Gestaltungsfeldes „IR-Prozess". Innerhalb dieses Gestaltungsfeldes werden die Prozessgebiete Innovationsmanagement, Requirements Management und Engineering, Risikomanagement, Qualitätsmanagement und die Schnittstelle Ideenentwicklungs-/ Produktentwicklungsprozess bewertet.

Je nach Wahl des Bewertungsverfahrens erfolgt ein Soll/Ist-Vergleich anhand von Fragen bzw. Metriken, die Ermittlung des Reife- bzw. Fähigkeitsgrades und die Ermittlung von Handlungsempfehlungen und Verbesserungen zur Erreichung des nächst höheren Levels. Die folgende Darstellung (Abbildung 6) zeigt noch einmal die zwei Bewertungsvorgehen und deren Punkte zur Reifegrad- bzw. Fähigkeitsgradermittlung.

IR-Reifegradmodell (IRR)

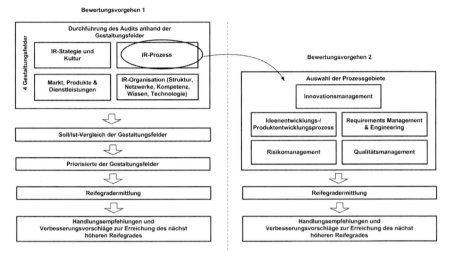

Abb. 6: Bewertungsverfahren im IRR

Anhand einer Bewertungsskala können die Ausprägungen der Gestaltungsfelder gemessen und auf Basis dieser Handlungsempfehlungen gegeben werden, um ein nächst höheres Level zu erreichen. Das Ergebnis der Bewertung kann in 5 Reifegradlevels eingeordnet werden.

Neben den bereits gezeigten drei Bestandteilen des L-ModellsAgil erfolgt nun dessen vierter Bestandteil, der web-basierte Vorgehensleitfaden.

4 Der web-basierte Vorgehensleitfaden des L-ModellsAgil

Der Vorgehensleitfaden soll die Unternehmen des Fahrzeugbaus bei der Einführung und Umsetzung des L-ModellsAgil unterstützen. Durch den prozessorientierten Vorgehensleitfaden kann genau nachgelesen werden, in welcher Reihenfolge die Prozesse innerhalb des L-ModellsAgil bzw. des IR-ProzessesAgil durchlaufen werden, welche Methoden eingesetzt werden können und welche Informationen für ein bestimmtes Ergebnis benötigt werden. Der Vorgehensleitfaden eignet sich, nach seiner Anpassung an das entsprechende Unternehmen, primär als Arbeitsanleitung und Nachschlagewerk, oder sekundär zur Ergänzung von Schulungen zum Modell. Durch das html-Format kann der Nutzer über die Daten-Struktur oder prozessorientiert direkt Informationen zu den jeweiligen Prozessen, den Daten oder den Rollen im Modell erhalten.

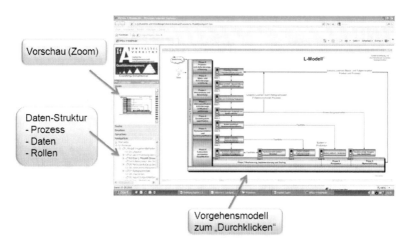

Abb. 7: web-basierter Vorgehensleitfaden

Der web-basierte Vorgehensleitfaden ist der vierte Bestandteil des L-ModellsAgil. Zusammenfassend werden noch einmal kurz die Hauptbestandteile des L-ModellsAgil dargestellt.

5 Zusammenfassung des L-Modells

Das L-ModellAgil gibt eine Vorgehensweise zur Erhöhung der Innovationsqualität und -kommunikation in den frühen Phasen des Fahrzeugbaus. Das L-ModellAgil weist einen standardisierten Prozess (IR-Prozess) mit Methoden, Verfahren und Checklisten auf, welcher die formale und systematische Beschreibung und Bewertung von Ideen sowie eine Kommunikation der Qualitätskriterien ermöglicht. Ideen können anhand der Innovationsstrategie und den identifizierten Ideen aus der Marktforschung systematisch generiert werden. Der präventive Methodeneinsatz vermindert unnötige Iterationen und Schnittstellenprobleme während des IR-ProzessesAgil (Phase 0 bis 3) bis zur Schnittstelle des Produktentstehungsprozesses. Innovationen und deren Umsetzung im Produktentwicklungsprozess sind zur Reduktion der Risiken nachvollziehbar und bewertbar.

Die Beschreibung und Bewertung von Ideen erfolgt dabei durch zwei zentrale Dokumente, die Ideenbeschreibung und die Anforderungstabelle. Dadurch werden die gesamten Informationen einer Idee in zwei Dokumenten beschrieben, oder auf Basis dieser auf weitere Dokumente verwiesen. Die im Innovationsprozess gesammelten Informationen können dadurch systematisch weiter genutzt werden. Die im L-ModellAgil dargestellten Modelle bzw. Prozesse verfolgen den Ansatz einer prozessorientierten und lernenden Organisationsform. Durch die prozessorientierte Organisation können Bereichsinseln im Unternehmen minimiert, Verantwortlichkeiten definiert und Ideen in interdisziplinären Teams generiert, beschrieben und bewertet werden.

Die Realisierung des Prozesses kann anhand eines zweiten Bestandteils des L-ModellsAgil, der Kennzahlen, gemessen und gesteuert werden.

Zur kontinuierlichen Verbesserung kann die Umsetzung des L-ModellsAgil anschließend durch das Reifegradmodell bewertet und so Handlungsempfehlungen generiert werden.

Die vier Bestandteile des L-ModellsAgil können der Fahrzeugindustrie durch einen web-basierten Vorgehensleitfaden zur Verfügung gestellt werden.

Das L-ModellAgil ist ein Nachschlagewerk und bietet eine agile und trotzdem stabile Vorgehensweise der Qualitätskommunikation, um mit minimaler Bürokratie und maximaler Handlungsfreiheit der Mitarbeiter schnell erste Erfolge hinsichtlich der Erhöhung der Innovationsqualität und –beschleunigung zu erlangen.

Literatur

[1] Agile Alliance: Manifesto for Agile Software Development 2001 (Online verfügbar unter http://agilemanifesto.org, zuletzt aktualisiert 2001, zuletzt geprüft 11.10.2010).

[2] Becker, H.: Phänomen Toyota, Erfolgsfaktor Ethik. Berlin Heidelberg: Springer-Verlag, 2006.

[3] Doppler, K. Lauterburg, C.: Change Management, den Unternehmenswandel gestalten, Frankfurt: Campus Verlag, 2002.

[4] Ebert, C.: Systematisches Requirements-Engineering und Management. Anforderungen ermitteln, spezifizieren, analysieren und verwalten. 2., aktualisierte und erw. Aufl. Heidelberg: dpunkt-Verlag, 2008.

[5] Liggesmeyer P.: Software-Qualität – Testen, Analysieren und Verifizieren von Software; 2. Auflage, Heideberg: Spektrum Akademischer Verlag, 2009.

[6] Rupp, C., Sophisten: Requirements-Engineering und -Management. Professionelle, iterative Anforderungsanalyse für die Praxis. 4., aktualisierte und erw. Aufl. München: Carl Hanser Verlag, 2007.

[7] Rupp, C.; Hruschka, P; Starke, G.: Agility kompakt; Heidelberg: Spektrum Akademischer Verlag, 2009.

[8] Siemens AG: Transformation des Innovationsprozesses in der Kraftfahrzeugindustrie, Siemens Product Lifecycle Management, 2008.

[9] Spath, D.; Wagner, K.; Aslanidis S.; Bannert M.; Rogowski, T.; Paukert M.; Ardilio A.: Die Innovationsfähigkeit des Unternehmens gezielt steigern. In: Bullinger, Hans Jörg (Hg.): Fokus Innovation. Kräfte bündeln – Prozesse beschleunigen. München: Carl Hanser Verlag, 2006, S. 41-109.

Qualitätskommunikation in einem regionalen Netzwerk

Dipl. Ing. agr. MSc Simon Düsseldorf[1], Dipl. Ing. agr. Christian Kagerer[2], Prof. Dr. agr. Brigitte Petersen[1], Dr. agr. Detert Brinkmann[1]

[1]Abteilung Präventives Gesundheitsmanagement, Institut für Tierwissenschaften, Rheinische Friedrich-Wilhelms-Universität Bonn, [2]Lehrstuhl für Betriebswirtschaftslehre - Marketing und Konsumforschung, Technische Universität München

Abstract

Die Anforderungen an die produktionsbegleitende Kommunikation von Zahlen, Daten und Fakten steigen mit der Komplexität von Wertschöpfungsnetzwerken. Zur Kommunikation von qualitätsmanagementrelevanten Informationen entstanden über die Zeit Informations- und Kommunikationsstrukturen (IuK), insbesondere in der deutschen Fleischwirtschaft, die regionale Netzwerke unterstützen.

Bislang sind regionale Netzwerke hinsichtlich ihrer Unterstützungsleistung im Qualitätsmanagement noch nicht verglichen und bewertet worden. Ziel der eigenen Studie war daher, die Gemeinsamkeiten und Unterschiede webbasierter Informationsplattformen, die mindestens zwei oder mehr Netzwerkebenen bedienen, zu beschreiben und Entwicklungspotentiale anhand von sieben Benchmarks aufzuzeigen.

Das Benchmarking ergab, dass die betrachteten Netzwerke durch eine Organisation koordiniert werden und an typischen regionalen Strukturen ausgerichtet sind. Mehr als die Hälfte der betrachteten regionalen Netzwerke unterstützen die gleichen Akteure mit Qualitätsinformationen. Der Benchmark Lieferantenmanagement wurde von allen Netzwerkkoordinatoren vollständig erfüllt. Verbesserungspotential wurde insbesondere bei den Benchmarks Auditarten sowie Audit- und Krisenmanagement deutlich. Auch die Reichweite der Netzwerke innerhalb der Wertschöpfungskette zeigt Steigerungsmöglichkeiten. Sie variiert zwischen 2 und 5 Netzwerkebenen.

Retrospektiv betrachtet gehen die regionalen Netzwerke aus zwei Entwicklungstreibern hervor a) der Rohstoffsicherung mit dem Schwerpunkt der Unterstützung regionaler Markenfleischprogramme b) überbetrieblicher Qualitätssicherung und Gesundheitsmanagement mit dem Schwerpunkt der Unterstützung produktionsbegleitender Leistungskontrollen und Monitoringverfahren. Ein derzeitiger Trend wird in der Etablierung regionaler Strukturen gesehen, die beide Entwicklungsansätze verbinden.

1 Einführung

Zum Paradigmenwechsel in der europäischen Agrar- und Ernährungspolitik gehört, dass die Verantwortung für ein sicheres Lebensmittel bei den Wirtschaftsunternehmen der gesamten Lebensmittelproduktionskette liegt [1]. Je höher der Grad der Spezialisierung der Unternehmen innerhalb der Wertschöpfungskette ist, umso aufwendiger und komplexer gestaltet sich die Kommunikation zwischen den unterschiedlichen Kunden und Lieferanten [2, 3]. Zusätzlich stellen die Konsumenten immer höhere Anforderungen an die Lebensmittelqualität und -sicherheit. Nicht zuletzt als Reaktion auf verschiedene Skandale und Krisen im Lebensmittelsektor, wurden von staatlicher Seite Initiativen wie z.B. Bio-Siegel oder geschützte Herkunftsangaben (z.B. „Geprüfte Qualität – Bayern") finanziell gefördert. Auf privatwirtschaftlicher Seite entwickelten sich in den letzten Jahren Prüf- und Zertifizierungssysteme wie z.B. QS, GLOBALGAP, IFS usw., um im Rahmen von Eigenkontrollmaßnahmen Vertrauen innerhalb der spezifischen Kunden-Lieferanten Beziehung zwischen Lebensmittelhandel und Zulieferkette, doch vor allem bezogen auf den Konsumenten wiederherzustellen.

Eine Reihe von Autoren sieht in der Kommunikation von Qualitätsinformationen zwischen den unterschiedlichen Stufen der Wertschöpfungsketten vom lebenden Tier bis zum verarbeiteten Produkt einen Entscheidungsansatz für den kontinuierlichen Verbesserungsprozess [4, 5]. Leistungsfähige webbasierte Informationsplattformen, die den Informationsaustausch zwischen den einzelnen Akteuren ermöglichen, gelten für eine Reihe von Autoren als Voraussetzung für eine effiziente Qualitätssicherung und damit als technische Unterstützung zur Erfüllung der unterschiedlichen Kundenanforderungen [6, 7]. Der Wirkungsgrad der existierenden IuK-Systeme konnte durch die Wirtschaft-Wissenschafts-Initiative "Allianzen für Informations- und Dienstleistungs-Agenturen" AIDA [8] erheblich verbessert werden.

Die meisten Informationsplattformen haben einen regionalen Radius aber auch überregionale webbasierte Informationsplattformen sind entstanden. Beispiele für Überregionalität ist die Tiergesundheitsagentur (TIGA) [9] oder QS-Informations- und Registrierungsplattformen [10]. Ein Vergleich und eine umfassende Bewertung der angebotenen QM-Aktivitäten, bezogen auf die beteiligten Akteure, die Reichweite sowie Dienstleistungsprofile fehlen bislang. Ziel der vorliegenden Forschungsarbeit ist es daher einen Bewertungsansatz für einen Benchmark vorzustellen und diesen exemplarisch an fünf regionalen Netzwerken zu testen.

2 Qualitätskommunikation innerhalb von Wertschöpfungsnetzwerken

2.1 Forderungen nach Qualitätskommunikation

Die Novellierung des Lebensmittelrechts und das neue Leitbild „from stable to table" erfasst die gesamte Wertschöpfungskette [11]. Hierfür bedarf es einer gemeinsamen Qualitätspolitik und einer Qualitätskommunikation über alle Stufen des Wertschöpfungsnetzwerks [12].

Qualitätskommunikation ist nach Meyer (2010) [13] definiert als „*die Gesamtheit aller Kommunikationsbemühungen, messbare und nicht messbare Qualitätsmerkmale im Hinblick auf geäußerte und nicht geäußerte Qualitätsanforderungen für die jeweilige Anspruchsgruppe wahrnehmbar und nachvollziehbar zu machen*".

Die Übermittlung von sogenannten Informationen zur Lebensmittelkette nach dem one step up, one step down Verfahren ist gesetzlich vorgeschrieben, um die Transparenz von Warenströmen bzw. Tierbewegungen zu erhöhen [14]. Die EU-Basisverordnung VO(EG) 178/2002, die nationale Vieh-Verkehrs-Verordnung (VVVO) oder die EG-Tiertransportverordnung gehören hierzu und fördern gleichzeitig den Aufbau IT-gestützter IuK-Systeme. Im Krisenfall können Warenströme schnell zurückverfolgt werden [15]. Des Weiteren fordert die VO (EG) 853/2004 die Kommunikation entlang der Produktionskette [16]. Die VO (EG) 854/2004 hat die Rahmenbedingungen für die Implementierung risikoorientierter Prüfstrategien zwischen Schlachtstufe und den Zulieferbetrieben geschaffen. Durch den stufenübergreifenden Austausch zusätzlicher Informationen zur Haltung, Tiergesundheit, epidemiologischer Daten und Lebensmittel-Sicherheit, kann die Prüffrequenz am Schlachtband nach Risiko variiert werden.

Hinsichtlich der Qualitätskommunikation lassen sich grundsätzlich zwei Kommunikationsarten unterscheiden. Eine Art der Kommunikation zwischen Zulieferkette und Endverbraucher am Point-of-Sale erfolgt über Labels am verpackten Endprodukt, wie das QS-Prüfsiegel, Bio-Siegel, ProPlanet Label oder das Herkunftszeichen Geprüfte Qualität Bayern usw. [17]. Die zweite Form ist die Kommunikation zwischen Kunden und Lieferanten innerhalb der Wertschöpfungsnetzwerke. Im Vordergrund steht hier der Austausch von Ergebnissen aus Produkt- und Prozessprüfungen anhand von Zahlen, Daten und Fakten [18]. Wie sich regionale fleischerzeugende Wertschöpfungsnetzwerke charakterisieren lassen, wird im Folgenden näher erläutert.

2.2 Charakterisierung von Wertschöpfungsnetzwerken in der Schweinefleischerzeugung

Nach Johnston und Lawrence (1989) [19] ist der Begriff der Wertschöpfungskette und des Wertschöpfungsnetzwerks in Verbindung zu setzten mit der Wertschöpfungspartnerschaft (Value-Adding Partnership). Diese tritt auf, wenn mindestens zwei Unternehmungen in aufeinander folgenden Stufen einem Produkt oder einer Dienstleistung Wertschöpfung hinzufügen. Um den Anforderungen des Wettbewerbes zu entsprechen kommt es zu einer verstärkten Zusammenarbeit zwischen Lieferanten von Rohstoffen und Herstellern von Verarbeitungs- und Endprodukten [20]. Die Vernetzung von Unternehmen entlang von Wertschöpfungsnetzwerken wird durch Informations- und Kommunikationstechnologien, entscheidend erleichtert [21].

Einige Autoren [22, 23] haben die Besonderheit der Kommunikation von Zahlen, Daten und Fakten für das stufenübergreifende Qualitätsmanagement beschrieben und dabei auf den Koordinationsbedarf regionaler Netzwerke hingewiesen.

Nach Plumeyer et al. (2008) [4] sind dem Informationsaustausch und somit der Qualitätskommunikation im deutschen Schweinefleischnetzwerk deutliche Grenzen gesetzt. Als zwei wesentliche Gründe werden erstens die starke Arbeitsteilung sowie zweitens die komplexen Wertschöpfungsstrukturen mit einer großen Anzahl von Akteuren genannt [22, 24, 25]. Die Komplexität kann auf Basis des NetChain Modells von Lazzarini et al. (2001) [26], welches die Ansätze der Netzwerk- und Kettentheorie kombiniert, verdeutlicht werden. Das generische Modell basiert in seiner Definition auf vier Netzwerkebenen: Produktion, Verarbeitung, Verteilung und Konsum. Die Netzwerke sind entlang der Kette aufgereiht. Schulze Althoff und Petersen (2004a) [6] und später Brinkmann (2010) [18] adaptierten das generische NetChain Modell von Lazzarini auf die speziellen Bedingungen des Schweinefleischsektors in Deutschland, wobei Brinkmann (2010) [18] Erzeugergemeinschaften (EZGs) und Viehhandel in das Modell integriert hat. Die identifizierten Netzwerkebenen sind Zucht, Ferkelerzeugung, Mast und Schlachtung, die als Zulieferkette zum Handel und Konsum definiert werden können. Die Produktionsabschnitte Schlachtung und Verarbeitung sind in dem Begriff "Fleischzentren" zusammengefasst. Zwischen den Ebenen befinden sich regionale Erzeugergemeinschaften und Viehhandelsorganisation in koordinierender Funktion, im Folgenden als Netzwerkkoordinatoren bezeichnet. Jedoch kann ein regionales Netzwerk auch vom Schlachthof (Fleischzentren) oder Handel koordiniert werden. In Abbildung 1 ist das modifizierte NetChain Modell dargestellt.

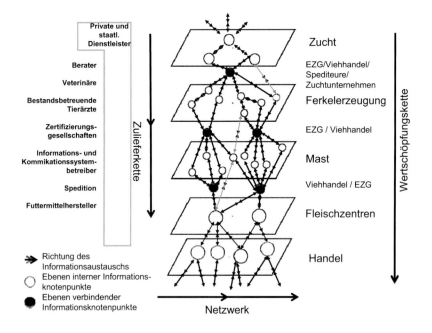

Abb. 1: Wertschöpfungsnetzwerk der Fleischwirtschaft (Beispiel) (modifiziert nach Lazzarini et al., 2001 [26]; Schulze Althoff und Petersen, 2004b [7] und Brinkmann, 2010 [18])

Das dargestellte Wertschöpfungsnetzwerk kann auch ein regionales Netzwerk sein. Netzwerke werden nach Schütz (2009) [27] von Netzwerkkoordinatoren unterstützt. Der Netzwerkkoordinator agiert als Dienstleister, welcher Aufgaben im überbetrieblichen Qualitätsmanagement, wie beispielsweise Lieferantenauswahl und -bewertung für Akteure der Primärerzeugung bis hin zur Schlachtung und Weiterverarbeitung übernimmt. Die konkrete Aufgabe des Koordinators ist es, Prozess- und Produktstandards, sowie gesetzliche und privatwirtschaftliche Anforderungen in seinen Dienstleistungen zu berücksichtigen. Dienstleister der tierhaltenden Betriebe wie beispielsweise Berater und Tierärzte, die nicht unmittelbar am Wertschöpfungsprozess beteiligt sind, profitieren ebenfalls seiner Koordinationsleistung. Die Aufgabe der Netzwerkkoordination übernehmen beispielsweise QS-Bündler, Erzeugergemeinschaften, Viehhandelsorganisationen, Schlachthöfe aber auch regionale Einrichtungen des Lebensmitteleinzelhandels. Eine Erzeugergemeinschaft kann ein so genannter QS-Bündler sein. Als QS-Bündler werden Organisationen bezeichnet, die landwirtschaftliche Betriebe oder Tiertransporteure im QS-System bündeln und koordinieren. Diese organisieren die Teilnahme am QS-System. Sorge für die Durchführung neutraler Audits trägt der Bündler, weiter unterstützt er die Teilnahme an den obligatorischen Monitoringprogrammen [10].

Die Ausrichtung und die verfolgten Ziele der Netzwerke hängen von den Koordinatoren ab. So sind von Erzeugergemeinschaften oder Viehhandel koordinierte Netzwerke auf die Verbesserung der Produkt- und Prozessqualität tierhaltender Betriebe fokussiert und nehmen dort aktiven Einfluss auf die Geschehnisse. Ein Ziel ist die Stärkung des überbetrieblichen Gesundheitsmanagements [27]. Werden Netzwerke regional von Einrichtungen des Lebensmitteleinzelhandels koordiniert, liegt der Fokus oft auf Marketingmaßnahmen sowie der quantitativen und qualitativen Rohstoffsicherung im Rahmen von Markenfleischprogrammen [14]. Beispiele hierfür sind vor allem etablierte Markenfleischprogramme, wie z.B. Gutfleisch.

2.3 Bewertungsansätze und Modellparameter

Bislang finden sich in der Literatur eine Reihe von Vorschlägen, nach welchen Kriterien sich diese Herkunftssicherungssysteme und Markenfleischprogramme im Hinblick auf die Konsumentenanforderung bzw. -akzeptanz rangieren lassen [18]. Dabei stehen die Aspekte des Regionalmarketings im Vordergrund und nicht die Betrachtung der überbetrieblichen Koordinationsaufgaben oder die technische und organisatorische Seite der Qualitätskommunikation im Netzwerk. Jedoch finden sich auch in der Literatur verschiedene Ansätze zur Bewertung des Nutzens von überbetrieblichen IuK-Systemen sowie der Interaktion zwischen Dienstleistungsnehmern und Dienstleistungsgebern.

Die Autoren Schulze Althoff (2006) [22], Mack (2007) [28], Ellebrecht (2008) [29] und Schütz (2009) [27] erarbeiteten partielle Bewertungsansätze, die in der nachstehenden Tabelle (Tabelle 1) zusammengefasst dargestellt werden. Während sich die Arbeiten von Schulze Althoff (2006) und Ellebrecht (2008) sehr stark auf die technische Seite der Qualitätskommunikation beziehen, stellen Mack (2007) und Schütz (2009) in ihren Planungsmodellen stärker die organisatorischen Aspekte einer Informations- und Dienstleistungsagentur in den Vordergrund. Ziel der eigenen Studien war es, auf der Grundlage dieser methodischen Ansätze einen Vorschlag zur Charakterisierung der Qualitätskommunikation in regionalen Netzwerken zu entwickeln. Dabei galt es zunächst geeignete Forschungsobjekte festzulegen.

Qualitätskommunikation in regionalen Netzwerken

Tab.1: Übersicht über partielle Bewertungsansätze und Modellparameter mit Bezug zur überbetrieblichen Qualitätskommunikation in regionalen Netzen.

Forschungsobjekt	Methodisches Vorgehen	Ergebnis	Modellparameter	Autoren
Entscheidungsprozess beim Aufbau überbetrieblicher Informations- und Kommunikationssystemen in der Wertschöpfungskette Fleisch	1) Informationsbedarfsanalyse 2) 3 Fallstudien 3) Implementierung und Validierung 4) Definition eines Stufenkonzepts zur Etablierung eines IuK-Systems	6-Stufen-Modell	1) Entscheidungskriterien zur Gestaltung des IuK-Systems 2) Organisationsgrad 3) Zeitaufwand der Einführung und Weiterentwicklung 4) Kleinste rückverfolgbare Einheit 5) Umfang des Dateninputs in das IuK System 6) Art der Aufbereitung und Verdichtung von Daten zu Informationen mit Business Intelligence-Tools	Schulze Althoff (2006)
Entwicklungsprozess beim Aufbau überbetrieblicher IuK-Systeme	1) Festlegung Datenaustauschprofile zwischen unterschiedlichen Systemnutzern 2) Bestimmung und Gewichtung von Einflussfaktoren auf Art und Umfang des Informationsaustausches 3) Festlegung relevanter Entscheidungssituationen 4) Definition von Datenerfassungs- und Berichtsfunktionalitäten 5) Festlegung von Modellparametern	Nutzenindex	Nutzenindex 1) Zeitgewinn in Tagen 2) Informationszuwachs 3) Übereinstimmungsgrad im Datenaustausch 4) Zeitraum für Entscheidungen $$\frac{ZG(1+\Delta d) \times IZ \times \ddot{U}G}{ZE(d)}$$	Ellebrecht (2008)

Qualitätskommunikation in einem regionalen Netzwerk

Dienstleistungs-prozess bei Netzwerkkoordinatoren im überbetrieblichen Gesundheitsmanagement in der Schweineproduktion	1) Empirische Erhebungen 2) Analyse der Dienstleistungstypologien 3) Vergleich und Entwicklung einer Rangierungsgröße für Dienstleistungen im überbetrieblichen Qualitäts- und Gesundheitsmanagement 4) Nutzungskonzepts	Dienstleistungs-index	DI = Dienstleistungsindex $$DI = dk * di = \left[\frac{f(a+d)}{f\max(a\max+d\max)} * \frac{h*m}{h\max*m\max} \right] *100$$ di = Dienstleistungsintensität dk = Dienstleistungskomplexität a = Audittypkombination d = Dokumententypkombination m = Menge Dienstleistungsnehmer pro Jahr f = Funktionskombination h = Audithäufigkeit pro Dienstleistungsnehmer & Jahr	Mack (2007)
Planungsprozess bei der Etablierung von Informations- und Dienstleistungsagenturen	1) Analyse des Leistungsbedarfs 2) 19 Fallstudien 3) Analyse angebotener Leistungstypologien 4) Anwendungsszenario	ABE Modell (Analyse, Bewertung, Entscheidung); Dienstleistungskompass; Bewertungskriterien (Dienstleistungsindex und Nutzenindex) bezogen auf einzelne Systemfunktionalitäten und Zielgruppen einer Plattform für regionale und überregionale Netzwerke	$$DI = di * dk = \left[\frac{f(a+dok)}{f_{\max}(a_{\max}+dok_{\max})} * \frac{h*m}{h_{\max}*m_{\max}} \right]$$ Dienstleistungsintensität (di): Quotient der Audithäufigkeit (h) und Menge der Dienstleistungsnehmer (m) in Bezug auf die maximale Leistungsfähigkeit der beiden Variablen h und m. Dienstleistungskomplexität (dk): spiegelt die Funktionskombination (f) sowie Audittypkombination (a) und Dokumenttypkombination (dok) im Bezug auf die maximale Leistung der drei Parameter wieder. $$NI_{tec} = \frac{(ZG+ZE+IZ)}{3} \; ; \; NI_{org} = \frac{(GB+GIR)}{3}$$ GB = Grad der Bereitschaft zum Informationsaustausch GIR = Grad der Rückverfolgbarkeit GNE = Grad der Nutzenerwartung	Schütz (2009)

3 Methodische Vorgehensweise

Die Entwicklung eines Bewertungskonzeptes erfolgte in drei Schritten:

1. Status-quo Analyse und Auswahl regionaler Netzwerke nach definierten Gemeinsamkeiten
2. Festlegung von Bewertungskategorien und -subkriterien
3. Vergleichende Analyse.

3.1 Auswahl von regionalen Netzwerken

Als Grundgesamtheit zur Auswahl der Forschungsobjekte „regionale Netzwerke" stand die öffentlich zugängliche Liste von 102 QS-Bündlerorganisationen [30 & 31] zur Verfügung aus der sich die Kriterien geographische Lage in Deutschland bzw. die Zuordnung zu Bundesländern sowie die Organisationsform ableiten ließen. Eine weitere Eingrenzung erfolgte über die Prüfung, ob die Organisationen die folgenden Gemeinsamkeiten aufweisen:

- im Wertschöpfungsnetzwerk Fleisch agieren
- über mehr als eine Produktionsstufe Informationen leiten
- mehr als die Hälfte der von Schütz (2009) definierten QM Aktivitäten abdecken
- eine regionale oder überregionale Ausrichtung aufweisen.

Zusätzlich ist bei der Auswahl darauf geachtet worden, dass die regionalen Netzwerke in unterschiedlichen Bundesländern mit hoher Produktionskapazität lagen.

3.2 Ableitung von Benchmarks zur Evaluierung regionaler Netzwerke

Aus den Forschungsarbeiten von Schulze Althoff (2006), Mack (2007), Ellebrecht (2008) und Schütz (2009) erfolgte die Ableitung von Benchmarks:

- Einbindung von Akteuren
- Koordinationsleistungen im überbetrieblichen
- Lieferantenmanagement
- Krisenmanagement
- Prozessmanagement
- Koordinationsleistungen im Auditmanagement.

Darüber hinaus wurden zwei weitere Benchmarks definiert:

- Koordination von Prüfungsaktivitäten (System-, Verfahrens-, Produktprüfung) (Auditarten)
- Reichweite innerhalb des Wertschöpfungsnetzwerks.

Fünf regionale Netzwerke wurden als repräsentative Forschungsobjekte für das Benchmarking selektiert. Dabei wurde geprüft, inwieweit und in welcher Weise sieben Benchmarks von den Organisationen erfüllt wurden. Hierfür wurden insgesamt 44 Evaluierungskriterien definiert (Tabelle 2).

Tab. 2: Evaluierungskriterien (detaillierte Beschreibung s. Anhang)

Benchmark	Einheit des Kriteriums	Anzahl Kriterien
Akteure [1,2,4]	Akteur	14
Lieferantenmanagement [2,4]	Aktivität	6
Krisenmanagement [2,4]		3
Prozessmanagement [2,4]		4
Auditmanagement [3,4]		9
Auditarten	Auditart	3
Reichweite	Netzwerkebene	5

[1]Bewertungskriterien in Anlehnung an [1]Schulze Althoff (2006) [2]Ellebrecht (2008) [3]Mack (2007) [4]Schütz (2009)

4 Ergebnisse

4.1 Geografische Referenzierung der Untersuchungsobjekte

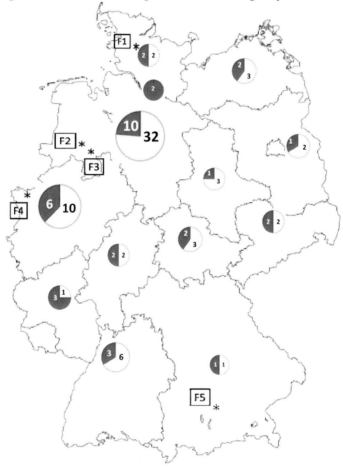

Schwarz: QS-zugelassene Bündler Obst, Gemüse, Kartoffeln
Weiß: QS-zugelassene Bündler Landwirtschaft: Tierproduktion/ Tiertransport / Ackerbau / F1 – F5 Lage der Forschungsobjekte

Abb. 2: Geografische Zuordnung von Benchmark-Organisationen.
Eigene Darstellung nach [30] und [31]

Die Standorte der Forschungsobjekte F1-F5 sind in Abbildung 2 gekennzeichnet. Sie sind in den Schwerpunktregionen der Tierproduktion in Deutschland (Nord-Westen und Süden) angesiedelt. Dort ist auch eine vergleichsweise große Häufigkeit von QS-Bündlerorganisationen vorzufinden. Eine Ausnahme stellt Bayern dar, dort ist ein einziger QS-Bündler im Bereich der Tierproduktion aktiv.

4.2 Benchmarking regionaler Netzwerke

Für das Benchmarking regionaler Netzwerke wurde die Erfüllung der sieben Benchmarks (Tabelle 2) evaluiert. Die Ergebnisse am Beispiel von fünf Forschungsobjekten sind nachfolgend als Radarplot zusammenfassend dargestellt, welcher in komprimierter Form die Stärken und Schwächen der fünf betrachteten Organisationen zeigt (Abbildung 3). Er besteht aus sieben Achsen, entsprechend den gewählten Benchmarks.

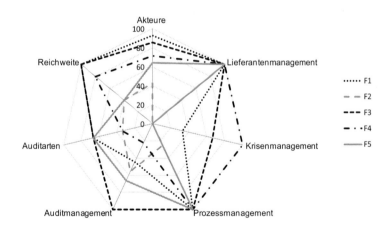

Abb.3: Benchmark fünf regionaler Netzwerke (erfüllte Evaluierungskriterien, in %)

Das aus einer Kooperation aus Erzeugergemeinschaft und Lebensmittelhandel bestehende regionale Netzwerk (F1) weist erwartungsgemäß die höchste Reichweite auf. Ein Grund dafür ist die gemeinsame Verantwortung für ein Markenfleischprogramm. Alle Wertschöpfungsstufen müssen eingebunden sein, um Rohstoffe zu sichern und am Point-of-Sale eine zielgerichtete Marketingkampange effektiv umzusetzen. Eine ebenso hohe Reichweite erzielt daher eine weitere Kooperation, bei der eine gemeinsame Qualitätspolitik zwischen Erzeuger- und Fleischverarbeitungsstufe besteht und wo die Letztverteilerstufe das Lebensmittelhandwerk, d.h. Metzger sind (F3). Ein sehr heterogenes Bild zeigt sich bei der Kategorie eingebundener Akteure. Die Ergebnisse reichen von einem Erfüllungsgrad von 45-90%. Vor allem das ausschließlich als QS-Bündler aktive Netzwerk (F4) bedient weniger Akteure als jene in Kooperation mit dem Handel und Handwerk (F1 u. F3). Alle fünf Netzwerke erzielen bei den Kriterien im Bereich des Lieferantenmanagement den höchsten Erfüllungsgrad von 100%. Bezogen auf den Benchmark Krisenmanagement zeigen sich deutliche Unterschiede im Erfüllungsgrad zwischen den Netzwerken (Spanne: 0-100%). Das Prozessmanagement wird von nahezu allen Netzwerken (Ausnahme F2, 25%) vollständig erfüllt. Beim Benchmark Auditmanagement sticht das Netzwerk F3 positiv hervor, das mit dem Lebensmittelhandwerk kooperiert. Alle Netzwerke zeigen Optimierungspotential im Benchmark Auditarten, d.h. nicht alle Auditarten werden unterstützt.

5   Schlussfolgerung und Ausblick

Die Forschungsarbeit stellt einen ersten Ansatz zum Benchmarking von regionalen Netzwerken in der Fleischwirtschaft dar. Die sieben Benchmarks: 1) Einbindung von Akteuren 2) Koordinationsleistungen im überbetrieblichen Lieferantenmanagement 3) im Krisenmanagement 4) im Prozessmanagement 5) Koordinationsleistungen im Auditmanagement 6) Koordination von Prüfungsaktivitäten (System-, Verfahrens-, Produktprüfung) sowie 7) Reichweite innerhalb des Wertschöpfungsnetzwerks eignen sich, um die regional und organisatorisch unterschiedlichen Netzwerke in ihren spezifischen Profilen vergleichend darzustellen.

Es besteht allerdings erheblicher Forschungsbedarf, um ein methodisches Vorgehen zu entwickeln, wie sich weitere Benchmarks mit aufnehmen lassen, die qualitative und quantitative Kriterien berücksichtigen. Eine vielversprechende Methodik ist die Reifegradbewertung nach ISO/IEC 15504 [32]. Von Mack [28] entworfene Indizes zur Dienstleistungsintensität und -komplexität bieten eine andere Alternative für die Erweiterung des Benchmarkings.

Bei der Auswertung der Ergebnisse muss beachtet werden, dass das Benchmarking auf einer Status-quo Erhebung basiert. Die meisten Netzwerke sind auf eine Erweiterung ihres Serviceportfolios durch Hinzunahme von Modulen eingestellt. Ein mögliches Erweiterungsmodul sind z.B. im Rahmen der Tiergesundheitsagentur eG eingeführte Monitoring- und Zertifizierungsverfahren. Denkbar ist auch die Aufnahme von Modulen, die es erlauben Nachhaltigkeitsaspekte entlang der Wertschöpfungskette dynamisch zu managen.

Anhang

Benchmark	Bezeichnung des Evaluierungskriteriums
Akteure	1. Züchter
	2. Ferkelerzeuger
	3. Mäster
	4. Schlachthof
	5. LEH
	6. Erzeugergemeinschaft
	7. Viehhandel
	8. Berater
	9. Hoftierarzt
	10. Amtstierarzt
	11. Spedition
	12. Labore
	13. Futtermittelproduzent
	14. Stakeholder / weitere Interessensgruppen
Lieferantenmanagement	1. Bewertung von Lebensmittelketten-Informationen
	2. Vor- und Rückmeldung von Informationen für risikoorientierte Untersuchungsverfahren
	3. Planung von Ein- und Verkauf
	4. Vor- und Rückmeldung von Prozess- und Produktkennzahlen
	5. Berichte zur Lieferantenbewertung
	6. Tagesbericht Schlachtdaten
Krisenmanagement	1. Meldung an Behörden im Krisenfall
	2. Dokumentenlenkung in Krisensituationen
	3. Multiplikation von Behördeninformationen
Prozessmanagement	1. Betriebszweigauswertung
	2. Betriebsvergleichsauswertung
	3. Meldungen Tierbewegungen
	4. Prozessdokumentation

Auditmanagement	1. Auditplanung, Nachbearbeitung und Ergebnisspeicherung
	2. In- und externe Verfahrensaudits
	3. Produktaudits
	4. Dokumentenlenkung
	5. Auditprotokoll und -ergebnis
	6. Integration und Aufbereitung von Daten aus dem Auditmanagementsystem
	7. Audittyp tierärztliche Bestandsbetreuung
	8. Audittyp internes produktionstechnisches Audit
	9. Audittyp QS-Zertifizierungsaudit
Auditarten	1. Systemprüfungen
	2. Verfahrensprüfungen
	3. Produktprüfungen
Reichweite	1. Zucht
	2. Ferkelerzeugung
	3. Mast
	4. Fleischzentren
	5. Handel

Literatur

[1] Hanf, J.; Hanf C.-H.: Does Food Quality Management Create a Competitive Advantage?; Paper prepared for the 92nd EAAE seminar on Quality Management and Quality Assurance in Food Chains, March 2-4 2005, Göttingen, Deutschland.

[2] Gampl, B.: Rückverfolgbarkeit von Lebensmitteln eine empirische Analyse kettenübergreifender Informationssysteme. Dissertation Universität Kiel 2006.

[3] Bijman, J., Omta, S.W.F., Trienekens, J.H., Wijnands, J.H.M., Wubben, E.M.F.: Management and organization in international agrifood chains and networks. In: Bijman, J., Omta, S.W.F., Trienekens, J.H., Wijnands, J.H.M, Wubben, E.M.F. (Hrsg.): International agrifood chains and networks Management and organization 2006. Wageningen, S. 15-28.

[4] Plumeyer, C.H.; Deimel, M.; Theuvesen, L.: Qualitätskommunikation und Prozessoptimierung in der Fleischwirtschaft: Recht, Zertifizierung und In-

formationssysteme als Enflussgröße. Bericht zur GQW-Tagung 2008, hrsg. v. Prof. Dr.-Ing. Gert Goch, Bremen, S. 1-28.

[5] Deimel, M.; Plumeyer, C.H.; Theuvsen, L.: Qualitätssicherung und Transparenz durch stufenübergreifende Kommunikation: Das Beispiel Fleischwirtschaft. In: Innovationsqualität: Qualitätsmanagement für Innovationen. Bericht zur GQW-Tagung 2008, hrsg. v. Prof. Dr.-Ing. Gert Goch, Bremen, S. 235-256.

[6] Schulze Althoff, G.; Petersen B.: Improving quality and safety in pork chains – Adressing the challenge of chain wide information management. In International Society for Animal Hygiène, Saint-Malo, 2004a, S. 475-476.

[7] Schulze Althoff, G.; Petersen B.: Chain quality information system. In: Dynamics in Chains and networks. H.J. Bremmers, et al. (editors). Wageningen Academic Publishers. Jahrgang 2004b, S. 166-174.

[8] Nüssel, M.: Vorwort zu: Vom Viehmarkter zum Dienstleistungsprofi Herausgeber: Petersen, B., Spiller, A., Theuvsen, L. Medienhaus Pump, Rheinbreitbach, 2010.

[9] Münster, A.: Tiergesundheitsmanagement – Schwein im überregionalen Verbund. Vortrag auf den Innovationstagen der Bundesanstalt für Landwirtschaft und Ernährung (BLE), 27.11.2009, Bonn.

[10] Nienhoff, H.J: QS-Qualitätssicherung stufenübergreifend: Qualitätssicherung im Kontext der Marktanforderungen. In: Spiller, Achim; Schulze, Birgit (Hg.): Zukunftsperspektive der Fleischwirtschaft. Verbraucher, Märkte, Geschäftsbeziehungen. Göttingen: Universitätsverlag Göttingen, 2008, S. 165-182.

[11] Härtel, I.: Das Agrarrecht im Paradigmenwechsel: Grüne Gentechnik, Lebensmittelsicherheit und Umweltschutz. In: Neue Haftungsrisiken in der Landwirtschaft: Gentechnik, Lebensmittel- und Futtermittelrecht, Umweltschadensrecht. In: Callies, Christian; Härtel, Ines; Veit, Barbara (Hrsg.): Schriften zum Agrar-, Umwelt- und Verbraucherschutzrecht, Bd. 55, Baden-Baden, Jahrgang 2007, S. 21-46.

[12] Theuvsen, L.; Peupert, M.: Total Quality Management und Lebensmittelqualität. In: Dabbert, S. et al. (Hrsg.): Perspektiven in der Landnutzung – Regionen, Landschaften, Betriebe – Entscheidungsträger und Instrumente, Münster-Hiltrup 2004, S. 149-157.

[13] Meyer, C.: Qualitätskommunikation und Erfolgsfaktoren im Commodity-Marketing - Entwicklungsmöglichkeiten einer Getreidemarke mit regionaler Identität - Dissertation Universität Bonn, Jahrgang 2010.

[14] Theuvsen, L.: Rückverfolgbarkeit von Lebensmitteln: Herausforderungen und Lösungsansätze aus organisatorischer Sicht. In: Berichte über Landwirtschaft, Bd. 81, S. 555-581. Jahrgang 2003.

[15] AID- INFODIENST VERBRAUCHERSCHUTZ, ERNÄHRUNG, LANDWIRTSCHAFT: Zentrale Datenbank- jetzt auch für Schweine, Heft Nr. 1493, Bonn 2003.

[16] Meemken, D.; Blaha, T.: Die Tiergesundheit im Fokus des neuen europäischen Lebensmittelsicherheitskonzeptes-Chancen für die Bestandsbetreuung durch den praktizierenden Tierarzt. In: Der praktische Tierarzt, 89 Jg., Jahrgang 2008 Heft 1, S. 58-63.

[17] Plumeyer, C.H.; Deimel, M.; Theuvesen, L.: Qualitätskommunikation und Prozessoptimierung in der Fleischwirtschaft: Recht, Zertifizierung und Informationssysteme als Enflussgröße. Bericht zur GQW-Tagung 2008, hrsg. v. Prof. Dr.-Ing. Gert Goch, Bremen, S. 1-28.

[18] Brinkmann, D.: Quality management in European pork chains – A triangle of quality, information and governance. Vortrag QUARISMA Workshop "Ensuring Quality and Food Safety in European Pork Chains - Capturing Export Markets". 28.09.2010, Bonn

[19] Johnston, R.; Lawrence, P.E.: Vertikale Integration II: Wertschöpfungs-Partnerschaften leisten mehr, in: Harvard Manager 1/1989, S. 81ff.

[20] Wildemann, H.: Zulieferer: Im Netzwerk erfolgreich, in: Harvard Business Manager 4/1998, S. 93f.

[21] Sydow, J.: Management von Netzwerkorganisationen – Zum Stand der Forschung, in: SY-DOW, J. (Hrsg.): Management von Netzwerkorganisationen, 3. Aufl., Wiesbaden 2003, S. 304 sowie ausführlich PICOT, A.; REICHWALD, R.; WIGAND, R. T.: Die Grenzenlose Unternehmung – Information, Organisation und Management, 5. Aufl., Wiesbaden 2003, S. 319ff.

[22] Schulze Althoff, G.: Stufenkonzept zum Aufbau überbetrieblicher Informationssysteme für das Qualitäts- und Gesundheitsmanagement in Wertschöpfungsketten der Fleischwirtschaft. Dissertation Universität Bonn, Jahrgang 2006.

[23] Petersen, B.: Überbetriebliches Qualitätsmanagement in Wertschöpfungsketten der Agrar- und Ernährungswirtschaft. In: PFEIFER, T. (Hrsg.), GQW-Berichte zum Qualitätsmanagement 05/2003, Shaker Verlag, S.63-77.

[24] Spiller, A.; Theuvsen, L.; Recke, G.; Schulze, B.: Sicherstellung der Wertschöpfung in der Schweineerzeugung: Perspektiven des Nordwestdeutschen Modells. Münster. Jahrgang 2005.

[25] Bahlmann, J.; Spiller, A.: The Relationship between Supply Chain Coordination and Quality Assurance Systems: A Case Study Approach on the German Meat Sector, in: Fritz, M., Rickert, U., Schiefer, G. (Hrsg.): Innovation and System Dynamics in Food Networks 2007, Proceedings of the 2nd International European Forum on Innovation and System Dynamics in Food Networks, 18.-22. Februar 2008, Innsbruck-Igls, Österreich.

[26] Lazzarini, S.G.; Chaddad , F.R.; Cook M.L.: Integrating supply chains and network analyses, the study of netchains. In: J. on Chain and Network Science, Jahrgang 2001, 1 (1):7-2

[27] Schütz, V.: Modell zur Planung von Dienstleistungen für das überbetriebliche Gesundheitsmanagement in der Fleischwirtschaft, Dissertation Universität Bonn, Jahrgang 2009.

[28] Mack, A.: Nutzungskonzept für ein integriertes Audit- und Dokumentenmanagementsystem im überbetrieblichen Gesundheitsmanagement Schweine haltender Betriebe, Dissertation Universität Bonn, Jahrgang 2007.

[29] Ellebrecht, A.: Nutzenbetrachtung internetbasierter Informationssysteme im einzel- und überbetrieblichen Gesundheitsmanagement, Dissertation Universität Bonn, Jahrgang 2008

[30] QS: QS-zugelassene Bündler Obst, Gemüse, Kartoffeln Auf: http://www.q-s.de/fileadmin/QS_Fileadmin/downloads_v2/produktbereich_obst_gemuese_und_kartoffeln/buendler_landwirtschaft_erzeugung/mitgeltende_unterlagen/QSzugelassene_Buendler_ Obst_Gemuese_Kartoffeln.pdf [Stand: 04.11.2010]

[31] QS: QS-zugelassene Bündler Landwirtschaft: Tierproduktion/ Tiertransport / Ackerbau Auf: http://www.q-s.de/fileadmin/QS_Fileadmin/downloads_v2/produktbereich_fleisch_und_fleischwaren_inkl_futtermittel/buendler_landwirtschaft_erzeugung/mitgeltende_unterlagen/QS- zugelassene_Buendler_Tierproduktion_Tiertransport_Ackerbau_en.pdf [Stand: 04.11.2010]

[32] Slütter S., B. Petersen, V. Schütz und D. Brinkmann: Reifegrad von Informations- und Kommunikationsdienstleistungen im überbetrieblichen Gesundheitsmanagement. In: Vom Viehvermarkter zum Dienstleistungsprofi. B. Petersen, A. Spiller and L. Theuvsen (Hrsg.), GIQS e.V., Bonn. ISBN: 978-3-00-031973-0.

Advanced Reliability Analysis of Warranty Databases (RAW) Konzept: Beitrag zur frühzeitigen Zuverlässigkeitsanalyse im Wertschöpfungsnetzwerk am Beispiel der Fahrzeugtechnik

Prof. Dr.-Ing. Stefan Bracke, Dipl. Wirtsch.-Ing Stephan Haller

Lehrstuhl für Sicherheitstechnik / Risikomanagement, Bergische Universität Wuppertal

Abstract

Zunehmende Produktkomplexität und verkürzte Entwicklungszeiträume, insbesondere innerhalb der Fahrzeugindustrie, führen vielfach zu komplexen Schadenssymptomen im Feld vor Kunden. Das Bestreben von Herstellern und Zulieferern besteht in der frühzeitigen Erkennung und Analyse von Feldschadensfällen mit folgenden Zielen: Folgeschäden, Fehlerhäufungen, Kundenunzufriedenheit sowie Garantie- und Kulanzkosten zu vermeiden. Die frühzeitige Erkennung und Abbildung der verursachenden Schadenskausalitäten erfordern neue Methoden und Ansätze innerhalb der statistischen Zuverlässigkeitsanalytik. Das an der Bergischen Universität Wuppertal entwickelte Advanced Reliability Analysis of Warranty-Databases (RAW) Konzept ermöglicht die strukturierte, situationsabhängige Analyse von Garantiedaten unter Verwendung nichtparametrischer und parametrischer statistischer Verfahren: Hierdurch werden Schadensschwerpunkte sowie signifikante Veränderungen des Produktausfallverhaltens im Feld zeitnah identifiziert. Die Entscheidungsfindung zu potentiellen Produkt- und Prozessoptimierungen wird unterstützt mit dem Ziel, schwerwiegende Schadensfolgen zu einem frühen Zeitpunkt zu vermeiden.

1 Einleitung

Wachsende Kunden- und Marktanforderungen, sowie Wettbewerbssituationen führen zu stetig zunehmender Bauteilfunktionalität und Produktkomplexität. Gepaart mit verkürzten Entwicklungszeiträumen resultieren diese innerhalb der Kundennutzungsphase vielfach in komplexen Schadenssymptomen und Schadensbildern. Insbesondere in der Fahrzeugtechnik, jedoch auch bei Produkten der Investitions- und Konsumgüterbranche, liegen die Ursachen komplexer Schadenssymptome oft in mehreren möglichen Schadenskausalitäten begründet.

Ein frühzeitiger Einsatz von Produkt- oder Prozessverbesserungsmaßnahmen zur Vermeidung von Folgeschäden, zur Erhöhung der Produktzuverlässigkeit und Reduzierung von Gewährleistungskosten erfordert innerhalb der Entscheidungsfindung

- einerseits die frühzeitige und präzise Erkennung der verursachenden Schadenskausalitäten und

- andererseits einen optimalen Kommunikationsfluss der Partner eines Wertschöpfungsnetzwerkes untereinander.

Daraus resultierende Herausforderungen benötigen, neben dem Einsatz entwicklungsbegleitender Methoden der Zuverlässigkeitsanalyse (bspw. Prototypentestläufe), eine strukturierte Produkt-Feldbeobachtung und eine damit verbundene, zeitnahe statistische Zuverlässigkeitsanalytik hinsichtlich der Feldschadensdaten.

Diese bilden die Grundlage zur Einleitung produkt- und prozessbezogener Maßnahmen bei aktuellen und/oder zukünftigen Produktgenerationen:

- Feldfehlerbeseitigung bei aktuellen Produktgenerationen, bspw. durch Werkstattaktionen, Erhöhung der Ersatzteilversorgung oder laufende Produktoptimierung.

- Baureihenunabhängige Entwicklungsansätze/ -strategien zur Fehlerprävention bzw. –minimierung und Wirtschaftlichkeitserhöhung (bspw. Konzernteilstrategien und Carry Over Part (COP) Strategien, [1]).

- Konzernteilstrategien: Verwendung einer ausgereiften, zuverlässigen Komponente innerhalb verschiedener Produktvarianten.
- Carry Over Part (COP) Strategien: Übernahme bereits im Markt befindlicher, zuverlässiger Komponenten in die nächste Produktgeneration.

2 Hintergrund und Ziel der Forschungsarbeit

Der industrielle Methodenstandard der technischen Zuverlässigkeitsanalytik basiert neben der graphischen Auswertung auf der Nutzung parametrischer Statistik (u.a. Weibull Verteilungsmodelle und parametrische statistische Testverfahren) (siehe hierzu Bertsche [2], Ronniger [3] und Linß [4]).

Bei der Analyse und Abbildung einfacher Schadenssymptome sowie hinreichend großer Datenmengen (Feldschadensdaten) ermöglichen diese Verfahren verlässliche und aussagekräftige Analyseergebnisse. Innerhalb der Fahrzeugtechnik werden insbesondere Weibull Verteilungsmodelle zur Abbildung einfacher Schadenssymptome verwendet.

Bei einer detaillierten Analyse von Feldschadensdaten zu einem frühen Zeitpunkt nach Markteinführung liegen jedoch meist nur kleine Datenmengen vor und erschweren somit die Anwendbarkeit und Aussagekraft parametrischer Statistik. Ein Ansatzpunkt zur Analyse kleiner Datenmengen liegt in der ergänzenden Anwendung nichtparametrischer statistischer Methoden.

Aktuelle Forschungstätigkeiten am Lehrstuhl für Sicherheitstechnik/ Risikomanagement an der Bergischen Universität Wuppertal bündeln industriell standardisierte sowie neue Verfahren der statistischen Zuverlässigkeitsanalyse innerhalb des gesamtheitlichen Advanced Reliability Analysis of Warranty Databases (RAW) Konzeptes zu einer zeitnahen, wirtschaftlichen und detaillierten statistischen Zuverlässigkeitsanalytik von Garantie- und Gewährleistungsdaten. Zielsetzungen sind:

- Gesamtheitliche Beschreibung des Bauteilausfallverhaltens in Bezug auf Schadenskausalitäten und Abgrenzung betroffener Produktionschargen, Bauteilstände sowie klimatischer, bzw. regionaler (Nutzungsverhalten durch Kunden) Einflüsse.
- Frühzeitige Erkennung potentieller komplexer Schadenskausalitäten.
- Bildung einer Entscheidungsgrundlage zur Ableitung geeigneter Produkt-/ Prozessoptimierungsmaßnahmen.
- Verifikation der Wirksamkeit eingeleiteter Maßnahmen bspw. zur Feldfehlerbeseitigung.

Daneben tragen innerhalb der Produktentwicklung weitere präventive Methoden zur Erhöhung der Produktzuverlässigkeit bei, u.a. FTA, FMEA, Lessons-Learned Systematik, QFD oder generelle, kreative Techniken (TRIZ, Mind-Mapping, Brainstorming) (vgl. u.a. [5], [6] und [7]). Die genannten Methoden sind grundlegende, bekannte Methoden des Qualitätsmanagements und werden im vorliegenden Beitrag nicht weiter belichtet. Die genannten Methoden können kombiniert in verschiedenen Phasen der Produktentwicklung eingesetzt werden.

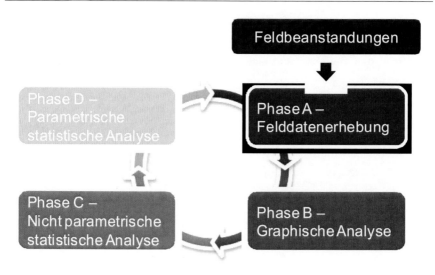

Abb. 1.: Phasen des RAW Konzeptes

3 Advanced Reliability Analysis of Warranty Databases (RAW) Konzept

Das RAW Konzept beschreibt den gesamtheitlichen Prozess der statistischen Felddatenanalyse von der Auswertung weniger (kleine Stichprobenumfänge) bis hin zu umfangreichen Feldschadensdaten (große Stichprobenumfänge) (vgl. Abbildung 1).

Ziel dabei ist die frühzeitige statistische Abbildung des Produkt- oder Komponenten-Ausfallverhaltens oder die Prognose zukünftiger Schadensfälle innerhalb der Kundennutzungsphase kurz nach Markteinführung.

Ausgangspunkt ist das Auftreten erster Feldschadensfälle zu einem neuen Schadenssymptom oder die Einführung einer neuen Komponentengeneration respektive eines neuen Bauteilstandes. Die Felddatenanalyse mittels RAW Konzept wird wie folgt durchgeführt:

- Phase A – Felddatenerhebung: Über die Handelsorganisation (vertreten durch die Vertragshändler) verfügt der Automobilhersteller (OEM) innerhalb des Garantie- und Gewährleistungszeitraums über relevante Schadensfall- und Fahrzeugdaten, welche kontinuierlich und fortlaufend erhoben werden.

- Phase B – Graphische Analyse: Das Datenaufkommen erfordert eine strukturierte graphische Darstellung, wodurch relevante – in nachfolgenden Phasen zu untersuchende – Datenbereiche abgeleitet werden können.

- Phase C – Nichtparametrische statistische Analyse: Kleine Datenmengen erfordern Verfahren, welche statistisch signifikante Aussagen ermöglichen.

- Phase D – Parametrische statistische Analyse: Anwachsende Datenmengen erlauben die Verwendung von bekannten, parametrischen Verfahren.

Durch die kontinuierliche Felddatenerhebung verlaufen die skizzierten vier Phasen sowohl aufbauend und ergänzend aufeinander, als auch mit wachsender Datenmenge wiederholt zueinander.

Das RAW Konzept ist integraler Bestandteil des Field Data Analysis (FDA) Konzepts. Das FDA Konzept bündelt konzeptionelle und statistische Methoden zur Zuverlässigkeitsanalytik von komplexen Feldschadenssymptomen in einem gesamtheitlichen Ansatz (vgl. Abbildung 2) [8], im Detail:

- Organisationelle Aspekte (Einsatz von Wertschöpfungsnetzwerken)

- Erweiterte statistische Zuverlässigkeitsanalyse (e.g. Differentiation of Complex Damage Causes (DCD) Algorithmus und RAW Konzept)

- Erweiterte technische Zuverlässigkeitsanalyse (Optimised Multi-Stage Sampling Procedures (OMSP) Konzept)

Abb. 2.: Phasen des Field Data Analysis (FDA) Konzeptes

3.1 RAW Phase A – Felddatenerhebung

Basis der statistischen Auswertung eines Schadenssymptomes können zwei grundlegende Informationsarten sein:

- Gewinnung von Schadensdaten aus der aktuellen Produkt-Entwicklungsphase im Rahmen von Prototypentest- und -erprobungsläufen.

- Erhebung von Feldschadensdaten aus dem Produktlebenszyklus der vorhergehenden Produktgeneration (bereits im Feldeinsetz). Die Datenbasis liefern hier insbesondere Garantie- und Gewährleistungsdatenbanken innerhalb der gesetzlichen Gewährleistung und Garantie (bspw. Deutschland 2 Jahre, USA 4 Jahre).

Im vorliegenden Beitrag wird auf die statistische Analyse von Feldschadensfällen focussiert. Die vorgestellten Methoden lassen sich jedoch bspw. auf die Auswertung von Prototypendaten adaptieren.

Innerhalb der Garantie-Datenbank werden zu jedem Feldschadensfall (Beanstandung) relevante Fahrzeugdaten gesammelt, bspw. Produktionsdatum, Laufleistung, Fahrzeug ID, Land der Nutzung, Händler, Schadenssymptom und eine Schadensfallbeschreibung durch den Händler.

Ausgehend von Feldschadensfällen (Felddatenerhebung) mit gleichem Schadenssymptom findet eine detaillierte Analyse des Schadenssymptomes durch die weiteren Phasen des RAW Konzeptes statt.

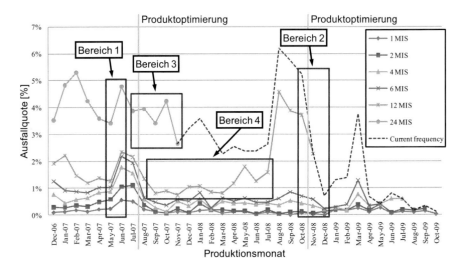

Abb. 3.: Schichtliniendiagramm eines realitätsnahen Fallbeispiels (elektronisches Steuergerät); Bereich 1 – 4 bilden zu untersuchende Datenbereiche

3.2 RAW Phase B – Graphische Analyse: Abbildung Feldsituation

Hintergrund der graphischen Auswertung liegt in der visuellen Erkennung relevanter – in nachfolgenden Phasen zu untersuchende – Datenbereiche und damit die Reduzierung des Aufwandes bei der statistischen Analyse.

Ein industrieller Standard zur Abbildung von Feldschadensfällen liegt in der Verwendung von Schichtliniendiagrammen basierend auf Month in Service (MIS) Intervallen (vgl. Abbildung 3). Auf der Abszisse werden die einzelnen Produktionsmonate abgetragen und die Ordinate bildet die dazugehörige Ausfallquote ab, welche innerhalb eines bestimmten Nutzungszeitraumes (MIS; Industriestandard: bspw. sechs, zwölf bis zu 48 Monate) ausgefallen sind. Die Ausfallquote ist der Quotient aus Feldschadensfällen und Produktionsmenge bezogen auf einen Produktionsmonat, wodurch Schwankungen der Produktionsmenge kompensiert werden können. Durch die Bestimmung der Differenz zwischen Verkaufszeitpunkt und Produktionszeitpunkt kann der tatsächliche Nutzungszeitraum bestimmt werden.

Neben dem in der Fahrzeugtechnik gebräuchlichen Bezug der Schadensfälle auf die Nutzungsdauer, entwickelten Bracke und Haller eine neue Methode unter Verwendung von Laufleistungsintervallen [9]: Die Schichtlinien beziehen sich auf Laufleistungsbereiche. Diese Darstellungsvariante ist geeignet bei laufleistungsabhängigen Schadenssymptomen, da es Ungenauigkeiten zwischen Laufleistung und Nutzungsdauer reduziert. Im vorliegenden Fallbeispiel beziehen sich die Schichtlinien – nach Industriestandard - auf MIS (vgl. Abbildung 3).

3.3 RAW Phase B – Graphische Analyse: Selektion relevanter Datenbereiche

Der Verlauf des Schadensymptomes des realitätsnahen Fallbeispiels (vgl. Abbildung 3; in Anlehnung an [8]) entstand bei Einführung einer neuen Produktgeneration. Ausgehend vom zugrundeliegenden Schichtliniendiagramm lassen sich verschiedene relevante Datenbereiche ableiten. Hierbei liegt der Fokus in der effizienten und ökonomischen Analyse komplexer Schadenssymptome bei hoher Erkennungsrate einzelner Schadenskausalitäten. Ausgewählte Datenbereiche im Detail (vgl. Abbildung 3 und 4):

- Bereich 1 – Abrupter Anstieg der Ausfallquote: Unterschiedliche Schadenskausalitäten resultieren häufig in unterschiedlichen Ausprägungen der Ausfallquote sowie deren zeitliche Entwicklung.

- Bereich 2 – Produkt-/ Bauteiloptimierung: Hintergrund einer Produktoptimierung liegt in der Reduktion oder Vermeidung von Schadenskausalitäten und dadurch in der Erhöhung der Produktzuverlässigkeit und –qualität.

- Bereich 3 – Schwankende Ausfallquoten: Bei Vorliegen eines konstanten Ausfallverhaltens aufgrund gleicher Schadenskausalitäten resultieren Schwankungen bspw. aus produktionstechnischen Qualitätsschwankungen.

- Bereich 4 – Trend bei Ausfallquoten: Erkennung eines Trends der Ausfallquote über mehrere Produktionsmonate resultiert bspw. aus einem Anstieg an Feldschadensfällen bei gleichen Schadenskausalitäten und Ausfallverhalten aufgrund verminderter Prüfumfänge.

- Bereich 5 – Märkte- oder klimaspezifisches Ausfallverhalten: Einfluss von Märkten (Kunden Nutzungsverhalten) oder Klima auf das Schadenssymptom (vgl. Abbildung 4); bspw. Veränderungen in Schwerpunkt und Dispersion des Ausfallverhaltens oder verschiedene Schadenskausalitäten.

In Abhängigkeit der Datenbereiche lassen sich unterschiedliche statistische Testverfahren und -methoden verwenden, um diese zu analysieren: Je nach Stichprobenumfang werden nichtparametrische oder parametrische Testverfahren eingesetzt (vgl. RAW Phasen C und D).

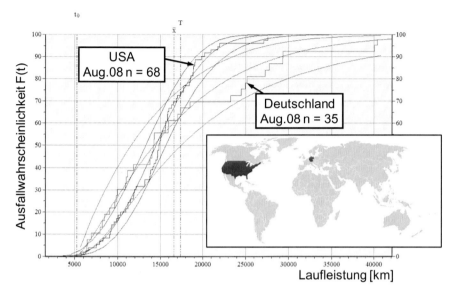

Abb. 4: Vergleich der Märkte USA und Deutschland; Bereich 5

3.4 RAW Phase C – Nichtparametrische statistische Analyse

Wie bereits beschrieben, liegen zu einem frühen Betrachtungszeitpunkt, bzw. bei einer detaillierten, differenzierten Betrachtung von Feldschadensdaten nur geringe Datenmengen (kleine Stichprobenumfänge) vor. Des Weiteren ist zu beachten, dass die aufgetretenen Schadensfälle häufig auf die jeweils dazugehörenden Produktionsmonate verteilt sind.

Bei kleinen Datenmengen ist die Verwendung parametrischer Testverfahren nicht sinnvoll: Industriell verwendete parametrische Testverfahren beruhen in der Regel auf der Annahme, dass eine normalverteilte Datenmenge/Grundgesamtheit vorliegt. Auf Basis der normalverteilten Daten können die benötigten Parameter geschätzt werden. Bei kleinen Stichprobenumfängen jedoch ist diese Annahme nur bedingt erfüllbar.

Auf Grund der Einschränkungen für parametrische Testverfahren liegt ein Ansatzpunkt in der Verwendung nichtparametrischer Testverfahren. Nichtparametrische Testverfahren benötigen keine normal- oder anders verteilten Datenmengen, und sind daher verteilungsunabhängig. Die Anwendungsfelder gleichen denen der parametrischen Testverfahren, weisen aber darüber hinausgehende Anwendungsmöglichkeiten und Vorteile innerhalb der statistischen Zuverlässigkeitsanalytik auf, im Detail:

- Frühzeitigen Erkennung von Schadenskausalitäten, d.h. bei Vorliegen erster Feldschadensfällen (kleine Stichproben)
- Anwendbar unabhängig vom Verteilungsmodell
- Verhältnismäßig simple Berechnung
- Frühzeitiger Vergleich einzelner Produktionsmonate/Produktionschargen zueinander in Relation:

    a. zum Schwerpunkt der Schadensfälle und

    b. zur Dispersion der Schadensfälle

    Anmerkung: Die Produktionsmonate können sowohl gesamtheitlich, als auch auf Teilbereiche beschränkt (bspw. Nutzungsdauer zwischen 6 MIS und 12 MIS) analysiert werden

- Erkennung von Trendverläufen bei aufeinanderfolgenden Produktionsmonaten und innerhalb einzelner Produktionsmonaten
- Nachweis auf Zufälligkeit der Feldschadensdaten

Eine gute Übersicht – in der Zuverlässigkeitsanalyse anwendbarer – nichtparametrischer Testverfahren wurde auf Basis Siegel [10], Büning [11] und Duller [12] von den Autoren zusammengestellt (vgl. Tabellen 1 bis 3). Im Rahmen der Anwendung nichtparametrischer Testverfahren zur Auswertung von Feld-Schadensdaten eignen sich vor allem solche Verfahren, die unabhängige Stichproben voraussetzen. Verfahren, welche abhängige Stichproben voraussetzen, eignen sich hingegen zur Bewertung verbundener Stichproben, welche bspw. durch In-Line- zu Off-Line-Messungen erfasst werden.

Der vorliegende Beitrag beschränkt sich auf ausgewählte nichtparametrische Verfahren unter Verwendung zweiseitiger Hypothesen, welche unabhängige Stichproben (Zweistichproben-Problem und c-Stichproben-Problem) voraussetzen:

- Einstichproben-Problem:

    a. Vorzeichen-Test: Stimmt die zentrale Tendenz (Median) mit einem hypothetischen Wert überein (Nullhypothese H0) oder weicht die zentrale Tendenz von dem hypothetischen Wert ab (Alternativhypothese H1):

    $$H_0 : \Theta = \Theta_0; \quad H_1 : \Theta \neq \Theta_0$$

    Fallbeispiel: Erkennung von signifikanten Verschiebungen im Ausfallschwerpunkt (bspw. Bereich 3, Abbildung 3).

- Zweistichproben-Problem für unabhängige Stichproben:

    a. Iterationstest von Wald-Wolfowitz: Liegt eine Gleichheit zweier Verteilung F und G (Nullhypothese H0) vor:

    $$H_0 : F(z) = G(z); \quad H_1 : F(z) \neq G(z)$$

    b. Wilcoxon-Rangsummentest: Zwei Verteilungen F und G besitzen gleiche Gestalt, unterscheiden sich jedoch bezüglich eines Lageparameters Θ (Alternativhypothese H1):

    $$H_0 : G(z) = F(z); \quad H_1 : G(z) \neq F(z - \Theta)$$

    c. Siegel-Tukey-Test: Zwei Verteilungen F und G haben gleiche Grundgesamtheiten (Nullhypothese H0) oder unterscheiden sich in der Variabilität (Alternativhypothese H1):

    $$H_0 : G(z) = F(z); \quad H_1 : G(z) \neq F(\Theta z)$$

Fallbeispiel: Erkennung von signifikanten Unterschieden im Ausfallverhalten zweier Produktionsmonate (bspw. Bereich 1, Abbildung 3).

- c-Stichproben-Problem für unabhängige Stichproben:

a. Kruskal-Wallis-Test: c Verteilungen besitzen gleiche Gestalt, unterscheiden sich jedoch bezüglich eines Lageparameters Θ (Alternativhypothese H1):

$$H_0 : F_1(z) = F_2(z) = \cdots = F_c(z) = F(z)$$
$$H_1 : F_i(z) \neq F(z - \Theta_i)$$

b. Meyer-Bahlburg-Test (verallgemeinerter Siegel-Tukey-Test):

c Verteilungen unterscheiden sich in der Variabilität (Alternativhypothese H1):

$$H_0 : F_1(z) = F_2(z) = \cdots = F_c(z) = F(z)$$
$$H_1 : F_i(z) \neq F(\Theta_i z)$$

Fallbeispiel: Erkennung von signifikanten Unterschieden im Ausfallverhalten mehrerer Produktionsmonate (bspw. Bereich 2, Abbildung 3).

Neben den gezeigten zweiseitigen Hypothesen eignen sich je nach Anwendungsfall (und sofern das entsprechende nichtparametrische Testverfahren dies unterstützt) einseitige Hypothesen, bspw. zur Untersuchung zweier Stichproben, ob eine der beiden einer kleineren Grundgesamtheit entspricht. Grenzen und Voraussetzungen zur Anwendung einzelner nichtparametrischen Testverfahren sind der Literatur zu entnehmen (vgl. [10, 11, 12]).

Durch die Verwendung der nichtparametrischen Testverfahren können die skizzierten fünf Bereiche des realitätsnahen Fallbeispiels (elektronisches Steuergerät, vgl. Abbildung 3, [8] und Kapitel 3.3) analysiert werden. Durch die aus der statistischen Analyse gewonnenen zusätzlichen Informationen können gezielte Produkt- oder Prozessverbesserungsmaßnahmen eingeleitet werden.

Tab. 1: Auswahl geeigneter nichtparametrischer statistischer Methoden bei Einstichproben-Problemen (vgl. auch [10, 11, 12])

		Einstichproben-Problem		
		Test auf Verteilungsanpassung	Lineare Rangtests	Test auf Zufälligkeit
Nichtparametrische Testverfahren		Komogorow-Smirnow-Test	Vorzeichen-Test	Wald-Wolfowitz-Test
		Chi-Quadrat-Test		
		Lilliefors-Test		
		Anderson-Darling-Test		Test auf Trend
		Sherman-Test		
		Shapiro-Wilk-Test		
		Cramér-von-Mises-Test	Wilcoxon Vorzeichen-Rangtest	Moore-Wallis Test
		Riedwyl-Test		
		David-Test		

Tab. 2: Auswahl geeigneter nichtparametrischer Methoden bei Zweistichproben-Problemen für unabhängige Stichproben (vgl. auch [10, 11, 12])

		Zweistichproben-Problem für unabhängige Stichproben		
		Tests für allgemeine Alternativen	Lineare Rangtests für Lagealternativen	Lineare Rangtests für Variabilitätsalternativen
Nichtparametrische Testverfahren	Iterationstest von Wald-Wolfowitz		Wilcoxon-Rangsummentest	Siegel-Tukey-Test
			v.d. Waerden XN-Test	Mood-Test
	Komogorow-Smirnow-Test		Fisher-Yates-Terry-Hoeffding-Test	Tests von Klotz und Capon
			Median-Test	Test von Ansari-Bradley
	Cramèr-von Mises-Test		Fisher Permutationstest	
			Mann-Whitney U-Test	Moses-Test

Tab. 3: Auswahl geeigneter nichtparametrischer Methoden bei c-Stichproben-Problemen für unabhängige Stichproben (vgl. auch [10, 11, 12])

	c-Stichproben-Problem für unabhängige Stichproben		
	Lineare Rangtests für Lagealternativen	Lineare Rangtests für Variabilitätsalternativen	Test auf Trend
Nicht-parametrische Testverfahren	Kruskal-Wallis-Test		
	v.d. Waerden XN-Test	Mayer-Bahlburg-Test	Jonckheere-Terpstra-Test
	Median-Test		

3.5 RAW Phase D – Teil 1: Parametrische statistische Analyse

Mit Anstieg der Feld-Schadensfälle durch größere Feldbeobachtungszeiträume und damit zunehmender Datenmenge in der Gewährleistungsdatenbank wird der Anwendungsbereich nichtparametrischen Testverfahren verlassen. Dahingegen können parametrische Testverfahren zur Analyse und Vergleich einzelner Produktionsmonate zueinander verwendet werden.

Die Nutzung von – auch industriell verwendeter - Testverfahren setzt in der Regel das Vorliegen einer normalverteilten Grundgesamtheit voraus (Testverfahren auf normalverteilte Merkmal sind, neben bspw. dem gebräuchlichen Test von Kolmogorov-Smirnov, der Anderson-Darling-Test und Cramér-von Mises-Test [12]).

Bekannte und industriell verwendete parametrische Testverfahren [13] können den Gruppen der

- t-Tests (Mittelwert-Betrachtung) und
- F-Tests (Varianz-Betrachtung)

zugeordnet werden und setzen jeweils normalverteilte Grundgesamtheiten und Stichprobenumfänge voraus. Alternativ können bspw. durch Vergleich der Konfidenzintervalle angepasster Weibullverteilungsmodelle und Parameter unterschiedliche Feldschadensfälle oder Produktionschargen analysiert werden. Deshalb ist die grafische Abbildung von Schadensfällen unter Zuhilfenahme der Weibullverteilung neben parametrischen statistischen Testverfahren ein Schlüsselelement der Phase D (vgl. Kapitel 3.6).

3.6 RAW Phase D – Teil 2: Weitere statistische Analyse

Häufig variiert das Ausfallverhalten von Produkten, so dass die Verwendung der Normalverteilung zur Abbildung des Ausfallverhaltens nicht möglich ist. Der industrielle Standard der Fahrzeugtechnik verwendet hierfür Weibullverteilungsmodelle. Diese zeichnen sich insbesondere durch leichte Anwendbarkeit, gute Deutung der Parameter und hohe Flexibilität (bspw. Normalverteilung bei Formparameter b ≈ 3,5) aus (vgl. [5], [14] und Gleichung 1). Dadurch wird die Anwendbarkeit von t-Test und F-Test (Voraussetzung normalverteilte Merkmale) stark eingeschränkt.

Die Weibull-Verteilungsfunktion FWD(t) ist in Gleichung 1 in zweiparametriger Form (Formparameter b und Lageparameter T) dargestellt. Die Ausfallrate λ(t) wird aus dem Quotienten Dichtefunktion fWD(t) und Verteilungsfunktion FWD(t) gebildet (vgl. Gleichung 2 und 3). Weibullverteilungsmodelle erlauben die Abbildung einfacher Schadenssymptome und die Identifikation unterschiedlicher Ausfallphasen oder –verhalten im Produktlebenszyklus [15].

$$F_{WD}(t) = 1 - e^{-\left(\frac{t}{T}\right)^b} \quad (1)$$

$$f_{WD}(t) = \dot{F}_{WD}(t) \quad (2)$$

$$\lambda(t) = \frac{f_{WD}(t)}{1 - F_{WD}(t)} \quad (3)$$

Das Ausfallverhalten in Bezug auf den Produktlebenszyklus kann in drei allgemeine Phasen unterteilt werden: Früh-, Zufalls- sowie laufzeitbedingte (Verschleiß-) Ausfälle. Die Darstellung der Ausfallphasen unter Verwendung der Ausfallrate λ(t) bildet die bekannte Badewannenkurve ab (vgl. Abbildung 5). Anschließend ist es möglich, eine Prognose bezüglich der zu erwartenden Schadensfälle im analysierten Bereich zu berechnen.

Daneben kann eine Hochrechnung bezogen auf die gesamte im Feld befindliche Stückzahl hinsichtlich der noch zu erwartenden Feldausfälle durchgeführt werden (bspw. Sudden-Death-/Eckelverfahren) [16].

Abschließend erfolgt - zur Verifikation der statistischen Auswertung - die Durchführung einer technischen Analyse der defekten Bauteile und Systeme zur genauen Beschreibung des technischen Hintergrunds der Schadenskausalität.

Neben der Verwendung von parametrischen und nichtparametrischen Testverfahren können bspw. Verfahren zu Korrelation und Regression verwendet werden, um weitere Datenauswertungen zu ermöglichen [13].

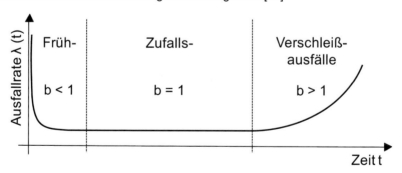

Abb. 5: Beispiel eines typischen Funktionsverlaufes der Ausfallrate λ(t) (Badewannenkurve) über den Produktlebenszyklus und den drei Ausfallphasen

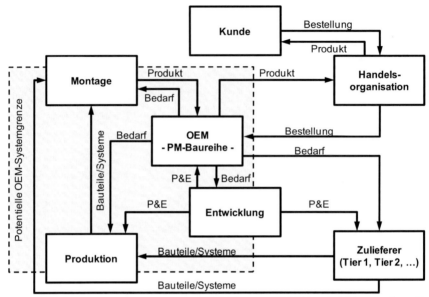

Abb. 6: Wertschöpfungsnetzwerk innerhalb der Fahrzeugtechnik (vereinfachte Darstellung)

4 Wertschöpfungsnetzwerke

Wie Eingangs skizziert, erfordert eine frühzeitige Reaktion auf Schadenssymptome einen optimalen Kommunikationsfluss innerhalb der Partner eines Wertschöpfungsnetzwerkes. Wertschöpfungsnetzwerke stellen eine Form von Unternehmenskooperationen dar, wobei sich beteiligte Unternehmen auf ihre Kernkompetenzen konzentrieren, Synergieeffekte freisetzen und dadurch zu ihrer Sicherung der Wettbewerbsfähigkeit beitragen [17].

Die Adaptation allgemeiner Wertschöpfungsnetzwerke [18] an die Fahrzeugtechnik stellt die Produktmanagement-Baureihe (PM-Baureihe) des Fahrzeugherstellers (OEM) als fokalen Partner ins Zentrum (vgl. Abbildung 6) [19]. Die PM-Baureihe lenkt das Wertschöpfungsnetzwerk in Form von Bedarfen an weitere Partner. Mit der PM-Baureihe bilden die Partner Entwicklung, Produktion und

Montage die potentielle OEM-Systemgrenze, wobei diese Partner teilweise aus dem OEM ausgelagert sein können. Die Partner Handelsorganisation und Zulieferer sind jeweils eigenständig. Der Kunde steht mit der Handelsorganisation im Produkt- und Informationsaustausch.

Relevant für die statistische Zuverlässigkeitsanalytik ist eine Vernetzung (Kommunikations-/Informationsfluss) der Partner Entwicklung, Produktion, Montage und Handelsorganisation mit der PM-Baureihe als fokalen Partner (vgl. Abbildung 7). Neben der Anforderung von Schadensdaten von der Handelsorganisation durch die PM-Baureihe, stehen zusätzlich – ggf. korrelierende – Informationen weiterer Partner zur Verfügung, welche zurzeit unzureichend verwendet werden. Ausgehend aus den Analyseergebnissen leitet die PM-Baureihe gezielte Produkt- oder Prozessverbesserungsmaßnahmen an die jeweiligen Partner des Wertschöpfungsnetzwerkes.

Anforderungen an die Gestaltung einer effizienten Vernetzung innerhalb des Wertschöpfungsnetzwerkes lassen sich u.a. wie folgt skizzieren:

- Durchdringende Vernetzung aller Partner des Wertschöpfungsnetzwerkes
- Gezielte Informationsanforderung, bzw. gezielter Informationszugriff
- Gewährleistung eines Informationsaustausch durch Einsatz einer Lessons-Learned-Systematik
- Einheitliche und abgestimmte Datenformate sowie Informationsinhalte

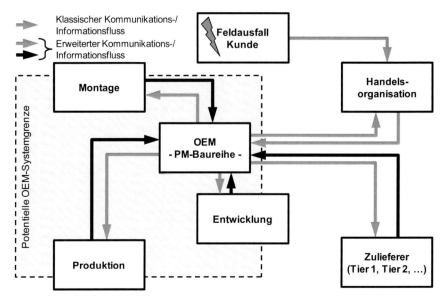

Abb. 7: Erweiterter Kommunikations-/Informationsfluss unter Nutzung des Wertschöpfungsnetzwerkes (vereinfachte Darstellung)

5 Zusammenfassung und Ausblick

Der industrielle Standard der Zuverlässigkeitsanalyse stößt an Grenzen insbesondere im Kontext frühzeitiger Zuverlässigkeitsanalysen innerhalb der Kundennutzungsphase. Das aufgezeigte RAW Konzept kombiniert parametrische und nichtparametrische Testverfahren und ermöglicht somit eine sichere statistische Analyse von kleinen bis zu großen Stichprobenumfänge. Verbunden mit weiteren Methoden der Zuverlässigkeitsanalytik, wie bspw. dem WCF Ansatz, DCD Algorithmus und dem FDA Prozess (vgl. [20, 21, 22]), ermöglicht das RAW Konzept über den gesamten Produktlebenszyklus aussagekräftige und sichere Handlungsempfehlungen auf Basis einer statistischen Schadensdatenauswertung zu treffen. Die Vorteile der Anwendung des RAW Konzeptes lassen sich wie folgt skizzieren:

- Prozessuale Verknüpfung parametrischer und nichtparametrischer statistischer Methoden

- Einsatz und Interpretation von nichtparametrischen Testverfahren bereits bei kleinen Stichprobenumfängen zu einem frühen Feldbeobachtungszeitpunkt, zu welchem parametrische Verfahren nicht einsetzbar sind

- Eingrenzung von schadhaften Produktionschargen und Unterstützung einer gezielten technischen Schadteilanalyse

- Frühzeitige Erkennung signifikanter Veränderungen im Produktausfallverhalten hinsichtlich Fehlerschwerpunkt, -dispersion sowie -trend.

Damit ergeben sich aus der Anwendung des RAW Konzeptes unmittelbar quantitative Hinweise, welche die Entscheidungsfindung unterstützen, geeignete Produkt- oder Prozessoptimierungen einzuleiten.

Ferner ist die Bedeutung effizienter Kommunikationsflüsse innerhalb des Wertschöpfungsnetzwerkes von hoher Bedeutung, um trotz kleiner Daten- und Informationsmengen eine frühzeitige, aussagekräftige Produktzuverlässigkeitsanalyse zu gewährleisten.

Eine erste Validierung des RAW Konzeptes in Verbindung mit dem FDA Prozess wurde mittels eines realitätsnahen Fallbeispiels „elektronisches Steuergerät" [8] durchgeführt und wird in laufenden Projekten weiteren Validierungen unterzogen.

Die langfristige Zielsetzung wird die Analyse komplexer Schadensstrukturen bei komplexen Baukomponenten und Systemen in der Fahrzeugtechnik zu einem frühen Zeitpunkt in der Feldbeobachtung nach Fahrzeug Markteinführung sein. Hierbei steht die Schadensfrüherkennung bzw. präventiven Qualitätsabsicherung nachfolgender Fahrzeug- sowie Bauteilgenerationen im Zentrum.

Literatur

[1] Bracke, S.; Haller, S.: 'Optimised Multi-Stage Sampling Procedures (OMSP)' concept, contribution to the field-data-analysis of complex damage causes. In: Reliability, Risk and Safety: Back to the Future. Taylor & Francis Group, London 2010.

[2] Bertsche, B.; Lechner, G.: Zuverlässigkeit im Fahrzeug- und Maschinenbau. Springer, Heidelberg, 2004.

[3] Ronniger, C.: Zufällig oder systematisch. In: Qualität und Zuverlässigkeit, Jahrgang 45, Ausgabe 5, S. 586-590, 2000.

[4] Linß, G.: Qualitätsmanagement für Ingenieure. Carl Hanser Verlag, München, 2005.

[5] Pfeifer, T.: Quality Management. Carl Hanser Verlag, München, 2010.

[6] Ophey, L.: Entwicklungsmanagement. Springer Verlag, Berlin, 2005.

[7] von Regius, B.: Qualität in der Produktentwicklung – Vom Kundenwunsch bis zum fehlerfreien Produkt. Carl Hanser Verlag, München, 2006.

[8] Bracke, S.; Haller, S.: Early detection of complex field damage cases after market launch: Processes and case studies in the automotive industry. In: Symposium Proceedings International Applied Reliability, Singapore 2010.

[9] Bracke, S.; Haller, S.: Optimised Multi-Stage Sampling Procedures (OMSP) concept, contribution to the technical field failure case analysis. In: XXII. German-Polish Seminar, Warsaw University of Technology, 2010.

[10] Siegel, S.: Nichtparametrische statistische Methoden. Klotz, Eschborn, 2001.

[11] Herbert Büning und Götz Trenkler: Nichtparametrische statistische Methoden. De Gruyter, Berlin, 1994.

[12] Duller, C.: Einführung in die nichtparametrische Statistik mit SAS und R: Ein anwendungsorientiertes Lehr- und Arbeitsbuch. Physica-Verlag, Heidelberg, 2008.

[13] Sachs, L.: Angewandte Statistik. Springer Verlag, Berlin, 2002.

[14] Murthy, D. N. P., Xie, M., Jiang. R.: Weibull Models. John Wiley & Sons, New Jersay, 2004.

[15] Birolini, A.: Reliability engineering: Theory and Practice. Springer Verlag, Berlin, 2007.

[16] Eckel, G.: Bestimmung des Anfangsverlaufs der Zuverlässigkeitsfunktion von Automobilteilen. In: Qualität und Zuverlässigkeit, Jahrgang 22, Ausgabe 9, S. 206-208, 1977.

[17] Wöhe, G., Döring, U.: Einführung in die Allgemeine Betriebswirtschaftslehre. Verlag Franz Vahlen, München, 2005.

[18] Haupt, S.: Digitale Wertschöpfungsnetzwerke und kooperative Strategien in der deutschen Lackindustrie. Difo-Druck, Universität St. Gallen, 2003.

[19] Bracke, S., Haller, S.: Beitrag zur lebenszyklusorientierten Bewertung von Produktqualität und –zuverlässigkeit auf Basis eines Wertschöpfungsnetzwerkes. In: Berichte zum Qualitätsmanagement, Gesellschaft für Qualitätswissenschaft e.V., Shaker Verlag, 2009.

[20] Bracke, S.; Haller, S.: Prävention durch Präzision: Statistik des komplexen Ausfallverhaltens technischer Bauteile. In: Qualität und Zuverlässigkeit, Jahrgang 54, Ausgabe 7, S. 48-49, 2009.

[21] Bracke, S.; Haller, S.: Defekt – aber warum? Softwarealgorithmus analysiert komplexe Schadenssymptome. In: Qualität und Zuverlässigkeit, Jahrgang 53, Ausgabe 11, S. 96-97, 2008.

[22] Bracke, S.; Haller, S.: The ‚field damage analysis (FDA)' – process for supporting the development of environmental-friendly products. In: 7th Global Conference on Sustainable Product Development and Life Cycle Engineering, Indian Institute of Technology, Madras, 2009.

Wirtschaftlichkeit von Messungen

Dipl.-Wirtsch.-Ing. Adrian Dietlmaier, Prof. Dr.-Ing. Dr.-Ing. E.h. Dr. h.c. mult. Albert Weckenmann

Lehrstuhl Qualitätsmanagement und Fertigungsmesstechnik, Friedrich-Alexander-Universität Erlangen-Nürnberg

Abstract

Noch immer haftet der Fertigungsmesstechnik das Stigma an, ein reiner Kostenfaktor ohne erkennbaren Wertschöpfungsbeitrag zu sein. Nur konsequent scheint dann die Forderung, Messergebnisse mit möglichst geringem Ressourcenverzehr zu „produzieren". Trotzdem ist – zumindest intuitiv – klar, dass es ohne qualifizierte Messtechnik nicht geht: Fertigungsprozesse müssen hinsichtlich ihrer Fähigkeit, brauchbare Erzeugnisse liefern zu können, bewertet werden. Dann müssen diese Prozesse mit Hilfe der Messtechnik gelenkt werden. Und schließlich ist die Funktionsfähigkeit oder die Qualität der Erzeugnisse nachzuweisen.

Für eine kaufmännisch fundierte Kostenoptimierung, beispielsweise auf Basis einer traditionellen Kosten-Nutzen-Analyse, fehlt bislang allerdings ein entscheidender Faktor: Der quantifizierte Nutzen des Messergebnisses. Nachfolgend wird ein systematischer Ansatz vorgestellt, mit dem eben dieser Nutzen der Messergebnisse monetär bewertet werden kann. Damit besteht erstmals die Möglichkeit, den für ein Messergebnis aufzuwendenden Kosten einen monetär bewerteten Nutzen des Messergebnisses gegenüberzustellen und dadurch Aussagen über die Wirtschaftlichkeit der zugrunde liegenden Messeinrichtungen und Messprozesse abzuleiten. Die Methodik geht damit über die bislang meist übliche Optimierungsstrategie einer reinen Messkostenreduzierung hinaus und stellt eine sowohl messtechnisch zweckmäßige als auch wirtschaftlichkeitsorientierte Auswahl geeigneter Messeinrichtungen sowie die entsprechende Gestaltung der Messprozesse in den Vordergrund.

1 Wirtschaftlichkeit im Kontext der Messtechnik

Für Investitionsgüter, beispielsweise Produktionsanlagen, existieren in der Regel verschiedene Kennzahlen und Kennzahlensysteme, die sowohl deren Kosten- als auch Leistungsfaktoren (z.b. Ausbringungsmenge und -qualität, Prozesszeit) erfassen, bewerten und damit Wirtschaftlichkeitsaussagen ermöglichen. Die Messtechnik nimmt in diesem Kontext eine Sonderstellung ein: Da eine Messung nicht als wertschöpfender Prozess im eigentlichen Sinne angesehen wird, existieren hier allenfalls rudimentäre Ansätze zur Quantifizierung der Leistungsfaktoren. Folglich fehlen brauchbare und aussagekräftige Kennzahlen zur Bewertung der Wirtschaftlichkeit von Messeinrichtungen.

Die Kennzahl „Wirtschaftlichkeit" bringt das Verhältnis aus Zweckerfolg (Ertrag, Leistung etc.) und Mitteleinsatz (Aufwand, Kosten etc.) zum Ausdruck und ist damit das Maß für die Einhaltung des ökonomischen Prinzips der Betriebswirtschaftslehre. Nach diesem Prinzip bedeutet wirtschaftlich optimal zu handeln, ein möglichst günstiges Verhältnis zwischen Aufwand und Ertrag zu realisieren (generelles Extremumprinzip) [1].

$$\text{Wirtschaftlichkeit} = \frac{\text{Zweckerfolg}}{\text{Mitteleinsatz}}$$

Während der für ein Messergebnis notwendige Mitteleinsatz mit dem vorhandenen Instrumentarium der Kostenrechnung relativ unproblematisch ermittelt werden kann, bereitet die Quantifizierung des Zweckerfolgs – und damit des Nutzens – von Messungen größere Schwierigkeiten. Ziel der im vorliegenden Beitrag dargestellten Betrachtungen war es daher, eine allgemein anwendbare Methodik für die Nutzenbewertung von Messergebnissen bereitzustellen.

2 Allgemeines Modell zur Bewertung des Zweckerfolgs einer Messung

2.1 Allgemeine Betrachtung: Der Nutzen einer Information

Messergebnisse sind nichts anderes als Informationen über die (physikalischen) Eigenschaften von Objekten. Will man den Nutzen eines Messergebnisses ermitteln, so muss man sich zunächst mit der relativ abstrakten Frage nach dem Nutzen einer Information beschäftigen. Der Begriff „Information" wird in zahlreichen wissenschaftlichen Fachgebieten (Informatik, Nachrichtentechnik, Ingenieurwissenschaften, Semiotik etc.) verwendet und hat dadurch beinahe zwangsläufig verschiedene zu differenzierende Bedeutungen. Eine verallgemeinerbare Sichtweise auf das Wesen der Information sieht diese lediglich als Muster oder Struktur von Informationselementen (z.B. die Pixel eines Bildes, die Abfolge verschiedener Töne oder die Anordnung unterschiedlicher Buchstaben), die es zu übermitteln gilt. Der konkrete Inhalt der Information ist dabei unerheblich. Information beschreibt stets einen Unterschied, charakterisiert also das, was sich unterscheiden lässt. Dies impliziert, dass das Merkmal, auf welches sich die Information bezieht, zumindest zwei unterschiedliche Ausprägungen annehmen kann.

Jede Information hat einen gewissen Nutzen. Wird beispielsweise ein bestimmtes Wertpapier in einer Finanzzeitschrift mit einem gewissen Kursziel zum Kauf empfohlen, hängt der Nutzen dieser Information einerseits davon ab, welcher Gewinn durch einen tatsächlichen Kauf zum Zeitpunkt x laut Prognose erzielt werden kann. Andererseits spielt auch die Verlässlichkeit dieser Information eine entscheidende Rolle: Je wahrscheinlicher die Prognose eintritt (und die Information damit verlässlich ist), desto sicherer ist ein finanzieller Gewinn durch das informationsinitiierte Handeln und desto wertvoller ist folglich die Information. Ihr Nutzen hängt damit im Wesentlichen von zwei Faktoren ab:

- den positiven finanziellen Folgen des durch die Information bedingten Handelns, z.B. der Kaufentscheidung

- der Verlässlichkeit der zur Verfügung stehenden Information, beispielsweise ausgedrückt als Eintrittswahrscheinlichkeit einer Prognose

Nachdem in den seltensten Fällen von einer vollständigen Verlässlichkeit der Information auszugehen ist, sollte neben dem Nutzen einer Information auch das durch sie bedingte Risiko falscher Entscheidungen berücksichtigt werden. Der Begriff Risiko beschreibt dabei die Kombination aus der Eintrittswahrscheinlichkeit eines Schadens und des zugehörigen (monetär bewerteten) Schadensausmaßes.

Sobald ein materielles oder auch immaterielles Gut einen bestimmten Nutzen bietet, kann es als Wirtschaftsgut angesehen werden, für das ein potenzieller Käufer bereit ist, einen bestimmten Preis zu zahlen. Selbstverständlich richtet sich auch der für eine Information zu erzielende Preis nach dem Nutzen, den sich der Käufer daraus erhofft. Das Problem liegt nun insbesondere beim Handel mit Informationen darin, dass der Käufer den Nutzen einer Information nur selten im Voraus kennt und daher auch den dafür maximal zu bezahlenden Preis nur grob abschätzen kann. Ein objektiver Parameter für die Verlässlichkeit der Information wäre hier von bedeutender Hilfe, ist aber für die meisten Informationen schlicht und einfach nicht verfügbar. Handelt es sich bei der Information um ein Messergebnis, dann ist man in der komfortablen Position, tatsächlich einen Vertrauensparameter für deren Verlässlichkeit angeben zu können: Die Messunsicherheit. Sie ist ein „dem Messergebnis zugeordneter Parameter, der die Streuung der Werte kennzeichnet, die vernünftigerweise der Messgröße zugeordnet werden können" [2] und kann damit als Grundlage für Wahrscheinlichkeitsaussagen bezüglich potenzieller Fehlentscheidungen dienen.

2.2 Referenzmodell zur Bewertung des Zweckerfolgs einer Messung

Zweck von Messungen ist es, zuverlässige Informationen über Objekte – beispielsweise Produkte oder Prozesse – bereitzustellen, um diese hinsichtlich definierter Kriterien beurteilen und daraus Entscheidungen ableiten zu können. Im Kontext von Messungen wird der Zweckerfolg maximal, wenn alle aus den Messergebnissen abgeleiteten Entscheidungen korrekt sind und falsche Entscheidungen vollständig vermieden wurden. Die einem Messergebnis stets beizuordnende Unsicherheit kann jedoch zu unsicheren bzw. falschen Informationen und damit in der Folge zu falschen Entscheidungen führen [3, 4, 5]. Messunsicherheit und Zweckerfolg von Messungen sind damit direkt voneinander abhängig.

Jede Entscheidung, die auf der Basis eines Messergebnisses getroffen wird, stellt einen Hypothesentest dar, bei dem anhand vorliegender Beobachtungen eine begründete Entscheidung über die Gültigkeit oder Ungültigkeit einer Nullhypothese H_0 zu treffen ist. Je nach Zweck und Verwendung der Messergebnisse sind entsprechende Nullhypothesen H_0 und zugehörige Alternativhypothesen H_A zu formulieren, beispielsweise bei:

- Konformitätsprüfungen (univariat)
    - H_0: Das geprüfte Merkmal ist spezifikationskonform
    - H_A: Das geprüfte Merkmal ist nicht spezifikationskonform
- (Annahme-) Stichprobenprüfungen
    - H_0: Das Prüflos erfüllt die Anforderungen
    - H_A: Das Prüflos erfüllt die Anforderungen nicht
- Prozessfähigkeitsuntersuchungen
    - H_0: Der Prozess ist fähig
    - H_A: Der Prozess ist nicht fähig
- Statistische Prozesslenkung (SPC)
    - H_0: Der Prozess ist unverändert
    - H_A: Der Prozess ist verändert

Entspricht der durch Messung ermittelte Zustand dem tatsächlichen – in der Realität unbekannten – Zustand des betrachteten Objekts, so wird durch die Annahme von H_0 die Nullhypothese korrekt bestätigt. Bei korrekter Ablehnung der Nullhypothese können Fehler 2. Art, die ohne Messung unentdeckt bleiben, sowie deren finanzielle Konsequenzen vermieden werden. Falsche Entscheidungen ergeben sich beim Hypothesentest immer dann, wenn H_0 irrtümlicherweise abgelehnt (α-Fehler oder Fehler 1. Art) oder H_0 fälschlicherweise angenommen wird (β-Fehler oder Fehler 2. Art) (Abbildung 1).

		Tatsächlicher Zustand (in Realität unbekannt)		
		positiv (H_0 ist wahr)	negativ (H_0 ist falsch)	Zeilensumme
Ermittelter Zustand (durch Messung)	positiv (H_0 angenommen)	H_0 korrekt angenommen	Fehler 2. Art (β-Fehler)	$\Sigma = \varphi(b(x))$
	negativ (H_0 abgelehnt)	Fehler 1. Art (α-Fehler)	vermiedene Fehler 2. Art	$\Sigma = 1 - \varphi(b(x))$
	Spaltensumme	$\Sigma = \varphi(f(y))$	$\Sigma = 1 - \varphi(f(y))$	$\Sigma = 1$

Abb. 1: Allgemeine Wahrheitsmatrix eines messergebnisbasierten Hypothesentests

Die Wahrscheinlichkeit, H_0 aufgrund des ermittelten Zustands anzunehmen oder abzulehnen, hängt von der durch Messung beobachteten Wahrscheinlichkeitsdichtefunktion des betrachteten (Qualitäts-) Merkmals $b(x)$ ab, in die auch die den Messergebnissen beizuordnende Messunsicherheit eingeht [6, 7, 8]. Dieser Zusammenhang wird allgemein und vom Zweck der Messung unabhängig als Funktion $\varphi(b(x))$ für die Annahme von H_0 bzw. $1-\varphi(b(x))$ für die Ablehnung von H_0 angegeben und ergibt damit die zeilenbezogen aufsummierten Wahrscheinlichkeiten der Wahrheitsmatrix. Für den tatsächlichen Zustand kann die Wahrschein-

Wirtschaftlichkeit von Messungen

lichkeit, dass H_0 wahr oder falsch ist, ebenfalls über den allgemeinen funktionalen Zusammenhang φ bestimmt werden als φ(f(y)) bzw. 1-φ(f(y)). Allerdings bezieht sich φ in diesem Fall auf die tatsächliche (und in der Realität unbekannte) Wahrscheinlichkeitsdichtefunktion des den Merkmalwerten zugrundeliegenden Fertigungsprozesses f(y). Die beobachtete Wahrscheinlichkeitsdichte b(x) ergibt sich aus der Überlagerung der tatsächlichen Streuung des Fertigungsprozesses mit der Streuung des Messprozesses. Diese Überlagerung wird mathematisch beschrieben durch die Faltung der entsprechenden Dichtefunktionen des Fertigungsprozesses f(y) und des Messprozesses g(x-y), aus der sich letztlich auch die Messunsicherheit ergibt [6, 9]:

$$b(x) = (f * g)(x) = \int f(y) \cdot g(x-y) dy \qquad \text{(Gl. 1)}$$

Die Konsequenzen falscher Entscheidungen beim Hypothesentest – beispielsweise die Verschrottung spezifikationskonformer Einheiten, das Ausliefern fehlerhafter Einheiten, unnötige oder auch unterlassene, eigentlich notwendige Prozesseingriffe – können monetär bewertet und als Gewichtungsfaktoren für falsche Entscheidungen herangezogen werden. In Summe ergibt sich daraus das durch ein unsicheres Messergebnis bedingte monetär bewertete Risiko, das unmittelbar durch die Messunsicherheit des dem Hypothesentest zugrundeliegenden Messergebnisses beeinflusst wird.

Bei einer korrekten Annahme von H_0 wurde lediglich die Anfangsvermutung bestätigt. Die Gewissheit über das Zutreffen der Nullhypothese ist zwar in der Regel als positives Ereignis anzusehen, die Zuweisung eines monetär bewerteten Nutzens ist jedoch schwierig und nur in geringem Umfang objektiv begründbar. Daher soll dieser Fall für die nachfolgenden Betrachtungen als monetär neutral gelten. Wird allerdings H_0 korrekterweise abgelehnt, so hat die Messung ihren eigentlichen Zweck erfüllt: Das Vermeiden von Fehler- und Fehlerfolgekosten durch z.B. mangelnde Produktqualität oder gestörte Prozesse. Der Nutzen des

Messergebnisses kann damit indirekt über das vermiedene Risiko, einen Fehler 2. Art (β-Fehler) zu begehen, quantifiziert werden.

Aufbauend auf diesen Überlegungen wird ein allgemein gültiges Referenzmodell zur Bewertung des Zweckerfolgs von Messungen aufgestellt, bei dem ausgehend von den auf Messergebnissen basierenden Hypothesentests die Wahrscheinlich-keiten von Fehlern 1. und 2. Art sowie von vermiedenen Fehlern 2. Art ermittelt und mit entsprechenden monetären Gewichtungsfaktoren K_α bzw. K_β multipliziert werden (Bild 2). Die Unsicherheit der Messergebnisse geht dabei über $\varphi(b(x))$ ein in die Wahrscheinlichkeit H_0 anzunehmen bzw. abzulehnen und bedingt dadurch die Wahrscheinlichkeiten von α- und β-Fehlern. Somit bestimmt die Messunsicherheit maßgeblich den Zweckerfolg der Messung.

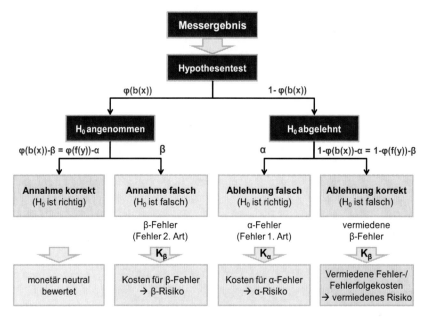

Abb. 2: Referenzmodell zur Bewertung des Zweckerfolgs von Messungen

Die Produkte aus Fehlerwahrscheinlichkeiten und den jeweiligen monetären Gewichtungsfaktoren ergeben in Summe das monetär bewertete Risiko einer Fehlentscheidung bei einem auf Messergebnissen basierenden Hypothesentest (α-

Wirtschaftlichkeit von Messungen

Risiko + β-Risiko). Das durch die Messung vermiedene Risiko einer falschen Entscheidung – ermittelt aus der Wahrscheinlichkeit, einen Fehler 2. Art zu vermeiden, multipliziert mit dem monetären Gewichtungsfaktor $K_β$ für β-Fehler – entspricht dem Nutzen des Messergebnisses. Folglich kann der Zweckerfolg einer Messung aus dem Nutzen des Messergebnisses abzüglich des Risikos von Fehlentscheidungen bestimmt werden:

$$ZE_{ME} = \text{Nutzen} - \text{Risiko} = [1-\varphi(b(x))-\alpha] \cdot K_β - [\alpha \cdot K_\alpha + β \cdot K_β]$$

mit ZE_{ME} : Zweckerfolg einer Messung

$\varphi(b(x))$: Wahrscheinlichkeit, dass H_0 angenommen wird

$1-\varphi(b(x))$: Wahrscheinlichkeit, dass H_0 abgelehnt wird

α : Wahrscheinlichkeit eines Fehlers 1. Art

$β$: Wahrscheinlichkeit eines Fehlers 2. Art

K_α : Folgekosten für einen Fehler 1. Art

$K_β$: Folgekosten für einen Fehler 2. Art

2.3 Methodisches Vorgehen

Die Aussage darüber, ob eine messergebnisbasierte Entscheidung zu einem Fehler 1. oder 2. Art führt oder ob ein Fehler 2. Art vermieden werden kann, soll im Folgenden durch den Vergleich des gemessenen mit dem tatsächlichen Merkmalwert bzw. der daraus jeweils abzuleitenden Entscheidungen beim Hypothesentest getroffen werden. Folgt beispielsweise aus dem gemessenen Merkmalwert x_i, dass H_0 abzulehnen ist, obwohl der tatsächliche Wert y_i eine Annahme von H_0 impliziert, liegt ein Fehler 1. Art vor etc. Durch eine ausreichend große Anzahl an Wiederholungen dieses paarweisen Vergleichs kann so auf die entsprechenden Wahrscheinlichkeiten von Fehlern bzw. vermiedenen Fehlern geschlossen werden (Abbildung 3). Ein äquivalentes Vorgehen ist auch dann möglich, wenn beim Hypothesentest die Entscheidung auf Basis mehrerer aggregierter Werte getroffen wird, beispielsweise eines Mittelwerts oder einer Standardabweichung.

Da der tatsächliche Merkmalwert eines Bauteils in der Realität unbekannt ist (und auch bei Wiederhol- oder Präzisionsmessungen letztlich unbekannt bleibt), wird auf ein simulationsgestütztes Verfahren zurückgegriffen. Ausgehend von den zu erwartenden Fertigungsabweichungen bei der Bearbeitung des Inputs (z.B. Halbzeug) wird eine Wahrscheinlichkeitsdichtefunktion der gefertigten Merkmalwerte f(y) definiert. Mittels Monte-Carlo-Simulation werden Zufallswerte für die tatsächlichen Merkmalwerte des gefertigten Outputs (z.B. Werkstücke) y_i erzeugt, die der Wahrscheinlichkeitsdichtefunktion f(y) bzw. dem dahinter stehenden Verteilungsmodell folgen.

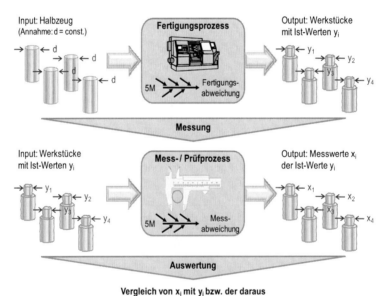

Abb. 3: Tatsächlicher und gemessener Wert eines gefertigten Merkmals

Die im simulierten Fertigungsprozess erzeugten tatsächlichen Merkmalwerte gehen als Input des Messprozesses ein in die Messung. Die durch den Messprozess bedingte Messabweichung wird ebenfalls mit Hilfe der Monte-Carlo-Simulation auf Basis entsprechender Parameter simuliert und ergibt nach Überlagerung mit dem tatsächlichen Merkmalwert den gemessenen Merkmalwert x_i. Messergebnis x_i und tatsächlicher Merkmalwert y_i unterscheiden sich aufgrund der Messabweichung, die durch die Messunsicherheit charakterisiert wird.

Das Messergebnis x_i ergibt sich damit als Summe einer Zufallszahl für den tatsächlichen Wert des gefertigten Merkmals y_i sowie einer Zufallszahl für die Messabweichung e_i (Gl. 2). Mit Hilfe leistungsfähiger Simulationswerkzeuge, beispielsweise auf Basis der Software MATLAB®, kann auf diese Weise eine annähernd beliebig große Anzahl an Zufallszahlen und deren Kombinationen erzeugt werden. Daraufhin folgen Auswertungen der Simulationsergebnisse bezüglich des Einfluss der Messunsicherheit und ggf. weiterer relevanter Parameter auf den Zweckerfolg von Messungen.

$$x_i = y_i + e_i \qquad (Gl. 2)$$

2.4 Auswertung der Simulationsergebnisse

Die Auswertung der Simulationsergebnisse erfolgt im Prinzip anhand einer einfachen Tabelle, in der die simulierten Werte für die tatsächliche Merkmalsausprägung y_i und die Messabweichung e_i sowie der daraus gemäß (Gl. 2) errechnete Messwert der Merkmalsausprägung x_i gespeichert werden. Nach Anwendung des Hypothesentest sowohl auf y_i als auch auf x_i liegen für jedes Wertepaar aus gefertigtem und gemessenem Merkmalwert zwei Testentscheidungen vor, die jeweils entweder eine Annahme oder eine Ablehnung der Nullhypothese fordern. Sind die beiden Testentscheidungen deckungsgleich, so folgt eine korrekte Annahme oder eine korrekte Ablehnung der Nullhypothese (vermiedener Fehler 2. Art bzw. β-Fehler). Falls die beiden Testentscheidungen differieren, wird man entweder einen Fehler 1. Art (α-Fehler) oder einen Fehler 2. Art (β-Fehler) begehen. Die Auswertung des paarweisen Vergleichs erfolgt in entsprechenden Tabellenspalten und erlaubt damit die spaltenbezogene Summenbildung, woraus letztlich – bei ausreichender Häufigkeit der Simulationsläufe – fundiert auf die jeweiligen Wahrscheinlichkeiten geschlossen werden kann (Abbildung 4). Analog zu diesem Vorgehen kann der Hypothesentest auch auf aggregierte Werte der gefertigten und gemessenen Merkmalausprägungen (z.B. Mittelwert oder Standardabweichung) angewendet und entsprechend ausgewertet werden. Notwendig ist dies beispielsweise für die Bewertung des Einflusses der Messunsicherheit auf die Prozessfähigkeitsuntersuchung oder auf die Statistische Prozesslenkung. Die hier in der Realität notwendige Entnahme einer repräsentativen Stichprobe mit entsprechendem Zeit- oder Reihenfolgenabstand ist bei simulierten Werten unnötig, solange keine systematischen oder zeitabhängigen Fertigungs- oder Messabweichungen nachgestellt werden sollen.

gefertigte Merkmalwerte y_i	Messabweichung e_i	gemessene Merkmalwerte $x_i = y_i + e_i$	Hypothesentest angewendet auf y_i	Hypothesentest angewendet auf x_i	Annahme H_0 korrekt	Annahme H_0 falsch (α-Fehler)	Ablehnung H_0 falsch (β-Fehler)	Ablehnung H_0 korrekt (vermied. β-Fehler)
150,016	-0,141	149,875	Annahme H_0	Annahme H_0	1	0	0	0
148,988	-0,107	149,095	Ablehnung H_0	Annahme H_0	0	1	0	0
150,963	0,123	151,086	Annahme H_0	Ablehnung H_0	0	0	1	0
151,069	-0,016	151,053	Ablehnung H_0	Ablehnung H_0	0	0	0	1
...	...	...	...	...	...	...	...	...
			Spaltensummen:		$\Sigma = ...$	$\Sigma = ...$	$\Sigma = ...$	$\Sigma = ...$

Aus den relativen Häufigkeiten wird auf die entsprechenden Wahrscheinlichkeiten geschlossen

Abb. 4: Vereinfacht dargestellte Tabelle zur Auswertung der Simulationsergebnisse (Beispiel: Sollwert = 150,00 mm, Toleranz = ± 1,00mm, Messunsicherheit / Toleranz = 0,1)

Als Eingangswerte für die Untersuchungen sind lediglich Kenntnisse oder Annahmen über

- die Verteilungsfunktion des zugrundeliegenden Fertigungsprozesses und deren konkrete Parameterwerte, beispielsweise Mittelwert und Standardabweichung,

- der Spezifikationsbereich des betrachteten (Qualitäts-) Merkmals sowie

- Angaben über die Unsicherheit der Messergebnisse, quantifiziert durch die Standardunsicherheit oder das Verhältnis der erweiterten Messunsicherheit zur Toleranz, notwendig.

3 Zusammenfassung und Ausblick

Im vorangegangenen Beitrag wurde ein systematischer Ansatz zur Quantifizierung des Zweckerfolgs von Messungen vorgestellt, der sich aus dem Nutzen eines Messergebnisses abzüglich der durch unsichere Messergebnisse resultierenden Risiken falscher Entscheidungen ergibt. In Verbindung mit weiteren, wirtschaftlich relevanten Aspekten der eingesetzten Messtechnik – beispielsweise verkürzte Messzeiten, Kosteneinsparung durch Automatisierung etc. – wird damit eine fundierte Kosten-Nutzen-Analyse bei Messprozessen möglich. Dabei stehen neben der reinen Messkostenreduzierung vor allem eine wirtschaftlich zweckmäßige und bedarfsgerechte Auswahl geeigneter Messeinrichtungen und eine entsprechende Gestaltung der Messprozesse im Vordergrund. Industrieunternehmen verschiedener Branchen profitieren von den Erkenntnissen in vielfältiger Weise:

- Den Herstellern von Messgeräten werden Vermarktungsargumente für ihre hochwertigen und präzisen Produkte sowie Service- und Wartungsverträge an die Hand gegeben.

- Messdienstleister können ihren Messmitteleinsatz unter wirtschaftlichen Gesichtspunkten optimieren und gleichzeitig den Kundennutzen ihrer Dienstleistung gezielt und methodisch fundiert kommunizieren.

- Anwender der Messtechnik können Investitionsentscheidungen – analog zum Vorgehen bei der Beschaffung von Produktionsanlagen – auf Basis begründeter Wirtschaftlichkeitsuntersuchungen alternativer Messprozesskonzepte treffen. Wirtschaftlichkeit von MessungenWirtschaftlichkeit von MessungenWirtschaftlichkeit von Messungen

Literatur

[1] Schierenbeck, H: Grundzüge der Betriebswirtschaftslehre. 16. Auflage. München: Oldenbourg, 2003.

[2] Norm DIN V ENV 13005:1999: Leitfaden zur Angabe der Unsicherheit beim Messen. Berlin: Beuth, 1999.

[3] Weckenmann, A.; Lorz, J.: Konsequenzen der ISO 14253-1 für die Prozesskette Konstruktion - Fertigung - Prüfung. VDI-Berichte 1727. Düsseldorf: VDI-Verlag 2002, S. 173-182.

[4] Weißensee, K.; Sommer, K.-D.; Linß, G.; Siebert, B.: Ermittlung von Fehlentscheidungsrisiken bei der Konformitätsbewertung von Messgeräten. VDI-Berichte 1947. Düsseldorf: VDI-Verlag 2006, S. 101-113.

[5] Weckenmann, A.; Westkämper, E.; Dietlmaier, A.; Haag, H.: Wirtschaftlichkeit von Messergebnissen. FQS-DGQ-Band 84-08. Frankfurt a. M.: FQS, 2009.

[6] Zinner, C.: Ein Beitrag zu Verteilungsmodellen und deren Einfluss auf die Auswahl von technisch und wirtschaftlich geeigneten Prüfmitteln zur Sicherung der Qualität. Diss., Ilmenau, 2005.

[7] ASME B89.7.4.1-2005 (Technical Report): Measurement Uncertainty and Conformance Testing: Risk Analysis. New York: 2005.

[8] DIN EN ISO 14253-1:1998: Geometrische Produktspezifikation (GPS) – Prüfung von Werkstücken und Messgeräten durch Messen – Teil 1.

[9] Weckenmann, A.; Gawande, B.: Koordinatenmesstechnik – Flexible Strategien für Form, Maß und Lage. München: Hanser, 1999.

Werkzeug zur Weiterentwicklung des integrierten Managementsystems

Prof. Dr.-Ing. Horst-Artur Crostack, Dipl.-Ing. Constanze Kolbe, Priv.-Doz. Dr.-Ing. Robert Refflinghaus

Dortmunder Initiative zur rechnerintegrierten Fertigung (RIF) e.V., Dortmund

Abstract

Die Einführung, Bewertung und ständige Verbesserung eines integrierten Managementsystems, das die Bereiche Qualität, Umwelt und Arbeitsschutz berücksichtigt, kann vor allem für kleine und mittlere Unternehmen oftmals mit einem hohen personellen und finanziellen Aufwand verbunden sein. Es wird ein Werkzeug vorgestellt, mit dem Unternehmen im Rahmen einer internen Selbstbewertung stetig den aktuellen Stand ihres integrierten Managementsystems bewerten können und welches Maßnahmen zur Verbesserung bereitstellt.

Um den Aufwand zu reduzieren, wurde im Selbstbewertungsteil des Werkzeugs eine Fragetechnik entwickelt, die parallel und integriert den IST-Zustand der Teilsysteme Qualität, Umwelt und Arbeitsschutz erfasst. Dabei wird sowohl die Bewertung der normengeforderten Prozesse berücksichtigt, als auch die Bewertung der in den Prozessen geforderten Vorgabedokumente. Die Bewertung wird im Werkzeug automatisch ausgewertet und dem Nutzer übersichtlich präsentiert, wodurch für ihn der Handlungsbedarf unmittelbar ersichtlich wird. Es wird somit eine schnelle, effiziente und aufwandsarme Bewertung der IST-Situation des integrierten Managementsystems ermöglicht.

Als zweites wesentliches Element wurde im Werkzeug der Bewertungsbereich mit geeigneten Maßnahmen (z.B. Musterdokumenten) verknüpft, mit denen Unternehmen die nicht erfüllten Anforderungen an ein integriertes Managementsystem aufwandsarm und effizient umsetzen können. Auf dieser Basis können die Verantwortlichen im Unternehmen gemeinsam unternehmensindividuelle Maßnahmen ableiten.

1 Integrierte Managementsysteme

Verfügt ein Unternehmen über ein Qualitätsmanagementsystem (QM-System), kann dies zu einer Erhöhung der Kundenzufriedenheit und zu der Realisation eines kontinuierlichen Verbesserungsprozesses im Unternehmen führen [1]. Um den Erwartungen verschiedener Interessensgruppen gerecht zu werden, streben Unternehmen neben dem Unterhalten eines QM-Systems häufig auch die Einführung eines Umweltweltmanagementsystems (UM-System) und eines Arbeitsschutzmanagementsystem (AM-System) an. Ein UM-System hat dabei zum Ziel, die Umwelt zu schützen indem etwa Abfälle, der Rohmaterialeinsatz sowie der Emissionsausstoß des Unternehmens reduziert werden. Dies trägt zur Verbesserung des Firmenimage bei und steigert die betrieblichen Effizienz [2]. Ein weltweit anerkannter Standard zum Aufbau eines UM-Systems ist die ISO EN 14001:2009 [3]. Ein AM-System dient zur Minimierung oder Beseitigung von Gesundheitsrisiken denen Mitarbeiter und andere Interessengruppen im Rahmen ihrer Tätigkeiten ausgesetzt sind [4]. Für den Aufbau eines AM-Systems stellt die BS OHSAS 18001:2007 den wichtigsten internationalen Standard dar [5].

Werden die genannten Managementsysteme nicht ineinander integriert, sondern nebeneinander unterhalten, können sich im Unternehmen mehrere Prozessbeschreibungen für gleiche Abläufe und Tätigkeiten herausbilden, die jedoch unterschiedliche Sichtweisen haben und im schlimmsten Fall widersprüchliche Regelungen zur Folge haben, was zur Ineffizienz führt. Weitere Nachteile einer Nichtintegration sind Informationsverluste und Motivationsprobleme durch redundante und sich widersprechende Detailregelungen [6]. Außerdem sind besonders kleine und mittlere Unternehmen (KMU) mit der Vielzahl an Managementsystemen überfordert. Der zu betreibende Aufwand, diese verschiedenen Managementsysteme zu unterhalten kann nur durch eine Integration der verschiedenen Systeme bewältigt werden [7]. Dadurch können Redundanzen vermieden, Prozesse effizienter gestaltet und der Ressourceneinsatz optimiert werden [8]. Um Unternehmen bei der Einführung und Verbesserung ihres integrierten Managementsystems zu unterstützen, wurde ein Werkzeug entwickelt, das im Folgenden vorgestellt wird. Das QM-System stellt dabei das Basissystem für den Aufbau eines integrierten Managementsystems dar.

2 Zielsetzung bei der Erstellung des Werkzeugs

Damit das Werkzeug erfolgreich in Unternehmen eingesetzt werden kann, wurden zunächst Ziele festgelegt, die mit der Entwicklung des Werkzeugs erreicht werden sollten. Diese waren die Ausgangsbasis bei seiner Konzeption und Umsetzung:

- **Reduktion des Managementaufwandes**

Das Hauptziel bei der Entwicklung des Werkzeugs war es, einen möglichst minimalen Aufwand in den Unternehmen bei der Bewertung und Verbesserung des Managementsystems zu verursachen. Besonders um eine Nutzung in KMU zu ermöglichen, da diese Unternehmen nur begrenzte Ressourcen- und Personalkapazitäten haben [9]. Dementsprechend wurde das Werkzeug intuitiv und anwenderfreundlich gestaltet, indem etwa die Navigation schnell erkennbar sowie nachvollziehbar ist.

- **Anstoß eines kontinuierlichen Verbesserungsprozesses**

Ein weiterer wichtiger Ansatzpunkt bei der Erstellung des Werkzeugs war es, einen kontinuierlichen Verbesserungsprozess im Unternehmen, der auch in den entsprechenden Normen verlangt wird, anzustoßen (ISO 9001, ISO 14001, OHSAS 81001). Dieser Prozess setzt sich aus den Schritten Planen – Ausführen – Überprüfen – Verbessern zusammen und bildet einen so genannten Deming-Kreislauf [10]. Um die Weiterentwicklung des Managementsystems über die Zeit erfassen und Entwicklungsfortschritte dokumentieren zu können, ist der Bewertungsbereich strukturiert und systematisch aufgebaut. Die Ergebnisse aus unterschiedlichen Bewertungszeitpunkten sind so miteinander vergleichbar.

- **Realisierung einer Integration**

Eine Integration ermöglicht eine gleichzeitige Berücksichtigung verschiedenartiger Anforderungen und fördert den Aufbau einer ganzheitlichen Sichtweise. Um Unternehmen zu befähigen ein integriertes Managementsystem aufzubauen und zu verbessern, war es deshalb Ziel, eine Integration der Anforderungen aus QM, UM und AM im Werkzeug umzusetzen. Dazu muss sowohl die Bewertung als auch die Verbesserung des Managementsystems integriert gestaltet sein.

- **Berücksichtigung der Unternehmensindividualität**

Damit diese Unternehmen das Werkzeug auch auf ihre unternehmensindividuellen Gegebenheiten anpassen können, wurde es so konzipiert und umgesetzt, dass eine unternehmensindividuelle Anpassung möglich ist.

- **Erweiterbarkeit**

Unternehmen müssen oft zusätzliche Anforderungen erfüllen, die sich an weitere Managementsysteme, wie etwa das Energiemanagement- oder Risikomanagementsystem, richten. Deshalb wurde das Werkzeug so gestaltet, dass eine Erweiterung um neue Anforderungen und deren Integration einfach zu realisieren ist.

3 Entwicklung des Werkzeugs

Auf Basis der in Kapitel 2 gestellten Ziele, wurde ein geeignetes Werkzeug entwickelt. Dazu wurden die Anforderungen der drei Normen im ersten Schritt im Rahmen einer Vergleichsmatrix ineinander integriert. Diese stellte die wesentliche Grundlage bei der Konzeption und Umsetzung des Werkzeugs dar.

3.1 Aufstellen einer integrierten Vergleichsmatrix

Um den Integrationsaspekt in der Bewertungssystematik zu berücksichtigen, wurde zunächst eine Vergleichsmatrix aufgestellt (Tabelle 1). In dieser Matrix sind die Gliederungspunkte aus den drei Teilsystemen QM, UM und AM einander gegenübergestellt.

Tab. 1: Vergleichsmatrix der Anforderungen und deren Integration

Integrierter Gliederungspunkt:	QM-Gliederungspunkt:	UM-Gliederungspunkt:	AM-Gliederungspunkt:
6.2.2 Kompetenz, Schulung und Bewusstsein	6.2.2 Kompetenz, Schulung und Bewusstsein	4.4.2 Fähigkeit, Schulung und Bewusstsein	4.4.2 Fähigkeit, Schulung und Bewusstsein
	Original QM-Anforderung:	Original UM-Anforderung:	Original AM-Anforderung:
	„Die Organisation muss die notwendige Kompetenz des Personals, dessen Tätigkeiten die Erfüllung der Produktanforderungen beeinflussen, ermitteln."	„Die Organisation muss ...(für jede) Person, die für sie oder in ihrem Auftrag Tätigkeiten ausübt, von denen nach Feststellung der Organisation (eine) bedeutende Umweltauswirkung ausgehen (kann) können den Schulungsbedarf ermitteln..."	Die Organisation muss...(für) jede Person, die für sie oder in ihrem Auftrag Tätigkeiten ausübt, von denen Auswirkungen auf den Arbeits- und Gesundheitsschutz ausgehen können,...den Schulungsbedarf ermitteln, der sich aus ihren A&G-Risiken und ihrem A&G-Managementsystem ergibt.
Integrierte Hauptanforderung:	QM-spezifische Teilanforderung:	UM-spezifische Teilanforderung:	AM-spezifische Teilanforderung:
Existiert eine Prozessbeschreibung zur Schulungsbedarfsermittlung...	...für Personen deren Tätigkeiten Einfluss auf die Erfüllung der Produktanforderungen haben?	...für Personen deren Tätigkeiten Auswirkungen auf den Umweltschutz haben können?	...für Personen deren Tätigkeiten Auswirkungen auf den Arbeits- und Gesundheitsschutz haben können?

Zum Beispiel wurde dem QM-Gliederungspunkt „6.2.2 Kompetenz, Schulung und Bewusstsein", der dazugehörige Gliederungspunkt „4.4.2 Fähigkeit, Schulung und Bewusstsein", der für die Teilsysteme UM und AM gleichermaßen zutrifft, zugeordnet. Die Gliederungspunkte setzen sich zusammen aus der Nummerierung und den Überschriften der verschiedenen Normen. Da das QM-System das Basissystem bei der Erstellung des integrierten Managementsystems ist, wurde die Nummerierung der ISO 9001 als Nummerierung der integrierten Gliederungspunkte übernommen. Auch eine Integration der Überschriften wurde vorgenommen, indem die Bezeichnungen so allgemein formuliert wurden, dass sie für alle drei Teilsysteme zutreffen. Für das genannte Beispiel kann somit der integrierte Gliederungspunkt „6.2.2 Kompetenz, Schulung und Bewusstsein" definiert werden.

In der Matrix wurden den Gliederungspunkten der Normen außerdem die entsprechenden Anforderungen zugeordnet. Um diese Anforderungen an die drei Teilsystemen ineinander zu integrieren, wurde eine Hauptanforderung gebildet, die an alle drei Teilsysteme gestellt wird. Zusätzliche bereichsspezifische Teilanforderungen wurden aus den Originalanforderungen herausgezogen und zu einer QM-/UM-/AM-spezifischen Teilanforderung formuliert sowie der Hauptanforderung zugeordnet.

3.2 Funktionalitäten und Aufbau des Werkzeugs

Das entwickelte Werkzeug stellt die folgenden wesentlichen Funktionalitäten zur Verfügung (Abbildung 1):

- integrierte Selbstbewertung
- Identifikation des Handlungsbedarfs
- Bereitstellung von Handlungsempfehlungen
- Maßnahmenentwicklung
- Dokumentation der kontinuierlichen Verbesserung.

Das Werkzeug wurde prototypisch in Form einer Excel-Anwendung umgesetzt, da dieses Programm in den meisten Unternehmen vorhanden und gebräuchlich ist.

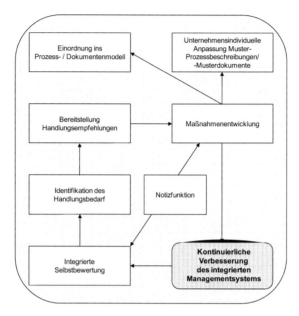

Abb. 1: Funktionalitäten des Werkzeugs

Das Werkzeug besteht aus den in Abbildung 2 dargestellten Komponenten, die untereinander verlinkt sind. Es besteht aus einem „Willkommensbereich", den einzelnen „Funktionskomponenten" („Gesamtüberblick Selbstbewertung", „Selbstbewertungsbereich" etc.) sowie aus einer *„Zentrale"*. Während der „Willkommensbereich" den Nutzer zu der von ihm gewünschten Funktionalität des Werkzeugs weiter leitet, stellen die einzelnen „Funktionskomponenten" die in Abbildung 1 dargestellten Funktionalitäten des Werkzeugs bereit. Die *„Zentrale"* ist ein wesentlicher Bestandteil der Excel-Anwendung, da über diese ein Zugriff auf alle Funktionen des Werkzeugs ermöglicht wird. Sie setzt außerdem alle Funktionskomponenten des Werkzeugs in Bezug zueinander.

Werkzeug zur Weiterentwicklung des integrierten
Managementsystems

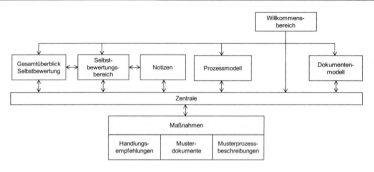

Abb. 2: Aufbau des Werkzeugs

3.3 Integrierte Selbstbewertung

Basierend auf dem Deming-Kreislauf wurde in dem Werkzeug bezüglich des Schritts „Überprüfen" ein Bereich zur integrierten Selbstbewertung implementiert. Damit kann fortlaufend der Handlungsbedarf für Verbesserungen des Managementsystems identifiziert werden. Der Selbstbewertungsbereich besteht aus den drei Bewertungsbereichen QM, UM und AM des Integrierten Managementsystems (Abbildung 3).

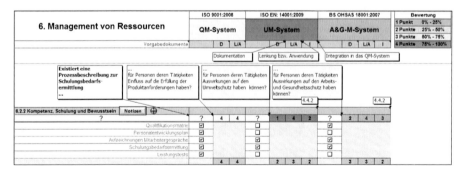

Abb. 3: Ausschnitt aus dem Selbstbewertungsbereich

Der Selbstbewertungsbereich kann unternehmensindividuell erweitert werden, indem Unternehmen weitere Prozesse und Vorgabedokumente hinzufügen und bewerten, die speziell auf ihr Unternehmen zutreffen.

- **Bewertungsschema:**

Die drei Bewertungsbereiche werden hinsichtlich ihrer Dokumentation (D), ihrer Lenkung bzw. Anwendung (L/A) und für das UM- und AM-System zusätzlich bezüglich der Integration in das QM-System (I) bewertet. Für die Selbstbewertung existiert ein vierstufiges Bewertungsschema, wobei 1 Punkt der geringste und 4 Punkte der höchste zu vergebende Wert sind. Zur einfacheren Interpretation der Erfüllungsgrade wurden den Bewertungsstufen Prozentwerte zugeordnet.

- **Bewertungsüberschriften:**

Im linken Bereich befinden sich die einzelnen Gliederungspunkte des Abschnitts (z.B. „6.2.2 Kompetenz, Schulung und Bewusstsein"), denen darunter folgend die zu erfüllenden Anforderungen an ein integriertes Managementsystem zugeordnet sind. Damit die Anforderungserfüllung für alle drei Teilsysteme parallel abgefragt werden kann, wurden die in der Vergleichsmatrix (Abb. 1) aufgestellten integrierten Gliederungspunkte übernommen. Die Originalnummerierungen der Normenabschnitte sind als Kommentare hinterlegt.

Unter jedem Gliederungspunkt wird die Anforderungserfüllung parallel für die drei Systeme abgefragt. Diese Bewertung unterteilt sich in die Bewertung der Prozesse und in die Bewertung der dazugehörigen Vorgabedokumente.

- **Bewertung der Prozesse:**

Die in Kapitel 3.1 vorgestellte integrierte Vergleichsmatrix war Ausgangsbasis zum Formulieren von Bewertungsfragen mit denen der Grad der Anforderungserfüllung hinsichtlich der Prozesse identifiziert werden kann. Dazu wurden aus den Hauptanforderungen integrierten Hauptfragen abgeleitet, die unabhängig vom betrachteten Teilsystem sind. In einigen Fällen reichen diese allgemein formulierten Fragen nicht aus, um die Anforderungen komplett auszudrücken, da sich systemspezifische Teilfragen ergeben die nicht zu verallgemeinern sind. Die zugehörigen Teilanforderungen aus der integrierten Vergleichsmatrix, die sich jeweils nur auf ein Teilsystem beziehen wurden deshalb in Form von erweiterten systemspezifischen Fragestellungen in dem entsprechenden Bewertungsbereich ergänzt und stellen eine spezifische Ergänzung zur Hauptfrage dar. Sie sind im QM-Bereich, UM-Bereich oder im AM-Bereich als Kommentare hinterlegt. Mit dieser Fragetechnik sind die Unternehmen in der Lage alle drei Teilsysteme und deren Integration parallel zu bewerten. Es wird ein möglichst geringer Aufwand verursacht, wodurch eine effektive und zeitsparende Selbstbewertung möglich wird.

Die Bewertungszahlen für die Prozesse in den Bereichen QM, UM und AM sind hinsichtlich ihrer Dokumentation, Umsetzung und Integration nach eigener Einschätzung der Anforderungserfüllung von den Unternehmen entsprechend dem Bewertungsschema in den gelben (QM), braunen (UM) oder blauen (AM) Feldern einzutragen.

- **Bewertung der Vorgabedokumente:**

Nach der Bewertung der Prozesse werden die Vorgabedokumente, die dem Prozess zugeordnet sind, bewertet. Deshalb befinden sich unter jeder Prozessbewertung die dazugehörigen Vorgabedokumente in aufgelisteter Form. Über Kommentare in den Zellen können die hinterlegten Definitionen der Vorgabedokumente abgerufen werden. Hinter den aufgelisteten Vorgabedokumenten sind Auswahlkästchen platziert, mit denen das Vorhandensein der Vorgabedokumente im jeweiligen Teilsystem im Unternehmen markiert werden kann. Es sind nur sinnvolle Auswahlkästchen vorgegeben, d.h. es sind nur in den Bewertungsbereichen der Managementsysteme Auswahlkästchen angeordnet, in denen das Vorgabedokument auch gefordert wird. Nach dem Markieren der Auswahlkästchen hat der Nutzer einen Überblick über die schon vorhandenen und noch fehlenden Vorgabedokumente. Anhand dessen kann er im Bewertungsfeld (Rosa) unter "Dokumentation" bewerten wie gut die Dokumentation der Vorgabedokumente der einzelnen Prozesse ist. Im Anschluss daran muss die Lenkung der Vorgabedokumente im Unternehmen unter „L" und im letzten Schritt der Grad der Integration der UM und/oder AM-Vorgabedokumente in die QM-Vorgabedokumente bewertet werden.

3.4 Identifikation des Handlungsbedarfs

Um dem Unternehmen das Ergebnis des Schrittes „Überprüfen" des Deming-Kreislaufs übersichtlich zur Verfügung zu stellen, wurde eine automatische Auswertung der Selbstbewertung implementiert (Abbildung 4).

Selbstbewertungsbereich		Gesamtergebnis							
6. Management von Ressourcen		QM-System		UM-System			A&G-M-System		
		D	L/A	D	L/A	I	D	L/A	I
6.2 Personelle Ressourcen	●	Prozesse	100%	100%	25%	92%	50%	33%	92%	58%
		Vorgabedokumente	100%	100%	50%	75%	42%	75%	75%	42%
6.3 Infrastruktur	●	Prozesse	100%	75%	50%	100%	50%	50%	100%	50%
		Vorgabedokumente	50%	100%	50%	100%	50%	100%	100%	75%
6.4 Arbeitsumgebung	●	Prozesse	100%	75%						
		Vorgabedokumente	50%	100%	50%	50%	75%	25%	50%	75%
Gesamtbewertung			83%	92%	45%	83%	53%	57%	83%	60%

Abb. 4: Ausschnitt Auswertung der Selbstbewertung

Der Handlungsbedarf hinsichtlich der Anforderungserfüllung kann damit schnell ermittelt werden, indem dem Nutzer die kritischen Stellen des integrierten Managementsystems angezeigt werden. Nach der eigentlichen Selbstbewertung stellt die Komponente „Gesamtüberblick Selbstbewertung" die farblich hinterlegten Ergebnisse der Selbstbewertung zusammenfassend dar. Zur visuellen Darstellung ist die Ampelsystematik gewählt worden, sodass der Handlungsbedarf für die Unternehmen unmittelbar ersichtlich wird. Die roten Bereiche weisen auf einen starken Handlungsbedarf hin, während die grünen Bereiche eine ausreichende Erfüllung der Anforderungen signalisieren. Durch das Gesamtergebnis werden schnell Schwachstellen identifiziert. Dies stellt die Ausgangsbasis für eine sich anschließende effiziente Problemlösung und Entwicklung geeigneter Maßnahmen dar.

3.5 Bereitstellung von Handlungsempfehlungen

Um den Schritt „Verbessern" des Deming-Kreislaufs zu optimieren gibt das Werkzeug einem Unternehmen anhand der Ergebnisse der Selbstbewertung Handlungsempfehlungen zur Verbesserung seines Managementsystems. Diese Empfehlungen beinhalten geeignete Schritte für ein zielgerichtetes weiteres Vorgehen zur Verbesserung des Managementsystems. In Abbildung 5 ist ein Ausschnitt möglicher Handlungsempfehlungen dargestellt.

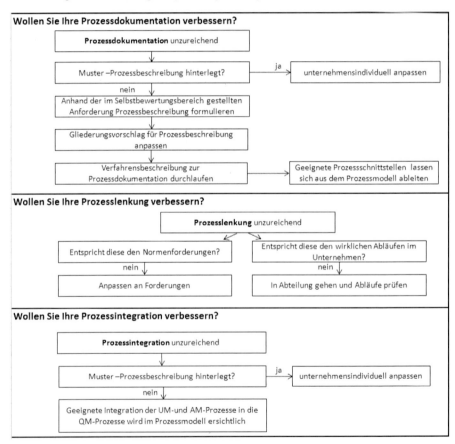

Abb. 5: Handlungsempfehlungen Prozessverbesserung

3.6 Maßnahmenentwicklung

Anhand der vom Werkzeug gegebenen Handlungsempfehlungen (Kapitel 3.5) können Unternehmen im Rahmen einer Maßnahmenentwicklung ihr Managementsystem verbessern. Das Werkzeug stellt dazu verschiedene Funktionen bereit, die über Verlinkungen in der „Zentrale" zu erreichen sind (Abbildung 6).

Gesamtüberblick Selbstbewertung	Selbstbewertungsbereich	Notizen	Prozessmodell	Dokumentenmodell	Empfohlene Maßnahmen		
					Prozesse	Empfehlung	Vorgabedokumente Empfehlung
6. Management von Ressourcen							
6.2 Personelle Ressourcen	6.2.2 Kompetenz, Schulung und Bewusstsein	Notizen	Management-prozesse/ 6.2 Personelle Ressourcen	Zugang	Flussdiagramm Schulung VA Personelle Ressourcen		Betriebsanweisung Batteriebetriebene Arbeitsmittel Betriebsanweisung Hydraulik- u Leichtmasch-ol (rot)

Abb. 6: Ausschnitt aus der „Zentrale"

In der „Zentrale" sind die verschiedenen Funktionen, die das Werkzeug bereitstellt, in Bezug zueinander gesetzt. Bezugspunkt zur Gegenüberstellung sind hier die Gliederungspunkte aus dem Selbstbewertungsbereich, die den integrierten Gliederungspunkten der Vergleichsmatrix (Abbildung 1) entsprechen.

- **Einordnung in Prozessmodell**

In dem Werkzeug ist ein integriertes Prozessmodell für ein integriertes Managementsystem hinterlegt. In dem Modell ist definiert, welche Managementprozesse aus den drei Teilsystemen ineinander integriert wurden und an welcher Stelle in der Norm Anforderungen an diese Prozesse gestellt werden. Die einander zugeordneten QM-, UM- und AM-Prozesse sind zu integrierten Prozessbezeichnungen zusammengefasst [11]. Das im Werkzeug vorgegebene Prozessmodell kann unternehmensindividuell angepasst werden. Um ein integriertes Managementsystem aufbauen zu können müssen diese Prozesse im Unternehmen eingeführt, dokumentiert und gelenkt werden. Das Prozessmodell wird in die Bereiche „Managementprozesse" „Wertschöpfende Prozesse" und „Unterstützende Prozesse" eingeteilt. In Abbildung 7 ist ein Ausschnitt aus den Managementprozessen des Prozessmodells dargestellt. Jede der drei betrachteten Normen fordert die Bereitstellung von geeigneten Ressourcen, um die Teilsysteme aufbauen zu können. Deshalb sind diese Prozesse zu einem Integrierten Prozess im Rahmen des Prozessmodells zusammengefasst.

Abb. 7: Ausschnitt Prozessmodell

Notwendige Ressourcen sind personelle Ressourcen (6.2), die über Schulungen und Unterweisungen herausgebildet werden können sowie die Ressource Infrastruktur(6.3)/ Arbeitsumgebung (6.4) wie etwa Filtersysteme zur Reduktion von Emissionen oder persönliche Schutzausrüstung für die Mitarbeiter. Geeignete Verantwortlichkeiten der Mitarbeiter (5.5.1/5.5.2) müssen festgelegt und für alle drei Teil-Managementsysteme bekannt gemacht werden, damit den Mitarbeitern ermöglicht wird die an sie gestellten Anforderungen zu erfüllen.

Über die „Zentrale" (Abbildung 8) hat der Nutzer einen Zugang zu dem im Werkzeug hinterlegten Prozessmodell, da dort den Gliederungspunkten der Selbstbewertung die Prozesse des integrierten Prozessmodells zugeordnet sind. Zur Orientierung bei der eigentlichen Maßnahmenentwicklung können die Unternehmen darüber den vorher bewerteten Prozess, an den eine Anforderung gestellt wird, in das integrierte Prozessmodell einordnen. Die Intention des Prozessmodells ist, Teile des Integrierten Managementsystems in einen Gesamtzusammenhang zu bringen sowie vor- oder nachgelagerte Prozesse zu identifizieren.

- **Einordnung in Dokumentenmodell**

Im Rahmen des integrierten Managementsystems muss eine einheitliche Dokumentationsstruktur festgelegt werden. Dafür ist ein Dokumentenmodell in Form einer Mind-Map erstellt worden, mit der Zusammenhänge visuell dargestellt werden können. Ausgangspunkt des Dokumentenmodells ist das entwickelte Prozessmodell. Auf der untersten Ebene befinden sich die Vorgabedokumente, die den Prozessen zugeordnet werden können. Der Integrationsbedarf der einzelnen

Vorgabedokumente ist visuell dargestellt. Über Verlinkungen können die Unternehmen zu den Muster-Prozessbeschreibungen und Muster-Vorgabedokumenten, die im Werkzeug hinterlegt sind, gelangen. Die Unternehmen können dieses Modell sowie die hinterlegten Muster-Prozessbeschreibungen und Muster-Vorgabedokumente auf ihre Bedürfnisse anpassen. Über Symbole und Pfeile können die unternehmensindividuellen Zusammenhänge zwischen den Vorgabedokumenten visuell dargestellt werden. Das Dokumentenmodell ist somit ein geeignetes Instrument, um eine unternehmensindividuelle Dokumentenstruktur aufzubauen und zu pflegen.

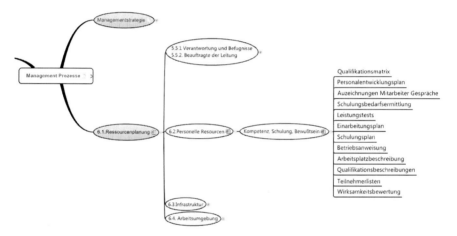

Abb. 8: Ausschnitt Dokumentenmodell

Wird bei der Maßnahmenentwicklung ein Vorgabedokument betrachtet, das einzuführen oder zu verbessern ist, kann dieses im Dokumentenmodell eingeordnet werden. Damit werden z.B. Prozesse, denen das Vorgabedokument zugeordnet werden kann, und der notwendige Integrationsbedarf ersichtlich.

Werkzeug zur Weiterentwicklung des integrierten
Managementsystems

- **Erarbeitung von Maßnahmen**

In der „Zentrale" (Abb. 8) sind dem Selbstbewertungsbereich geeignete Maßnahmen (Muster-Prozessbeschreibungen/Muster-Vorgabedokumente) zur Beseitigung der identifizierten Schwachstellen zugeordnet. Diese Maßnahmen können Unternehmen dabei helfen, die bislang nicht erfüllten Anforderungen an ein integriertes Managementsystem aufwandsarm zu erfüllen. Die Maßnahmen berücksichtigen den notwendigen Integrationsgrad der in einem integrierten Managementsystem gefordert wird. Sie können unternehmensindividuell auf die Gegebenheiten und speziellen Begrifflichkeiten angepasst werden.

3.7 Dokumentation der kontinuierlichen Verbesserung

Die Unternehmen sollten in regelmäßigen Abständen den IST-Zustand ihres Managementsystems im Selbstbewertungsbereich überprüfen. Der Selbstbewertungsbereich erlaubt eine strukturierte und reproduzierbare Bewertung der Anforderungserfüllung, wodurch eine Vergleichbarkeit der Ergebnisse aus unterschiedlichen Bewertungen möglich ist. Somit sind der Fortschritt und die kontinuierliche Verbesserung über die Zeit messbar und die Entwicklung des Standes des Managementsystems nachvollziehbar.

Eine weitere Dokumentation des kontinuierlichen Verbesserungsprozesses erfolgt über die Notizfunktion des Werkzeugs. Um die Schritte „Überprüfen" und „Verbessern" des Deming-Kreises zu dokumentieren, befinden sich im Selbstbewertungsbereich sowie im Maßnahmenbereich der „Zentrale" Zugänge zu dieser Notizfunktion. Der Notizbereich ist tabellarisch aufgebaut und entspricht der Gliederung des Selbstbewertungsbereiches (Abb. 9).

Werkzeug zur Weiterentwicklung des integrierten Managementsystems

Selbstbewertungsbereich	Notizen	
	Prozesse	Vorgabedokumente
6. Management von Ressourcen		
6.2.2 Kompetenz, Schulung und Bewusstsein		
6.3 Infrastruktur		
6.4 Arbeitsumgebung		

Abb. 9: Aufbau des Notizbereiches

Auf die im Zuge der Bewertung dokumentierten und spezifizierten Schwachstellen, Ursachen und evtl. bereits dokumentierte Ansätze für mögliche Maßnahmen im Notizbereich kann anschließend bei der eigentlichen Maßnahmenentwicklung zugegriffen werden. Daran anschließend können im Notizbereich konkrete Maßnahmen und die neu definierten Standards des Unternehmens dokumentiert werden. Über diese Notizfunktion werden somit die Schritte „Überprüfen" und „Verbessern" des Deming-Kreises miteinander verknüpft. Durch die Dokumentation der Schwachstellen und Maßnahmen kann anschließend eine Wirksamkeitsbewertung der entwickelten Maßnahmen durchgeführt werden, was zusätzlich Informationen über den Grad der Umsetzung einer kontinuierlichen Verbesserung im Unternehmen liefert.

4 Zusammenfassung

Damit KMU die Komplexität der verschiedenen Managementsysteme aus den Bereichen Qualität, Umwelt und Arbeitsschutz handhaben können, können sie diese zu einem integrierten Managementsystem zusammenführen. Der Aufbau und das Weiterentwickeln eines integrierten Managementsystems sind für KMU jedoch oftmals mit einem zu hohen personellen und finanziellen Aufwand verbunden.

Deshalb wurde ein Werkzeug entwickelt, mit dem Unternehmen im Rahmen einer internen Selbstbewertung stetig den aktuellen Stand des integrierten Managementsystems bewerten können. Dazu ist eine Fragetechnik entwickelt worden, mit der parallel der IST-Zustand der Prozesse und Vorgabedokumente der Teil-

Systeme Qualität, Umwelt und Arbeitsschutz sowie deren Integrationsstand bewertet werden können. Die Ergebnisse der Bewertung werden vom Werkzeug automatisch ausgewertet und dem Nutzer übersichtlich präsentiert, wodurch für ihn der Handlungsbedarf unmittelbar ersichtlich wird.

Neben dem Durchführen einer Selbstbewertung gibt das Werkzeug auch Unterstützung bei der Maßnahmenentwicklung zur Verbesserung des Managementsystems. Dazu werden Handlungsempfehlungen gegeben sowie geeignete Maßnahmen (z.B. Musterdokumenten) bereitgestellt, mit denen Unternehmen die fehlenden Anforderungen an ein integriertes Managementsystem aufwandsarm und effizient erfüllen können.

Literatur

[1] Hoyle D.: ISO 9000 quality systems handbook, Butterworth-Heinemann, 2005.

[2] Abdullah A.M.: Introduction to environmental management system, Penerbit UTM, 2007.

[3] Delmas M.A.: An Institutional Perspective on the Diffusion of International Management Standards: The Case of Environmental Management Standard ISO 14001, ISBER Publications, 08-01-2007.

[4] Karwowski W.: Handbook on standards and guidelines in ergonomics and human factors, Routledge, 2006.

[5] Norman A., Keith, J.D.: OHSAS 18001: The Emerging International Standard in Health and Safety Management Systems, ASSE Professional Development Conference and Exposition, Seattle, Washington.June 11 - 14, 2006.

[6] Pischon A., Liesegang D.G.: Integrierte Managementsysteme für Qualität, Umweltschutz und Arbeitssicherheit: Mit 10 Tabellen. Berlin: Springer, 1999.

[7] Behrends, K.-U.: Integriertes Managementsystem gegen das Risiko; in: QZ - Qualität und Zuverlässigkeit, Hanser Verlag, ISSN 0720-1214, Heft 3/2010, S. 53. 2010.

[8] Pardy W.: Integrated management systems: leading strategies and solutions, Government Institutes, 2009.

[9] Hering, E.; Triemel, J.; Blank, H.-P.: Qualitätsmanagement für Ingenieure, Springer-Verlag, Berlin, 2003.

[10] Robitaille, D. E.: Iso 9001:2008 for Small and Medium-sized Businesses, American Society for Quality, 2010.

[11] Crostack, H.-A.; Kolbe, C.; Refflinghaus, R.: Tools for integrated management systems in tool and cutlery industry. In: Proceedings of the 13th QMOD Conference on Quality and Service Sciences ICQSS2010, Cottbus, 30.08.-01.09.2010.

Verbesserung der Maschinenverfügbarkeit durch Zustandsprognose mit Methoden der künstlichen Intelligenz

M.Sc. Volker Renken, Dr.-Ing. Gerald Ströbel, Prof. Dr.-Ing. Gert Goch

Bremer Institut für Messtechnik, Automatisierung und Qualitätswissenschaft (BIMAQ)

Abstract

Die Verfügbarkeit von Produktionsmaschinen und -anlagen ist eine bedeutende Kennzahl im Qualitätsmanagement. Das Ziel der hier vorgestellten zustandsorientierten Instandhaltungsstrategie ist, die Verfügbarkeit durch die permanente Prognose des Systemzustandes einzelner Maschinen-komponenten zu maximieren. Zur Prognose von Störungen und Ausfällen müssen die Einflussgrößen identifiziert und deren Auswirkungen auf die Ausgangsgrößen bestimmt werden. Ist der Zu-sammenhang zwischen Einflussgrößen und Ausgangsgröße nicht direkt abzuleiten, können Methoden der künstlichen Intelligenz (KI) diese Aufgabe übernehmen. In mehreren Schritten wird ein lernfähiges Modell aufgebaut, das aus künstlichen neuronalen Netzen besteht. Der Aufbau des Modells erfolgt in einem Trainingsvorgang, in dem das Netz die Zusammenhänge zwischen den Einflussgrößen und der Ausgangsgröße aus bestehenden Anlagendaten erlernt. Um die Modellbildung zu beschleunigen und die Prognoseergebnisse zu verbessern, werden nicht nur die Daten einer Baugruppe einer einzelnen Anlage verwendet, sondern auch weitere Daten baugleicher Baugruppen und Anlagen in die Datenbasis integriert. Somit erhält man ein verbessertes Modell, das optimal auf die Baugruppe oder Maschine abgestimmt ist.

Die Anwendung dieser Methoden ermöglicht eine zuverlässigere Prognose des aktuellen Maschi-nenzustandes, dadurch eine besser planbare flexible Instandhaltung und erhöht somit die Verfügbarkeit insgesamt. Die Kombination von KI und Datenaustausch zeigt, dass das Ausfallverhalten von Anlagen ohne aufwändige, explizite Modellierung erlernt werden kann.

1 Einleitung

Die Verfügbarkeit von Produktionsmaschinen und -anlagen ist eine bedeutende Kennzahl im Qualitätsmanagement. Das Ziel der hier vorgestellten zustandsorientierten Instandhaltungsstrategie ist, die Verfügbarkeit durch die permanente Prognose des Systemzustandes einzelner Maschinenkomponenten zu maximieren. Somit lassen sich durch eine bessere Planbarkeit von Instandhaltungsmaßnahmen und die Vermeidung von teuren, fehlerbedingten Eingriffen Kosten senken. Zur Prognose von Störungen und Ausfällen müssen die Einflussgrößen identifiziert und deren Auswirkungen auf die Ausgangsgrößen bestimmt werden. Ist der Zusammenhang zwischen Einflussgrößen und Ausgangsgröße nicht direkt abzuleiten, können Methoden der künstlichen Intelligenz (KI) diese Aufgabe übernehmen. Die Anwendung dieser Methoden ermöglicht eine zuverlässigere Prognose des aktuellen Maschinenzustandes, dadurch eine besser planbare flexible Instandhaltung und erhöht somit die Verfügbarkeit insgesamt. Diese Methode wurde im Rahmen des Projektes „Steigerung der Instandhaltungsqualität durch maschinenspezifische Informationen am Beispiel der Papier- und Druckweiterverarbeitung" erarbeitet. Neben dem BIMAQ waren hieran mehrere Papierverarbeitungsunternehmen, das Institut für Integrierte Produktion Hannover gGmbH (IPH) und die Forschungsvereinigung Forschungsgemeinschaft Qualität e.V. (FQS) beteiligt.

2 Zustandsprognose

Bei der Planung von Instandsetzungsmaßnahmen ist eine Kenntnis des aktuellen Maschinenzustands von großer Bedeutung. Treten Ausfälle oder Störungen auf, können die verantwortlichen Ursachen oder fehlerhaften Maschinenzustände unter Umständen nicht direkt identifiziert beziehungsweise gemessen werden. Es gibt Abhängigkeiten von mehreren Größen auf die interessierende Zustandsgröße, ihr Zusammenhang ist jedoch nicht immer mit vertretbarem Aufwand analytisch quantifizierbar. Wie in Abbildung 1 dargestellt, kann in solchen Fällen ein datenbasiertes Lernverfahren zur Modellbildung verwendet werden, sofern Daten aus der Vergangenheit oder von vergleichbaren Anlagen vorhanden sind. Hierbei müssen die Daten neben den messbaren Eingangsgrößen, die auf das System einwirken, auch die zu prognostizierende Ausgangsgröße enthalten.

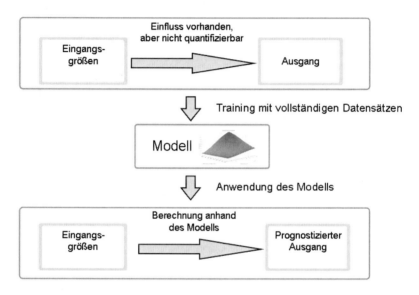

Abb. 1: Grundprinzip einer modellbasierten Zustandsprognose

Der Lernvorgang erzeugt ein Modell, das alle Zusammenhänge abbildet, die in den Ein- und Ausgangsdaten der Datenbasis explizit oder implizit vorhanden sind [1]. Daraufhin wird auf der Basis aktueller Messdaten aus dem Prozess der Prognosewert für den Maschinenzustand berechnet. In Tabelle 1 sind die analytische Methode und die KI-basierte Methode zur Modellbildung gegenübergestellt. Die Vorteile von KI-Methoden sind insbesondere in der impliziten Integration von nicht offensichtlichen Zusammenhängen zu sehen, ohne dass ein Experte den Gesamtprozess modellieren muss. Außerdem liegen Vorteile in der guten Adaptionsfähigkeit, sowohl bei leichter Veränderung des Prozesses als auch bei einer Übertragung auf weitere Anwendungen.

Tab. 1: Vorteile von KI-Methoden

Eigenschaft	Analytische Methode	KI-Methode
Anspruch	Umfangreiches Expertenwissen zur Modellierung erforderlich	Expertenwissen nur für die Auswahl der Einflussfaktoren erforderlich
Flexibilität	Nach Erstellung sind Modelleigenschaften festgelegt	Kontinuierliche Verbesserung durch Lernen von zusätzlichen Daten
Adaptionsfähigkeit	Adaption nur durch Eingriff eines Experten	Automatische Adaption bei Veränderungen der Randbedingungen
Spezifizierung	Modelltyp stark anlagenspezifisch	Leichte Übertragbarkeit der Methode auf andere Anwendungen
Berücksichtigung	Nur erkannte Zusammenhänge können berücksichtigt werden	Implizite Integration von nicht offensichtlichen Zusammenhängen

3 Methoden des maschinellen Lernens

Für das maschinelle Lernen stehen verschiedene Techniken zur Verfügung. Es werden in der Informatik vor allem statistische Lernverfahren verwendet [7], in denen die Wahrscheinlichkeit der Zugehörigkeit zu einer Klasse mit Hilfe von Bayes-Netzen betrachtet wird. Für kontinuierliche und multi-dimensionale Probleme bieten sich dagegen künstliche neuronale Netze (KNN) und instanzbasierte Verfahren an, wie die Methode der nächsten Nachbarn (MNN) [7]. Die Gemeinsamkeit der Lernverfahren liegt in der Erzeugung eines Modells, welches die Zusammenhänge zwischen Eingangsgrößen und Ausgangsgröße abbildet. Der Ausgang des Lern-Algorithmus repräsentiert die zu prognostizierenden Größe.

In Abbildung 2 sind die Grundfunktionen für ein maschinelles Lernverfahren dargestellt. Um die Güte des erzeugten Modells beurteilen zu können, ist eine Aufteilung der Daten in Trainingsdaten und Verifikationsdaten erforderlich. Mit den Trainingsdaten wird das Modell iterativ erzeugt und anschließend gespeichert.

Die Verifikationsdaten dienen dem Test des Modells. Der Gütegrad bestimmt sich aus der Differenz zwischen dem bekannten Zustandswert des Verifikationsdatensatzes und des vom Modell berechneten Prognosewertes. Der Absolutwert des Gütegrades hängt von der Wertespanne und der Streuung der Eingangsgrößen ab. Charakteristisch für den Lernerfolg im Verlauf des Trainierens ist ein zunehmender Gütegrad während der Verarbeitung neuer Datensätze, d. h. das Modell lernt sukzessive und kann die Abhängigkeiten im Laufe des Trainings immer besser abbilden.

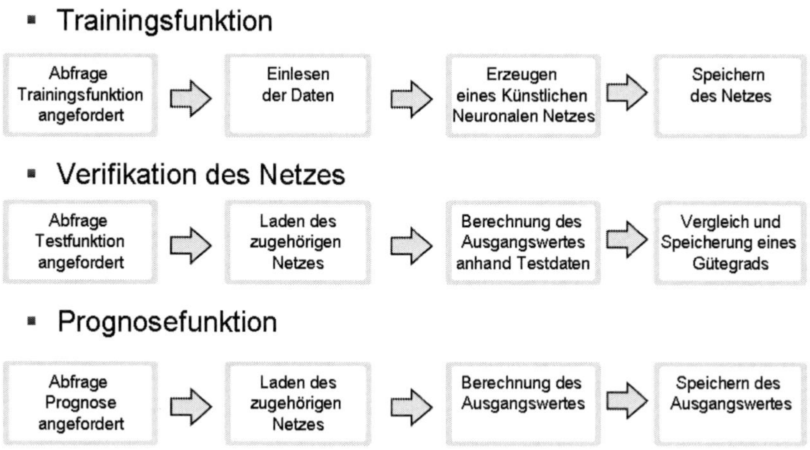

- Trainingsfunktion

Abfrage Trainingsfunktion angefordert	⇨	Einlesen der Daten	⇨	Erzeugen eines Künstlichen Neuronalen Netzes	⇨	Speichern des Netzes

- Verifikation des Netzes

Abfrage Testfunktion angefordert	⇨	Laden des zugehörigen Netzes	⇨	Berechnung des Ausgangswertes anhand Testdaten	⇨	Vergleich und Speicherung eines Gütegrads

- Prognosefunktion

Abfrage Prognose angefordert	⇨	Laden des zugehörigen Netzes	⇨	Berechnung des Ausgangswertes	⇨	Speichern des Ausgangswertes

Abb. 2: Funktionen des Lernverfahrens

Die Eingänge, die einen Einfluss auf die Prognosegröße haben und für die Modellbildung verwendet werden, bilden je nach Anzahl einen mehrdimensionalen Raum. Die Bereiche im Eingangsraum, für die das KNN angewendet werden soll, müssen in den Trainingsdatensätzen vorhanden und damit in das Modell integriert worden sein. Nur so kann das Modell für diese Bereiche korrekte Prognosewerte zurückgeben. Im Einzelfall kann es auch sinnvoll sein, den Lernvorgang zu beenden, wenn der Gütegrad sich nicht weiter verbessert. Dann kommt es zu einer Überanpassung, das heißt, das Modell lernt die Eingangsdaten zu genau. Es gibt bei geringen Abweichungen in der Eingangskombination einen Prognosewert mit größerem Fehler zurück, als dies ein KNN mit weniger Trainingsdaten geben würde.

3.1 Künstliche neuronale Netze (KNN)

KNN können in einem mehrdimensionalen Eingangsraum beliebige Funktionen abbilden und diesen in der Prognosefunktion einen Ausgangswert zuordnen. KNN bestehen grundsätzlich aus einzelnen Neuronen definierter Übertragungsfunktionen, deren Ausgang über Verbindungen mit den Eingängen weiterer Neuronen verbunden sind und ihren Ausgangswert mit gewichteten Aktivierungsfunktionen berechnen. Die Netztopologie und die Art der Berechnung des Ausgangswertes unterscheiden sich je nach Typ des KNN. Vorwärtsgerichtete Perceptron-Netze [6] können mehrschichtig sein, lassen aber nur Verbindungen in Ausgangsrichtung zu. Rekurrente Netze dagegen haben rückgekoppelte Verbindungen [10]. Im Forschungsvorhaben wurden Neuronen mit radialen Basisfunktionen (RBF) verwendet.

RBF-Netze sind grundsätzlich dreischichtig und vorwärtsgerichtet und verwenden symmetrische Gauß-Funktionen als Aktivierungsfunktion [10]. Sie liefern jeweils einen Funktionswert zurück, der von Amplitude und Abstand zum Zentrum des Neurons abhängig ist. Die Neuronen sind für jede Eingangsgröße regelmäßig über den von den Eingängen aufgespannten Raum verteilt. Je nach Anzahl der Eingänge kann dieser Raum auch höherdimensional sein. In diesem Raum können die RBF beliebige Eingangsfunktionen abbilden und diesen bei der Prognose einen Ausgangswert zuordnen. Im Trainingsvorgang erfolgt die Anpassung der Amplituden durch die Rekursive-Least-Square-Methode nach [4]. Hierbei wird im zweidimensionalen Fall eine Fläche derart durch die Trainingsdaten gelegt, dass die Summe der quadrierten Fehler minimal wird. Die Gesamtamplitude des RBF-Netzes ergibt sich als Summe der Ausgangswerte aller Einzelneuronen. In Abbildung 3 ist die Ausgangsfunktion eines zweidimensionalen

RBF-Netzes abgebildet, das den Verschleißgrad eines Buchrückenfräsers prognostiziert.

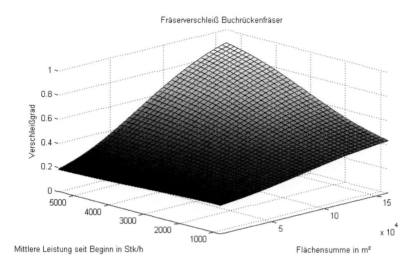

Abb. 3: Ausgangsfunktion einer KNN-Beispielanwendung

3.2 Methode der nächsten Nachbarn (MNN)

Die MNN ist in der Statistik weit verbreitet und ein instanzbasiertes Lernverfahren, das heißt sie berücksichtigt direkt die Instanzen der Datenpunkte [2]. Sie setzt voraus, dass ein Datenpunkt mit vergleichbaren Eingangswerten auch einen ähnlichen Ausgangswert haben muss. Über ein Distanzmaß werden die Datenpunkte bestimmt, die dem aktuellen Datensatz am nächsten liegen. Die Berechnung eines Prognosewertes umfasst zunächst das Laden der Daten aus der Datenbank und die Normierung dieser, damit alle Eingänge gleichen Einfluss auf das Distanzmaß haben (Abbildung 4). Daraufhin werden die nächsten Nachbarn der Dateninstanzen gesucht, um aus ihnen einen Mittelwert für den Ausgang zu berechnen. Der Einfluss der Einzelinstanzen auf den Mittelwert, der schließlich zurückgegeben wird, kann optional über das Distanzmaß gewichtet werden.

- **Prognose mit MNN-Methode**

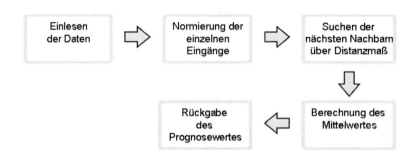

Abb. 4: Prognosefunktion der MNN

Um das Ergebnis der Prognose zu verbessern und Fehler durch einzelne inkorrekte Datenpunkte abzumildern, kann die Anzahl der nächsten Nachbarn an die Aufgabe angepasst werden. Trotz dieser einfachen Struktur des Verfahrens liegt die Genauigkeit oft über der Genauigkeit anderer Lernverfahren [9].

Vorteile der MNN sind, dass sie einfach implementiert werden kann, mit wenigen Daten schon gute Ergebnisse liefert, keine aufwendige Modellbildung erfordert und auch für nicht trainierte Bereiche gut extrapoliert. Sie erfordert allerdings eine Speicherung aller Instanzen, was bei großen Datenmengen zu einem großen Speicherbedarf und einer erhöhten Rechenzeit bei der Prognose führt. Diese Nachteile können beseitigt werden, indem man die Menge der zulässigen Instanzen begrenzt, d. h. die Punkte zusammenlegt, die eine minimale Distanz zueinander aufweisen. Bei der Berechnung des Distanzmaßes sind die Wertebereiche der Parameter zu berücksichtigen, da der absolute Abstand bei unterschiedlichen Eingangsvariablen auch eine unterschiedliche Wirkung hat. Deshalb wird das Distanzmaß auf die Wertebereiche der Eingänge normiert. In Tabelle 2 sind die Unterschiede der beiden betrachteten Lernverfahren aufgestellt.

Tab. 2: Vergleich der Lernverfahren

Eigenschaft	Künstliche neuronale Netze	Methode der nächsten Nachbarn
Verhalten bei großen Datenmengen	Speicherbedarf bleibt gleich	Speicherbedarf nimmt linear zur Anzahl der Eingangsdaten zu
Aufbau des Modells	Berechnung aufwändig	Keine Modellberechnung – nur geordnete Speicherung des Daten
Echtzeitfähigkeit des Modells	Geringer Berechnungsaufwand – Gute Echtzeitfähigkeit	Bei vielen Daten großer Berechnungsaufwand – Geringere Echtzeitfähigkeit
Nachvollziehbarkeit	Strukturen und Einzeleigenschaften des Systemmodells sind nicht transparent, zielgerichtetes Anpassen von Eigenschaften daher nicht möglich	Große Transparenz des Algorithmus bei der Berechnung
Optionen	Transparenz kann bei Verwendung von radialen Basisfunktionen vergrößert werden	Speicherbedarf und Rechenzeit können bei großen Datenmengen durch Zusammenfassen ähnlicher Datensätze begrenzt werden

4 Anwendung

Die beschriebenen Methoden des maschinellen Lernens wurden als ausführbares, eigenständiges Programm für die prozessbegleitende Zustandsprognose umgesetzt. Diese Software-Anwendung (Abbildung 5) unterteilt sich in die grafische Benutzungsoberfläche (Graphical User Interface - GUI), das Prognosemodul und eine Datenbank (DB). In der DB sind die Trainings-, Verifikations- und Mess-Daten sowie das Modell mit seinen Modellparametern gespeichert. Die Verwendung einer eigenständigen Datenbank hat den Vorteil, dass eine einheitliche, definierte Schnittstelle zum Speichern aller Daten existiert. Die Anwendung ist so generalisiert einsetzbar, das Einfügen der Daten in die Datenbank ist dadurch auch von externen Maschinensteuerungen einfach möglich. Sowohl das

Prognosemodul als auch die GUI sind mit Hilfe des Softwaresystems Matlab erstellt worden.

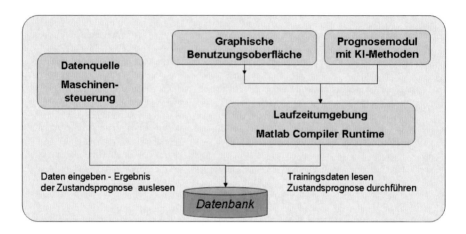

Abb. 5: Struktur der Software-Anwendung

Stand-Alone-Applikationen unter Matlab erfordern die Matlab Compiler Runtime (MCR) als sogenannte Laufzeitumgebung, d. h. nach Installation der MCR ist die kompilierte Anwendung ausführbar. DB, GUI und Prognosemodul sind somit auch auf Rechnern ohne die Matlab-Entwicklungsumgebung lauffähig.

Die MySQL-Datenbank steht als Schnittstelle und Datenspeicher im Zentrum der Anwendung. Die Maschinensteuerung schreibt fortlaufend Prozessdaten in die DB und liest das Ergebnis der Zustandsprognose zyklisch aus. Das Prognosemodul seinerseits erhält die Trainingsdaten aus der Datenbank, erzeugt daraus ein Modell und schreibt Prognosewerte bzw. den Gütegrad während der Verifikation in die Datenbank zurück. Gesteuert wird das Prognosemodul über die GUI (Abbildung 6).

Verbesserung der Maschinenverfügbarkeit durch Zustandsprognose mit Methoden der künstlichen Intelligenz

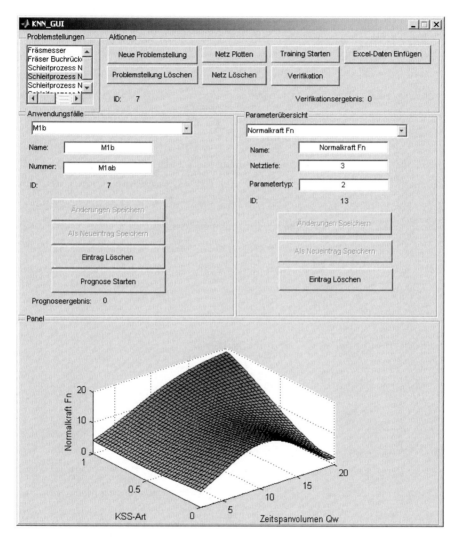

Abb. 6: Anwendungsoberfläche zur Datenverwaltung und Funktionssteuerung

In dieser Anwendungsoberfläche können Problemstellung, Anwendungsfälle und zugehörige Parameter angelegt, bearbeitet und entfernt werden. Der abstrakten Problemstellung werden die Ein- und Ausgangsparameter des Modells und mehrere konkrete Anwendungsfälle zugeordnet. Jeder Anwendungsfall ist also eine konkrete Instanz der abstrakten Problemstellung. Diese Unterscheidung unterstützt eine schnelle und allgemeingültige Modellbildung und erhöht letztlich die Güte und die Prognosesicherheit. Die Zustandsprognose für einen speziellen Anwendungsfall basiert auf den Daten weiterer Anwendungsfälle der gleichen Problemstellung. Training und Verifikation sind auf die zu definierende, abstrakte Problemstellung bezogen, während sich die fortlaufende Prognose auf jeden spezifischen Anwendungsfall bezieht.

Diese Vorgehensweise erlaubt den Austausch von Betriebs- und Prozessdaten zwischen Herstellern und Betreibern von papierweiterverarbeitenden Anlagen und unterstützt dadurch sowohl die Schwachstellenanalyse als auch die Modellbildung zur prozessbegleitenden Zustandsprognose. Durch das offene Konzept ist die Software insbesondere interessant für weitere Prognoseanwendungen, wie z. B. bei Windenergieanlagen, da hier ebenfalls viele vergleichbare Einheiten existieren.

5 Fazit und Ausblick

KI-Methoden können die Zuverlässigkeit von Zustandsprognosen verbessern und damit das Qualitätsmanagement unterstützen. Durch die vorgestellten Lernverfahren werden sowohl Erfahrungen aus „der Vergangenheit" als auch aus anderen Schadensentwicklungen verwendet, um ähnliche Muster in aktuellen Prozessen zu erkennen und rechtzeitig korrigierend in den Prozess eingreifen zu können. Eine umfassende prozessbegleitende Prognose ist allerdings nur bei einer ebenso umfassenden Datenakquisition möglich, da das Prognosemodul nur Zusammenhänge prognostizieren kann, die auch in den Trainingsdaten des Modells schon einmal vorhanden waren. Eine genauere Kenntnis der aktuellen Anlagenzustände führt zu einer Vermeidung von Störungen und Fehlern. Somit können das Ausfallverhalten und erforderliche Instandhaltungsarbeiten durch das intelligente Lernverfahren besser geplant werden.

Die eingeführten KI-Methoden haben sich in verschiedenen Technologiefeldern bewährt [3, 8, 11] und ein breiter Transfer auf industrielle Anwendungen erscheint sinnvoll. In der industriellen Steuerungs- und Regelungstechnik haben Methoden mit unscharfer Logik (Fuzzy-Systeme) beispielsweise längst Einzug gehalten, wohingegen die hier beschriebenen KI-Methoden dort noch nicht verfügbar sind [5]. Weitere Untersuchungen und Entwicklungen können zeigen, inwieweit maschinelle Lernverfahren in Steuerungen integriert werden können. Außerdem liefern die automatisierte Auswahl der Parameter eines Problems sowie die Vorverarbeitung der Datensätze weiteren Forschungsbedarf.

Literatur

[1] Ament, C.; Goch, G.: Process Oriented Approach to Automated Quality Control. Annals of the CIRP 50/I, 2001, S. 251-254.

[2] Cover, T. M.; Hart, P. E.: Nearest Neighbor Pattern Classification. IEEE Transactions on Information Theory 13, 1967, S. 21-27.

[3] Dijkman, M.; Goch, G.: Qualitätsregelungen für die Verzugsgerechte Herstellung von Wälzlagerringen. In: Goch, G. (Hrsg.): Berichte zum Qualitätsmanagement, Band 10, Innovationsqualität: Qualitätsmanagement für Innovationen, 10. Jahrestagung der GQW, Bremen. Shaker Verlag, Aachen, 2008. - ISBN 978-3-8322-6975-3, S. 33-40.

[4] Isermann, R.: Identifikation dynamischer Systeme. Springer, Berlin [u.a.], 1988.

[5] Kroll, A.; Mikut, R.: Computational Intelligence. at - Automatisierungstechnik 56, 2008, Nr. 7, S. 335 - 338.

[6] Lämmel, U.; Cleve, J.: Künstliche Intelligenz : mit 50 Tabellen, 43 Beispielen, 208 Aufgaben, 89 Kontrollfragen und Referatsthemen. 3., neu bearb. Aufl. Auflage. Hanser, München, 2008. - ISBN 3446413987

[7] Russell, S.; Norvig, P.; Canny, J. F.: Künstliche Intelligenz : ein moderner Ansatz. 2. Aufl., [Nachdr.]. Auflage. Pearson Studium, München [u.a.], 2007. - ISBN 3827370892

[8] Wick, C.: Einsatz neuronaler Netze zur Verbesserung der Dickentreffsicherheit in Walzwerken. Universität Dortmund, Fakultät Maschinenbau, Dissertation, Dortmund, 2003.

[9] Wrobel, S.; Morik, K.; Joachims, T.: Maschinelles Lernen und Data Mining. In: Görz, G.; Rollinger, C.-R.; Schneeberger, J. (Hrsg.): Handbuch der Künstlichen Intelligenz. Oldenbourg Wissenschaftsverlag GmbH, München, 2003.

[10] Zell, A.: Simulation neuronaler Netze. 2., unveränd. Nachdr. der Ausg. Bonn, Addison-Wesley 1994. Auflage. Oldenbourg, München [u.a.], 1997. - ISBN 3486243500.

[11] Zhang, P.; Cuypers, P.; Gerhard, C.; von Freyberg, A.; Stephen, A.; Goch, G.; Vollertsen, F.: Control model for laser chemical machining of micro forming tools. In: 2nd International CIRP Process Machine Interaction (PMI) Conference, UBC, Vancouver, 2010 - ISBN 978-0-9866331-0-2.

Design of Prototype Test Procedures (DPP) – Konzept: Analyse komplexer Verschleißmechanismen am Beispiel der Fahrzeugtechnik

Prof. Dr.-Ing. Ralf Breede[1], Prof. Dr.-Ing. Stefan Bracke[2]

[1]Fachgebiet Fertigungssysteme, Fachhochschule Köln, [2]Lehrstuhl für Sicherheitstechnik / Risikomanagement, Bergische Universität Wuppertal

Abstract

Die Entwicklung langlebiger und zuverlässiger Produkte setzt in den frühen Phasen der Produktentwicklung unter anderem die genaue Prognose eventuell auftretender Schadenskausalitäten im Produktlebenszyklus sowie die exakte Abbildung des potentiellen Produkt-Ausfallverhaltens voraus. Im vorliegenden Beitrag wird das Design of Prototype Test Procedures (DPP) - Konzept zur Auslegung von Prototyptests vorgestellt, mit dem komplexe Verschleißmechanismen aus dem Interieur- sowie Exterieurbereich von Fahrzeugen, wie sie durch den Fahrzeugnutzer im Einsatz hervorgerufen werden, im frühen Stadium der Produktentwicklung real simuliert, messtechnisch erfasst und Folgeschäden prognostiziert werden. Der innovative Ansatz des Konzeptes basiert auf der ganzheitlichen Prozessauslegung von Prototyptests durch die interdisziplinäre Verknüpfung der Bereiche Robotik, Messtechnik und statistische Zuverlässigkeitsanalytik. Zielsetzung ist die Reduzierung erforderlicher Prototyptestaufwände und damit einhergehend die Verringerung der Entwicklungszeiten und –kosten bei gleichzeitig belastbaren Zuverlässigkeits-Analysen und -Prognosen hinsichtlich des langfristig zu erwartenden Bauteil-Ausfallverhaltens.

1 Einleitung

Die Entwicklung langlebiger und zuverlässiger Fahrzeugkomponenten setzt in den frühen Phasen der Produktentwicklung unter anderem die genaue Prognose eventuell auftretender Schadenskausalitäten im Produktlebenszyklus sowie die exakte Abbildung des potentiellen Produkt-Ausfallverhaltens voraus. Zu diesem Zweck werden in der Regel Prototypbauteile in speziellen Versuchsaufbauten unter realistischen Belastungsprofilen und -zyklen getestet und ihr Schadensverhalten messtechnisch ermittelt. Die so gewonnenen Informationen können zur statistischen Analyse und Vorhersage des zukünftigen Schadensverhaltens der Komponente im Produktlebenszyklus dienen. Ist das Produkt-Ausfallverhalten sowie die statistische Prognose potentieller Schadensfälle auf Basis realistisch simulierter Belastungszyklen und modellhaft abgebildeter Feldnutzungsprofile bekannt, ermöglicht dieses eine konstruktiv sichere Auslegung des Produktes zur präventiven Vermeidung von Schwachstellen [4].

Die Herausforderung bei der Auslegung von Prototyptests besteht in der realistischen Abbildung von Beanspruchungsprofilen, die dem zukünftigen Einsatz im Produktlebenszyklus entsprechen, um das potentielle Ausfallverhalten in Folge des Nutzungsverhaltens möglichst präzise über den gesamten Produktlebenszyklus abzubilden. Des Weiteren sollte ein Prototyptest in zeitgeraffter Form entwicklungsbegleitend durchgeführt werden können, um sicherzustellen, dass die Testzeit (z.B. 6 Monate) den gesamten Produktlebenszyklus (z.B. 15 Jahre bei Fahrzeugkomponenten) abbildet. Dazu können die Schadensfälle an Komponenten durch Überbelastung erzwungen werden, wie z.B. durch HALT/HASS-Methoden in der Elektronikindustrie [10,11], wobei dieses Vorgehen nicht im Fokus der vorliegenden Forschungsarbeiten steht. Zusätzlich besteht die Schwierigkeit darin, auf der Basis kleiner Datenmengen aus Prototypentests das exakte Ausfallverhalten statistisch abzubilden und anhand weniger Prototypbauteile frühzeitig fundierte Prognosen hinsichtlich der zu erwartenden Anzahl von Schadensfällen in Bezug zur Produktionsstückzahl zu erstellen.

Im Rahmen der vorliegenden Forschungsarbeiten im Bereich der Fahrzeugtechnik sollen komplexe Verschleißmechanismen aus dem Interieur- sowie Exterieurbereich von Fahrzeugen, wie sie durch den Fahrzeugnutzer im Einsatz hervorgerufen werden, im frühen Stadium der Produktentwicklung real simuliert,

Design of Prototype Test Procedures (DPP) – Konzept: Analyse komplexer Verschleißmechanismen am Beispiel der Fahrzeugtechnik

messtechnisch erfasst und Folgeschäden prognostiziert werden. Das entwickelte „Design of Prototype Test Procedures (DPP)"-Konzept sowie eine entsprechende Fallstudie „Lackbeschädigung Türgriffmulde" werden im vorliegenden Beitrag beschrieben. Der innovative Ansatz des DPP-Konzepts liegt dabei in der ganzheitlichen, interdisziplinären Prozessauslegung von Prototyptests unter Verknüpfung des folgenden fachlichen Zusammenspiels verschiedener Disziplinen (Abb. 1):

- Abbildung realistischer Belastungsprofile an Prototypbauteilen mit einem 6-Achs-Industrieroboter gemäß dem späteren Nutzungsprofil im Produkteinsatz.
- Messtechnische Erfassung von Schadensausmaß und -fortschritt.
- Statistische Abbildung des Ausfallverhaltens und Schadensfallprognose im Rahmen einer Zuverlässigkeitsanalyse.

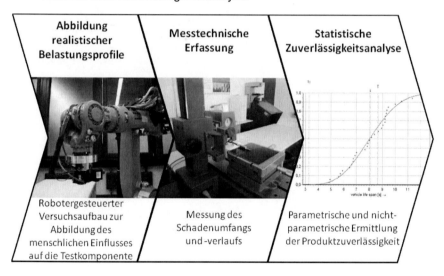

Abb. 1: Interdisziplinärer Prozess basierend auf dem DPP-Konzept

Das DPP-Konzept wird dabei im Rahmen einer Fallstudie im Fahrzeugexterieurbereich umgesetzt, die auf die Verschleißentwicklung des Fahrzeuglacks im Bereich der Türgriffmulde fokussiert (Abbildung 2), wie sie durch die Interaktion des Fahrzeugnutzers mit der Lackoberfläche hervorgerufen wird.

Abb. 2: Fallstudie „Lackbeschädigung Türgriffmulde"

2 Problematiken beim Design von Prototyptests

Im Rahmen des Produktentstehungsprozesses werden innerhalb der verschiedenen Baustufen die realistisch im Feld zu erwartenden Beanspruchungsprofile mittels Prototyptests abgebildet. Für ein zu testendes Bauteil werden die Belastungszyklen innerhalb des Tests in verschiedenen Intensitäten für den vorgegebenen Lebenszyklus ausgelegt. Die Gestaltung und der Umfang der Belastungszyklen basieren im Wesentlichen auf Erfahrungen mit vorangegangenen Bauteilserien oder Derivaten, mit denen die erforderlichen Informationen während des Einsatzes gesammelt werden konnten.

Mit Blick auf die Untersuchung von Fahrzeugkomponenten im Interieur- und Exterieurbereich, wie z.B. bei der Fallstudie „Lackbeschädigung Türgriffmulde", müssen folgende zentrale Fragestellungen berücksichtigt werden:

- Wie viele Betätigungszyklen und welche Kontaktkräfte werden realistisch durch den Fahrzeugnutzer an der betrachteten Komponente aufgebracht? Speziell bei Bauteilen, die in direkter Interaktion mit dem Nutzer stehen, ist eine breite Streuung der Belastungen zu erwarten.

- An welcher Stelle und in welche Richtung erfolgt die Krafteinleitung in die betrachtete Komponente? Hier ist die Zahl der Freiheitsgrade entweder durch die Bauteilgeometrie gegeben oder es muss eine durch den Fahrzeugnutzer bedingte Variation der Krafteinleitung zugrunde gelegt werden.

Sollte ein Produkt nach seiner Markteinführung im Feld zu häufig oder zu früh ausfallen, muss davon ausgegangen werden, dass in der Entwicklungsphase die Annahmen zu der tatsächlichen Belastung oder dem tatsächlichen Verschleißverhalten nicht korrekt getroffen wurden.

Ein weiteres Problem in der Entwicklungsphase stellt die oft große Zahl an erforderlichen Prototyptests dar, wenn nicht der Totalausfall des Bauteils als einziges Testkriterium herangezogen werden soll. In diesem Fall führt die testseitige Abbildung von realistischen, auch kleinen Belastungen zu einer hohen Zahl an Testzyklen, um die zuverlässige Bauteilauslegung auf eine umfassende Abbildung des zukünftigen Bauteilverhaltens stützen zu können. Resultierend führt dieses Vorgehen zu einem zeitaufwendigen Testumfang von mehreren Wochen oder Monaten, wenn Fahrzeugbauteile bspw. für eine geplante Nutzung von 350.000 km Laufleistung oder einem Äquivalent von 15 Jahren Fahrzeuglebensdauer betrachtet werden. Ferner erfordert die Durchführung von Prototyptests für komplexe Bauteile und besonders für komplexe Belastungsprofile aufgrund der nötigen Anzahl an Prototypbauteilen und dem entsprechenden Testaufwand ein hohes Maß an operativen Kosten. Folglich liegt das grundsätzliche Interesse in der Reduzierung der Anzahl und des Aufwands an Prototyptests und gleichzeitig in der Überführung von Testumfängen in Simulationsmethoden.

3 Ansatz des DPP-Konzeptes

Der Ansatz des „Design of Prototype Test Procedures (DPP)"-Konzepts kann unter den vorangehend beschriebenen Randbedingungen wie folgt dargestellt werden: Der Einsatz der Robotertechnik ermöglicht es zum einen, das Belastungsprofil des menschlichen Einflusses auf die Testkomponente realistisch abzubilden, zum anderen lassen sich die Belastungszyklen der gesamten Produktlebenszeit in kurzer Zeit aufbringen. Im Zusammenspiel mit der statistischen Auswertung basierend auf parameterfreien Methoden wird eine zusätzliche Reduzierung der erforderlichen Testzyklen erwartet. Können somit die Prototyptestzeiten unter vollständiger Abbildung der Belastungsprofile reduziert werden, würden in Folge dessen die Entwicklungszeiten bzw. die erforderlichen Testressourcen ebenfalls verringert. Resultierend kann eine Reduzierung im Entwicklungsaufwand, wie Mitarbeiterkapazitäten und Nutzungszeit im Testumfeld, erreicht werden. Zusätzlich führt die geringere Zahl an erforderlichen Prototypbauteilen zu weiteren Kostensenkungen. Auf dieser Basis lässt die Anwendung des DPP-Konzepts frühzeitige Aussagen zu der Bauteilzuverlässigkeit und seinem Reifegrad zu den entsprechenden Entwicklungsstufen zu. Beide Effekte haben positive Auswirkungen auf die Reduzierung von Iterationsschleifen aufgrund von unnötigen Änderungen des Bauteildesigns während der Entwicklung.

4 Design of Prototype Test Procedures – Das DPP-Konzept

Im Rahmen des vorliegenden Kapitels werden die elementaren Bestandteile des „Design of Protoype Test Procedures (DPP)"-Konzeptes vorgestellt. Des Weiteren wird die zukünftige Anwendung anhand von konkreten Fahrzeugbauteilen skizziert:

Im Focus stehen Fahrzeugbauteile des Interieur- / Exterieurbereiches, welche insbesondere durch menschliche Interaktion Verschleiß und Schadensfortschritt erfahren. Diese Art von Bauteilen ist aus vielerlei Hinsicht besonders herausfordernd. Sowohl die Bauteilanzahl als auch -varianten im Interieur- / Exterieurbereich hinsichtlich Bauteildesign und -funktionalität wachsen. Des Weiteren steigt die Anzahl der verwendeten Werkstoffe (bspw. Kunststoffe, Holzapplikationen, Aluminium, Beschichtungen). Die sich hieraus ergebende Vielzahl von Auslegungsvarianten hat einen direkten Einfluss auf die Varianz und Art des zu erwartenden Ausfallverhaltens und der hierzu zugrunde liegenden potentiellen Schadenskausalitäten.

Das „Design of Protoype Test Procedures (DPP)"-Konzept gliedert sich in insgesamt fünf elementare Bestandteile (Abbildung 3).

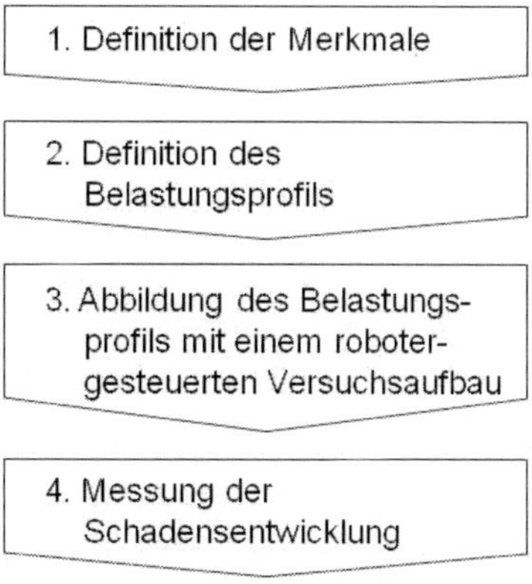

1. Definition der Merkmale

2. Definition des Belastungsprofils

3. Abbildung des Belastungsprofils mit einem robotergesteuerten Versuchsaufbau

4. Messung der Schadensentwicklung

5. Zuverlässigkeitsanalyse – nicht-parametrische und parametrische Statistik –

Abb. 3: Basiselemente des „Design of Prototype Test Procedure"-Konzepts

Die grundlegende Ausgangsbasis des DPP-Konzepts bildet die Definition der Belastungsmerkmale, welche am Bauteil durch den Prototyptest verifiziert werden sollen. Die Auswahl der Belastungsmerkmale kann durch die Methodik Design of Experiments (DoE) unterstützt werden (vgl. auch [12]). Die weiteren Bestandteile stellen die interdisziplinäre Verzahnung der folgenden Bereiche dar:

- Robotik zur Abbildung realistischer Belastungsmechanismen.
- Messtechnik zur Ermittlung des Schadensfortschritts.
- Statistische Zuverlässigkeitsanalyse zur Beurteilung und Prognose des Bauteil-Ausfallverhaltens hinsichtlich Schadenssymptom und -kausalität.

In den folgenden Abschnitten wird das Zusammenspiel der einbezogenen Disziplinen am Beispiel der Fallstudie „Lackbeschädigung Türgriffmulde" dargestellt. Der Focus liegt dabei auf der Verschleißuntersuchung des nutzerbedingten Einwirkens auf die Lackabnutzung im Bereich der Griffmulde einer Fahrzeugtür.

4.1 Definition der Merkmale

Die Auswahl geeigneter Merkmale, deren Einfluss auf die Produktzuverlässigkeit und Bauteilreife in der Entwicklungsphase verifiziert werden soll, ist der elementare erste Schritt: Das im Prototyptest erkannte Ausfallverhalten bezieht sich in der Regel auf vordefinierte Merkmale. Werden falsche Merkmale gewählt, wird das potentielle Feld-Ausfallverhalten unzureichend erkannt und ein späterer Mehraufwand zum Re-Design kann nicht ausgeschlossen werden [12]. Die Auswahl sowie Gewichtung der relevanten Merkmale kann versuchsplanerisch durch die Anwendung der Methode Design of Experiments (DoE) erfolgen. Im vorliegenden Fallbeispiel sind die wesentlichen Einflussgrößen mit dem Focus auf den Bereich der Griffmulde jedoch bereits bekannt (Abbildung 4): Ein Fahrzeuglack ist permanent witterungsbedingten Umgebungseinflüssen ausgesetzt, wie bspw. UV-Licht, Regenwasser sowie großen Temperaturunterschieden. Des Weiteren kommen regionsspezifische Einflüsse hinzu, wie bspw. Sand- oder Staubeinwirkung sowie der winterabhängige Kontakt mit Streusalz. Letztendlich bildet die nutzerbedingte Interaktion einen Beitrag im Lackbeanspruchungsprofil: bei der Betrachtung einer Fahrzeugtür wird deutlich, dass der Hauptverschleiß der Lackoberfläche im Bereich des Türgriffes zu finden ist, was auf den Verschleiß durch Berührungen mit Fingernägeln, Fahrzeugschlüsseln oder anderen Gegenständen zurück zu führen ist. Aufgrund des aktuellen Standards von Fahrzeugausstattungen mit fernbedienten Zentralverriegelungen ist der Einfluss von Fahrzeugschlüsseln auf die Lackqualität eindeutig rückläufig. Entsprechend wird im vorliegenden Fallbeispiel, neben den klimatischen und regionalen Einflüssen, als Hauptmerkmal für Lackschäden im betrachteten Bereich die Interaktion von Fingernägeln der Fahrzeugnutzer relativ zum Fahrzeuglack betrachtet.

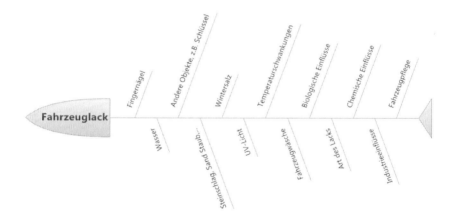

Abb. 4: Hauptsächliche Einflussgrößen auf die Beanspruchung des Fahrzeuglacks

4.2 Definition des Belastungsprofils

Das Belastungsprofil eines Prototyptests stellt die Anforderungen dar, die das Bauteil bezogen auf den Produktlebenszyklus erfüllen muss. Der Auslegung des Belastungsprofils für das jeweilige Bauteil kommt dementsprechend eine zentrale

Rolle zu. Das Profil definiert die technischen Belastungen, die auf das Bauteil wirken, sowie die entsprechenden Interaktionszeiten und Zyklenhäufigkeiten. Die durchschnittliche Fahrzeuglebensdauer liegt bei Ländern der EU zwischen 12 und 15 Jahren [9], d. h. bei Betrachtung des gesamten Fahrzeuglebenszyklus ist diese Zeit bei der konstruktiven Bauteilauslegung zu berücksichtigen. Für Produktauslegungen auf andere Zeitintervalle innerhalb des Fahrzeugbereiches (bspw. sicherheitsrelevante Bauteile) oder Bauteile aus anderen Branchen (bspw. Flugzeugbau) können auch zum Teil deutlich längere Lebensdauern von Interesse sein.

Mit Blick auf die zugrunde liegenden Untersuchungen des menschlichen Einflusses auf den Verschleiß des Fahrzeuglacks im Bereich der Türgriffmulde sind für die Definition des Belastungsprofils die folgenden Parameter relevant:

- die Anzahl der Betätigungszyklen einer Fahrertür innerhalb des Fahrzeuglebenszyklus.

- die Bewegungsbahn der menschlichen Fingernägel relativ zur Lackoberfläche.

- die Kontaktkraft der menschlichen Fingernägel beim Abgleiten auf dem Fahrzeuglack im Bereich der Türgriffmulde.

Für ein Fahrzeug im privaten Einsatz mit den Nutzungsanteilen von 47 % Stadtfahrt, 20 % Autobahnfahrt und 33 % Landstraßenfahrt kann von durchschnittlich 38.000 Betätigungen der Fahrertür innerhalb einer Laufleistung von 100.000 km ausgegangen werden [14]. Berücksichtigt man eine Fahrzeuglebensdauer von 15 Jahren und eine durchschnittliche, jährliche Laufleistung privater Fahrzeuge im Bereich der Mittelklasse von 21.000 km [5], so ergibt sich für die Anzahl der zu betrachtenden Belastungszyklen der Fahrertür ein Wert von 119.700 Türbetätigungen, der für die vorliegenden Untersuchungen zugrunde gelegt wird.

Die Bewegungsbahn von Fingerspitzen auf der Lackoberfläche bei der Betätigung einer Fahrzeugtür ist von der Geometrie der zu betrachtenden Türgriffmulde abhängig. Die vom Nutzer erzeugte Bewegung kann somit sehr unterschiedliche Formen annehmen. Im vorliegenden Fall wird die Geometrie der in Abbildung 2 dargestellten Griffmulde eines Herstellers von Mittelklassefahrzeugen zugrunde gelegt. Bei der Abstraktion der Bewegung von Fingernägeln in die Griffschale im Rahmen eines Prototyptests kommt es darauf an, dass die reale Bewegung qualitativ identisch abgebildet wird. Dabei wird deutlich, dass die Bewegung nicht zwingend an einer gekrümmten Oberfläche aufgebracht werden muss, sondern auch auf einer ebenen Fläche erzeugt werden kann, sofern die Relativbewegung zwischen beiden Kontaktpartnern äquivalent ist.

Zur Bestimmung der Krafteinwirkung des Kontaktpartners Fingernagel auf den Fahrzeuglack beim Abgleiten im Bereich einer Türgriffmulde wurden mit einem Versuchsstand, mit dem die wirkenden Kräfte beim Eingreifen in die Türgriffmulde gemessen wurden, Vorversuche durchgeführt. Daraus ergab sich eine durchschnittliche Kontaktkraft von $F = 4,57$ N sowie eine Standardabweichung von $s = 2,21$ N. Ausgangsbasis hierfür ist eine repräsentative Stichprobe bestehend aus 30 Versuchswiederholungen durch 7 Testpersonen (Abbildung 5). Gleichwohl zeigt sich in der breiten Streuung bereits der nutzerbedingte Einfluss als Herausforderung für die technischen Untersuchungen.

Design of Prototype Test Procedures (DPP) – Konzept: Analyse
komplexer Verschleißmechanismen am Beispiel der
Fahrzeugtechnik

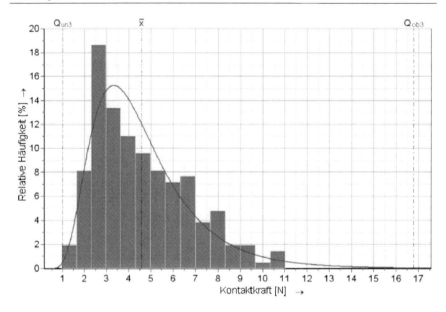

Abb. 5: Logarithmische Dichtefunktion zur Abbildung der Kräftehäufigkeitsverteilung (Interaktion Fingernagel – Lackoberfläche)

4.3 Abbildung des Belastungsprofils mit einem robotergesteuerten Versuchsaufbau

Die Voraussetzung zur Durchführung von Prototyptests auf der Basis der definierten Merkmale und Belastungsprofile ist die Entwicklung eines geeigneten Versuchsaufbaus. Alle wichtigen Einflüsse auf das zu betrachtende Bauteil müssen realitätsnah aufgebracht werden können. Des Weiteren sollte der Versuchsaufbau die Einbeziehung eines Test-Zeitraffers ermöglichen (vgl. Abschnitt 2 und 3).

Für die Abbildung komplexer Belastungsprofile an Interieur- und Exterieurkomponenten von Fahrzeugen durch die menschliche Interaktion eignen sich frei programmierbare Industrieroboter mit sechs Bewegungsachsen [1]. Deren Einsatz erlaubt es zum einen, die aufzubringende Relativbewegung der Kontaktpartner in Anlehnung an die realen Bedingungen als Bewegungsbahn zu programmieren. Zum anderen lässt sich der programmierte Ablauf automatisiert in beliebigen Intervallen reproduzieren, wodurch die zu untersuchenden Belastungszyklen aufgebracht werden können. Unter Verwendung geeigneter Sensoren kann ferner ein Kraftniveau für den abzubildenden Belastungsfall eingestellt werden [3].

Für die Untersuchungen mit dem in Abschnitt 4.2 beschriebenen Belastungsprofil steht ein 6-Achs-Industrieroboter vom Typ KUKA KR 16 mit einem Kraft-Momenten-Sensor an der Roboterhand zur Verfügung. Die Abbildung des menschlichen Einflusses auf den Fahrzeuglack erfolgte mithilfe eines künstlichen Fingernagels, der in einer Vorrichtung an der Hand des Roboters installiert wurde (Abbildung 6). Der Einsatz eines Roboters ermöglicht – in der geplanten Ausbaustufe des DPP-Konzepts – die parallele Durchführung von Prototypversuchen unterschiedlicher Exterieur- / Interieurteile innerhalb eines Versuchsstands.

Abb. 6: Versuchsaufbau Fallstudie „Lackbeschädigung Türgriffmulde"

Mit dem Ziel, den Versuchsaufbau und -ablauf zu vereinfachen, wurde die Relativbewegung des künstlichen Fingernagels nicht in der Türgriffmulde durchgeführt, sondern an einem ebenen Türabschnitt (vgl. Abschnitt 4.2). Die reale Relativbewegung der Kontaktpartner wurde durch die programmierte

Roboterbewegung in Relation zu dem ebenen Oberflächenabschnitt realisiert. Dieses Vorgehen hat den Vorteil, die erzeugten Verschleißcharakteristika am Versuchsteil in einem leichter zugänglichen Bereich mit geringerem Aufwand messtechnisch ermitteln zu können.

Die Zahl der Belastungszyklen wurde als Variable im Roboterprogramm deklariert, so dass mit diesem Versuchsaufbau die Bewegungsbahn des künstlichen Fingernagels auf der Lackoberfläche des Versuchsteils in definierten Zyklen automatisiert abgefahren werden kann (Abbildung 7). Die Wiederholungen des Bewegungsablaufs wurden in Intervallen unterbrochen, um einerseits Messungen am Versuchsteil durchzuführen und andererseits den Verschleiß des künstlichen Fingernagels zu überwachen und diesen bei Bedarf zu ersetzen.

Design of Prototype Test Procedures (DPP) – Konzept: Analyse komplexer Verschleißmechanismen am Beispiel der Fahrzeugtechnik

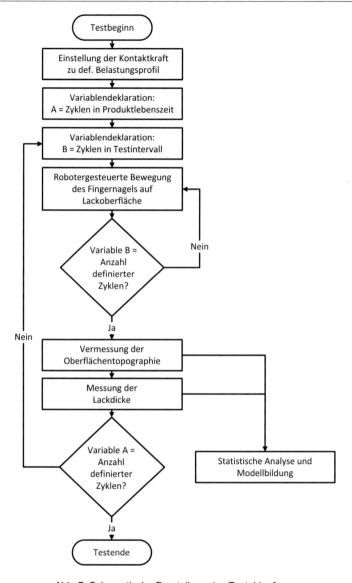

Abb. 7: Schematische Darstellung des Testablaufs

4.4 Messstrategie zur Erfassung des Verschleißfortschritts

Der Verschleißfortschritt, welcher das Ergebnis einzelner, verschiedener Einflussgrößen respektive Schadenskausalitäten ist, wird in Relation zur Produktnutzungszeit gemessen. Im vorliegenden Fallbeispiel der lackierten Fahrzeuggriffmulde wird der Verschleißfortschritt durch folgende Messstrategien erfasst [13]:

A. Messung der Oberflächentopografie,

B. Schichtdickenmessung des Lacks.

Die Vermessung der Oberflächentopographie (A) ermöglicht die quantitative Korrelation zwischen Oberflächenverschleiß und optisch wahrnehmbarer Veränderung der Oberflächenveränderung: Bei zunehmender Rauheit und Welligkeit verändert sich der optische Eindruck einer anfangs glänzend hin zu einer matt erscheinenden Oberfläche. Diese Qualitätsmerkmale werden mittels Tastschnittverfahren mit Bezugsoberfläche erfasst. Zusätzlich wird die Lackschichtdicke als Merkmal zur Beurteilung der Langzeit-Qualität erfasst (B): Die Schichtdicke reduziert sich in Abhängigkeit der absolvierten Nutzungszyklen. Hierzu wird ein handelsübliches Lack-Schichtdickenmessgerät eingesetzt.

4.5 Zuverlässigkeitsanalyse

– Einsatz nicht-parametrischer und parametrischer Statistik –

Das DPP-Konzept sieht die statistische Analyse und Modellbildung unter Zuhilfenahme parametrischer sowie parameterfreier Methoden vor. Die parametrische Statistik – als industrieller Standard – wird eingesetzt um das Verschleiß-Ausfallverhalten abzubilden und den zu erwartenden Verschleißfortschritt zu prognostizieren. Einfache Verschleißmechanismen können unter Zuhilfenahme der zwei bzw. dreiparametrigen Weibull-Verteilung (vgl. Gleichung 1) abgebildet werden. Bei Vorliegen komplexer – bspw. mehrfach seriell gestufter – Verschleißmechanismen können gewichtete Mischpopulationsansätze erforderlich sein [6]. Jedoch liegen in der Prototypenphase üblicherweise wenig Testdaten vor, so dass die parametrische Statistik zunächst nur eingeschränkt verwendet werden kann: Verteilungsmodelle, welche die Verschleißmechanismen abbilden können, können nur angenommen, jedoch praktisch nicht nachgewiesen werden. Daher wird zu einem frühen Zeitpunkt der Prototypentestphase (wenige Testdatensätze) dem Einsatz parametrischer Statistik die Anwendung parameterfreier (Test-)Statistik vorgeschaltet. Parameterfreie Statistik ist folgendermaßen gekennzeichnet [7]:

- Anwendung unabhängig des vorliegenden Verteilungsmodells.
- Verwendung kleiner Datensätze erlaubt bereits erste Signifikanz-Aussagen.
- Verhältnismäßig einfache Berechnung der Test-Statistik.

Im Rahmen der Fallstudie „Lackbeschädigung Türgriffmulde" kann die Anwendung der parameterfreien sowie parametrischen Statistik wie folgt skizziert werden: Die Analyse der Oberflächentopographie (Merkmale: Rauheit und Welligkeit; vgl. Abschnitt 4.4, Punkt A) erfolgt im Hinblick auf die Bewertung des Verschleißfortschritts. Aus einem Messzyklus, welcher sich einem definierten Nutzungszyklus anschließt, ergibt sich eine Stichprobe (Rauheits-Urwerte). Nach Abschluss mehrerer, aufeinanderfolgender Messzyklen können die gewonnenen Stichprobenergebnisse hinsichtlich Lage sowie Dispersion auf signifikante Veränderungen untersucht werden. Verwendet werden hierzu:

- Mann-Whitney-U-test (Analyse der Lage-Alternativen).
- Siegel-Tukey Test (Analyse der Dispersions-Alternativen).
- Moore & Wallis Test (Analyse möglicher Trends).

Ziel ist der Nachweis des Verschleißfortschritts über signifikante Veränderungen von Rauheit und Welligkeit in Korrelation zu den absolvierten Lastzyklen. Dieses erlaubt die indirekte, quantitative Bewertung des kundenrelevanten Merkmals

Lackoberfläche in Korrelation zu den absolvierten Prototyp-Nutzungszyklen, -zeiten sowie dem abgebildeten Produktlebenszyklus.

Die Analyse der Datensätze hinsichtlich der Vermessung der Lack-Schichtdicke (vgl. Abschnitt 4.4; Punkt B) als zweite Strategie zur Abbildung des Verschleißfortschritts gliedert sich wie folgt: Die Reduzierung der Lackdicke wird als prozentuale Zunahme des Verschleißfortschritts in Relation zurzeit abgebildet. Die zuvor nachgewiesene Veränderung der Oberflächentopographie unter Zuhilfenahme der parameterfreien Statistik wird nun mittels Weibull-Verteilungsmodell substantiiert und quantifiziert: Das Verschleißverhalten ist über die Produktlebenszeit vollständig abgebildet. Letzter Schritt ist die Prognose hinsichtlich der zu erwartenden Kundenbeanstandungen im Feld. Auf Basis der geplanten Produktionsstückzahl kann nun die Beanstandungswahrscheinlichkeit nach Markteinführung unter Verwendung industriell standardisierter Hochrechnungsverfahren – bspw. „Sudden Death" oder „Anwärterprognose" [8, 14] – hinsichtlich jeder Lebenszyklusphase prognostiziert werden. Zum Zeitpunkt der Veröffentlichung des vorliegenden Berichts wird die Analyse der gewonnenen Meßergebnisse anhand der hier skizzierten Vorgehensweise durchgeführt.

5 Zusammenfassung

Die Problematiken in der Vorbereitung und Durchführung von Prototyptests liegen in der hohen Anzahl an Prototypen sowie der Erstellung von realitätsäquivalenten Lastkollektiven bei Zeitraffertests. Resultierend ist ein hoher Ressourcenaufwand hinsichtlich Material und Mitarbeiter erforderlich, um die Tests durchzuführen und aussagefähige Prognosen über das realistische Bauteilverhalten zu erhalten.

Das dargestellte „Design of Prototype Test Procedures (DPP)"-Konzept hat den Ansatz, diesen Aufwand durch die integrative Prozessgestaltung für Prototyptests unter interdisziplinärer Verknüpfung der oft getrennt voneinander betrachteten Bereiche Robotik, Messtechnik und statistischer Zuverlässigkeitsanalyse auf ein Minimum zu reduzieren. Dieses Zusammenspiel wurde am Beispiel der Fahrzeugtechnik-Fallstudie „Lackbeschädigung Türgriffmulde" aufgezeigt.

Die Vorzüge des DPP-Konzepts liegen in der:

- Vorbeugung von Schnittstellenproblemen durch ganzheitliche, integrierte Betrachtungsweise.
- Verringerung der Anzahl an Prototypen.
- Verkürzung erforderlicher Prototyptestzeiten.
- Verringerung von Änderungsschleifen im Entwicklungsprozess.
- Reduzierung von Entwicklungszeiten und -kosten.

Die genannten Vorteile der Ressourcen-, Zeit- und Kostenreduzierung können einen großen Nutzen in der Produktentwicklung darstellen. Insbesondere die Analyse komplexer Fahrzeugkomponenten, die zeitaufwändige, konventionelle Tests erfordern, verspricht durch die Implementierung des DPP-Konzepts explizites Verbesserungspotenzial.

Literatur

[1] Beeh, F.; Längle, Th.; Wörn, H.; O´Bannon, T.; Lentz, J.; Schnoor, B. 2000. Occubot VI - Industrieroboter als intelligentes Sitztestsystem. VDI-Berichte 1552.

[2] Bertsche, B. 2008. Reliability in Automotive and Mechanical Engineering. Determination of Component and System Reliability. Berlin: Springer.

[3] Veit, H. 2008. Kraft-/Momentenregelung für Industrieroboter. Saarbrücken, VDM Verlag.

[4] Bracke, S. 2008a. A contribution for a sustainable design of complex mechatronic automotive products using statistical damage prediction models in the early product construction phase to prevent damage causes. Konferenz-Einzelbericht. In Sustainability and Remanufacturing (VI), Pusan, Korea: Pusan National University.

[5] Bracke, S. 2008b. Risikoanalytik in der Fahrzeugtechnik unter Einsatz von empirischen Fahrzeuglaufleistungsprofilen und Mischpopulationsansätzen (WCF-Approach). In Forschungsbericht 2008, Cologne University of Applied Sciences, VMK Verlag.

[6] Bracke, S. & Haller S. 2009. Beitrag zur ganzheitlichen statistischen Beschreibung des Ausfallverhaltens von Baugruppen und -systemen innerhalb eines Lebenszyklus am Beispiel der Fahrzeugtechnik. In: 24. Fachtagung Technische Zuverlässigkeit, Leonberg, 29./30.04.2009; Veranstalter: Verein Deutscher Ingenieure, in VDI Berichte 2065

[7] Bracke, S. & Haller S. 2010. "Multi-stage sampling process and analysis (MSPA)" – Beitrag zur Felddaten-Analytik bei komplexen Schadenskausalitäten. In Schmitt, R. Berichte zum Qualitätsmanagement, Aachen: Apprimus Verlag.

[8] Eckel, G. 1977. Bestimmung des Anfangsverlaufs der Zuverlässigkeitsfunktion von Automobilteilen. Qualität und Zuverlässigkeit 22 (9): 206 – 208. München, Carl Hanser.

[9] EG, 2007. 2000/53/EG Arbeitsdokument der Kommissionsdienststellen, Begleitdokument zum Bericht der Kommission an den Rat und das europäische Parlament über die Ziele nach Artikel 7, Absatz 2 Buchstabe b der Richtlinie 2000/53/EG des europäischen Parlaments und des Rates über Altfahrzeuge, http://register.consilium.europa.eu/pdf/de/07/st05/st05413-ad02.de07.pdf Bruxelles, 2007.

[10] Hobbs, G. K. 2008. „HALT and HASS Overview: The New Quality and Reliability Paradigm" in Handbook of Performability Engineering, Springer London

[11] McLean, H. 2009. HALT, HASS and HASA explained: Accelerated Reliability Techniques. American Society for Quality.

[12] Pfeifer, T. 2002a. Quality Management. München, Carl Hanser Verlag.

[13] Pfeifer, T. 2002b. Production Metrology. München, Oldenbourg Verlag.

[14] VDA, 2004. Verband der Automobilindustrie Band 3 Teil 2. Zuverlässigkeitssicherung bei Automobilherstellern und Lieferanten. Frankfurt.

Anforderungsmanagement für die Qualitätsvorausplanung in KMU auf Basis einer webbasierten Kollaborationsplattform

Dipl.-Wi.-Ing. Toni Eiselt, Prof. Dr.-Ing. Michael Dietzsch, Dr.-Ing. Sophie Gröger

Institut für Fertigungsmesstechnik und Qualitätssicherung, Technische Universität Chemnitz

Abstract

In der frühen Phase des Produktentstehungsprozesses, noch bevor der Entwicklungsvertrag mit dem Kunden abgeschlossen wird, liegt erhebliches Potential für eine spätere bedarfsgesteuerte und trotzdem wirtschaftliche Entwicklung und Fertigung, die Verringerung von Projektrisiken und Minimierung von Verlusten durch Projektabbruch oder Projektverzögerungen. Hier sind die Forderungen des Kunden zu erfassen und in Form von Qualitätsmerkmalen zu definieren.

Die Qualitätsvorausplanung hat das Ziel, alle qualitätsrelevanten Informationen zu sammeln, zu strukturieren, auszuwerten, zu interpretieren und daraus Maßnahmen abzuleiten, um den Erfolg und vor allem die Realisierbarkeit einer Produktentwicklung in einem sehr frühen Stadium einschätzen zu können. Im Rahmen der Qualitätsvorausplanung werden die Forderungen auf Vollständigkeit, Eindeutigkeit und Machbarkeit geprüft und die Nachweisfähigkeit der Merkmale betrachtet.

Es müssen alle relevanten Informationen und Dokumente identifiziert und in einen zeitlichen Zusammenhang gebracht werden.

Für eine erfolgreiche und zielgerichtete Qualitätsvorausplanung ist ein solides und nachhaltiges Dokumentenmanagement erforderlich, welches mit den heute eingesetzten Mitteln nur teilweise realisiert werden kann. Durch die Nutzung von innovativen Medien, wie z.B. einer webbasierten Kollaborationsplattform, werden diese neuen Arbeitsformen und damit eine nachhaltige Steigerung der Wettbewerbsfähigkeit des Unternehmens ermöglicht.

1 Die Situation

Es ist ein sehr aufwendiger Weg, um bei einer Produktentwicklung von den Wünschen des Auftraggebers (Lastenheft) bis zur Realisierbarkeitseinschätzung seitens des Auftragnehmers (Pflichtenheft) und anschließend zum fertigen Produkt zu gelangen. Ein zielführendes und vor allem detailliertes Pflichtenheft zu erstellen, stellt vor allem kleinere und mittlere Unternehmen (KMU) vor eine schwierige Aufgabe. Die Lösung dieser Aufgabe hat meist das Resultat, dass das Pflichtenheft zum Teil nicht eindeutig formuliert wird, da sich keiner der Vertragsparteien auf einen nicht genau festzulegenden Sachverhalt fixieren will. Diesen Prozess kann die Qualitätsvorausplanung verbessern, effizienter und sicherer gestalten. Ein erhebliches Potential liegt in der frühen Phase des Produktentstehungsprozesses, denn hier können die Weichen für eine bedarfsgesteuerte und trotzdem wirtschaftliche Entwicklung und Fertigung gestellt werden. Des Weiteren kann in dieser Phase die Verringerung von Projektrisiken und die Minimierung von Verlusten durch Projektabbruch bzw. Projektverzögerungen gelenkt werden. Hier müssen die Kundenforderungen erfasst und als Qualitätsmerkmale in Form von Anforderungen definiert werden.

An dieser Stelle soll eine erste wichtige, jedoch oft nicht mit letzter Konsequenz berücksichtigte Frage in den Raum gestellt werden: Welche Daten werden für eine Produktentwicklung wann, wo, von wem benötigt und viel wichtiger, welchen Informationsgehalt müssen diese Daten haben?

Diese Fragestellung kann in den meisten kleinen und mittleren Unternehmen (KMU) nur sehr schwer beantwortet werden, da das Prozesswissen und das damit verbundene Know-how in den seltensten Fällen dokumentiert ist. Die Entscheidung, einen Entwicklungsauftrag anzunehmen, ist vom Wissen und der Erfahrung einzelner Mitarbeiter geprägt, welche sich im Vorfeld absprechen müssen. Hier stellt sich die Frage, auf welcher Grundlage diese Entscheidungen getroffen werden können und müssen, damit das Produkt entwickelt und hergestellt werden kann.

Das Zusammenwirken verschiedener Disziplinen im Produktentstehungsprozess wird häufig nicht beherrscht. Spätestens mit dem Zusammenführen der Beiträge der Fachdisziplinen zu dem Gesamterzeugnis kommt es zu zeit- und kostenaufwändigen Iterationsschleifen. Offensichtlich fehlt es an Methoden, Werkzeugen und Modellen, das Entwicklungsgeschehen zu synchronisieren [7].

Aktuelle Probleme im Umgang mit Informationen werden wie folgt charakterisiert:

- Informationen sind oft über verschiedene Quellen verstreut (bestehende interne Dokumente, internetbasierte Quellen von Dritten, Daten in Anwendungen, Dokumente, die nur in Papierform zur Verfügung stehen, oder das Wissen, das sich in den Köpfen der Leute befindet).
- Arbeitsaufwand zur Erstellung von Dokumenten wird oft doppelt betrieben und ein großer Zeitaufwand wird in Suche investiert.
- Es bestehen viele Versionen derselben Information.
- Betriebsangehörige, die am Erstellungsprozess teilnehmen müssen, sind über viele Orte hinweg verteilt.
- Das Verwalten der Maßnahmen einer gemeinsamen Dokumentenerstellung erfordert einen erheblichen Zeitaufwand.
- Mitarbeiter haben nicht zu allen Informationen Zugang, die sie benötigen.
- Eine große Menge an überholten Informationen erschwert das Finden von aktuellen Informationen [2].

Diese Fakten zeigen, dass es immer schwerer wird, alle relevanten Informationen zur richtigen Zeit, am richtigen Ort und in der aktuellen Version vorliegen zu haben. Diese Informationen müssen jedoch zur Verfügung gestellt werden, um den Erfolg des Projektes / der Entwicklung frühzeitig, nachhaltig und in kurzer Zeit bewerten zu können.

Als der Erfolgsfaktor auf dem Weg zu den Märkten von morgen wird die Fähigkeit der Menschen, zielgerichtet und effizient zusammenzuarbeiten, angesehen und dies aufgabenbereich- und disziplinübergreifend [7]. Kooperatives Produktengineering erstreckt sich über diverse Aufgabenbereiche. In diesem Kontext werden QM-Aktivitäten zwingend gefordert [8], um die Einhaltung der Kundenforderungen nachhaltig zu sichern und zu kontrollieren, Haftungsrisiken zu minimieren und Verschwendung jeglicher Art zu vermeiden. Neues Qualitätsverständnis wird von Schmitt und Kristes [10] definiert als Erhöhung des Überdeckungsgrades von Kundenforderungen („Sollen"), Unternehmensausrichtung („Wollen") und Unternehmensfähigkeiten („Können").

Das Qualitätsmanagement benötigt konsistente, vollständige und aktuelle Produktinformationen, wobei den Produktdokumenten, wie z.B. Kundenanforderungen, eine zentrale Rolle zuteil wird. Diese Dokumente dürfen bei der Bearbeitung keine weiteren Fragen aufkommen lassen. Hier besteht jedoch die Frage, wer im KMU festlegt, welche Informationen in der frühen Phase des Produktentstehungsprozesses benötigt werden und vor allem wer diese Informationen auf Konsistenz, Vollständigkeit und Aktualität bewertet.

Diese Frage kann ebenfalls nur schwer beantwortet werden. Um diese Frage jedoch gar nicht erst aufkommen zu lassen, ist es erforderlich, ein gezieltes Anforderungsmanagement für die Qualitätsvorausplanung im Unternehmen aufzubauen und durchzuführen.

2 Qualitätsvorausplanung (QVP)

Die Qualitätsvorausplanung befasst sich in erster Linie mit der Identifikation der Kundenwünsche und der daraus abgeleiteten Produkt- und Prozessgestaltung. Das Qualitätsvorausplanungsverfahren (APQP Advanced Product Quality Planning) begleitet nach Vertragsabschluss die Entwicklung des Produktes und soll sicherstellen, dass alle Kundenanforderungen zeitgerecht erfüllt werden.

Das Anforderungsmanagement für die Qualitätsvorausplanung definiert die Tätigkeiten vor Vertragsabschluss. In dieser Phase spielen vor allem Informationen, Dokumente, Erfahrungen und Wissen eine entscheidende Rolle.

Qualitätsvorausplanung bedeutet, dass alle Qualitätsinformationen für die Spezifikation aus technischer, ökonomischer, gesetzlicher, normativer und organisatorischer Sicht vor Beendigung der Produktentwicklung, Prozessentwicklung und -planung vorliegen. Das Ziel der Qualitätsvorausplanung besteht darin, die Prozesse so zu gestalten, dass alle Kundenwünsche erfüllt werden können. Alle Forderungen aus den nachfolgenden Prozessen müssen bei Vertragsabschluss bekannt sein. Ähnlich wie bei einem PPAP (Product Part Approval Process) müssen alle Forderungen bzgl. der nachfolgenden Prozesse beim Vertragsabschluss bekannt sein [11]. Weiterhin setzt die QVP, um die im Entwicklungsprozess geplanten Aufwendungen einhalten zu können, stabile und fähige Prozesse voraus [11].

Abbildung 1 gibt einen Überblick über die Qualitätsinformationen entlang des Produktlebenszyklus.

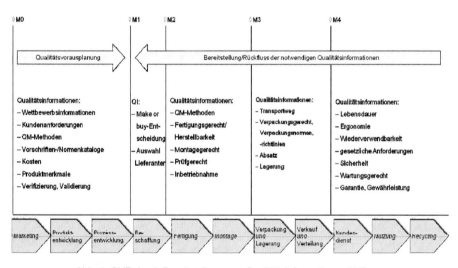

Abb. 1: QVP durch Bereitstellung von Qualitätsinformationen [11]

Die Bereiche M1 bis M3 geben die Produktentstehung und M4 die Markteinführung wieder. Die in diesen Schritten entstehenden Qualitätsinformationen müssen für die Qualitätsvorausplanung aufgearbeitet und in einer geeigneten Form bereitgestellt werden, d.h. die Informationen müssen wieder zurückfließen [11].

Das Ziel der Qualitätsvorausplanung ist, alle qualitätsrelevanten Informationen zu sammeln, zu strukturieren, auszuwerten und zu interpretieren, um daraus geeignete Maßnahmen abzuleiten. Aufbauend auf diesen Ergebnissen ist bereits in einem sehr frühen Stadium die Einschätzung über die Realisierbarkeit und den Erfolg der Entwicklung möglich. Sowohl die Forderung nach Vollständigkeit, Eindeutigkeit, Machbarkeit und Nachweisfähigkeit der Merkmale werden im Rahmen der Qualitätsvorausplanung geprüft und bewertet. Alle relevanten Informationen, Daten und Dokumente müssen identifiziert und in einen zeitlichen Zusammenhang gebracht werden.

In die Qualitätsvorausplanung müssen alle Partner, wie z.B. Entwickler von Elektronik- und Mechanikkomponenten oder auch Subauftragnehmer und Lieferanten involviert sein. Außerdem müssen die Qualitätsplaner mit verschiedenen Bereichen, wie z.B. dem Marketing, der Konstruktion, der Fertigung und der Logistik, kommunizieren. Das erfordert, dass Teams an unterschiedlichen Standorten auf einheitliche und konsistente Qualitätsdaten und Dokumente zugreifen können. Sie müssen diese rasch auffinden und auswerten sowie ihre Arbeitsergebnisse anderen Teammitgliedern gezielt zur Verfügung stellen und mit ihnen darüber kommunizieren können.

Anforderungsmanagement für die Qualitätsvorausplanung in KMU
auf Basis einer webbasierten Kollaborationsplattform

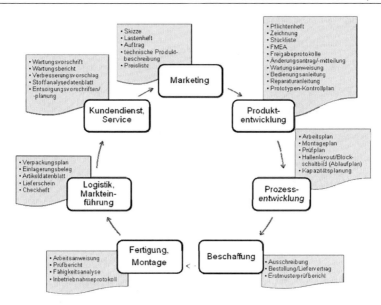

Abb. 2: Produktlebenszyklus und Entstehungszeitpunkt für Qualitätsinformationen zur Qualitätsvorausplanung nach [11]

Die Informationen im Unternehmen werden in verschiedenen Bereichen erfasst und verwaltet, was zu Redundanzen führt. Durch unterschiedliche Datenstrukturen und fehlende Schnittstellen wird der Datenaustausch begrenzt [11].

3 IT-Unterstützung in der QVP durch eine webbasierte Kollaborationsplattform

Als Erfolgsfaktor auf dem Weg zu den Märkten von morgen wird die Fähigkeit der Menschen, zielgerichtet und effizient zusammenzuarbeiten, angesehen und dies aufgabenbereich- und disziplinübergreifend. Kooperatives Produktengineering erstreckt sich über die Aufgabenbereiche Strategische Produktplanung, Produktentwicklung/Konstruktion und Produktionssystementwicklung im Sinne von Fertigungsplanung/Arbeitsplanung. In diesem Kontext werden QM-Aktivitäten zwingend gefordert, um die Einhaltung der Kundenforderungen nachhaltig zu sichern und zu kontrollieren, Haftungsrisiken zu minimieren und Verschwendung jeglicher Art zu vermeiden.

Durch die Nutzung von innovativen Medien, wie z.B. einer webbasierten Kollaborationsplattform werden diese neuen Arbeitsformen und damit eine nachhaltige Steigerung der Wettbewerbsfähigkeit des Unternehmens ermöglicht.

Die IT-Unterstützung in den Produktentstehungsprozessen hat sich längst bewährt, wie z.B. CAD-Modellierer, Dokumentenerstellung und -verwaltung. Jedoch liegen genau in dieser Entwicklung große Gefahren, welche heute nur sehr schwer erkannt werden. Diese Fülle an entstehenden digitalen Daten muss handhabbar abgelegt werden, was vor allem in kleineren und mittleren Unternehmen (KMU) mittelfristig Probleme darstellen kann. In diesem Zusammenhang ist auch das nicht dokumentierte Wissen von Mitarbeitern zu nennen, was zum Teil in KMU existenziell wichtig sein kann, vor allem dann, wenn der Mitarbeiter das Unternehmen verlässt.

Aus diesen Punkten heraus wird es immer deutlicher, dass das Dokumentenmanagement und das Wissensmanagement wichtige Grundbausteine für den langfristigen Erfolg eines Unternehmens darstellen. Für eine erfolgreiche und zielgerichtete Qualitätsvorausplanung ist ein solides Dokumentenmanagement erforderlich, welches mit den heute eingesetzten Mitteln nur teilweise realisiert werden kann.

Unter Verwendung einer webbasierten Kollaborationsplattform ist es möglich, alle relevanten Daten, welche für die frühe Phase der Produktentwicklung und damit auch für die Qualitätsvorausplanung erforderlich sind, sicher und zielführend zu verwalten. Des Weiteren ist es möglich, an kundenrelevante Informationen zu gelangen. Der Kunde kann auch direkt Informationen für das Unternehmen auf dieser Plattform hinterlegen. Dadurch wird es den Beteiligten schneller möglich, alle Informationen bzw. Daten/Dokumente einzusehen.

Dies hat einen entscheidenden Vorteil auf den Faktor Zeit in der Entwicklung. Moderne Kollaborationsplattformen, wie z.B. MS SharePoint, sind in der Lage, alle im Unternehmen ablaufenden Prozesse und die dazu benötigten und erstellten Dokumente und Informationen zu verwalten.

4 Ein erster Lösungsgedanke (am Beispiel MS SharePoint)

Um die Qualitätsvorausplanung schnell, sicher, zielführend und nachhaltig durchführen zu können, ist es erforderlich, das Anforderungsmanagement an die QVP im Unternehmen genau zu definieren. Das Anforderungsmanagement beinhaltet neben den Wünschen des Kunden an das Produkt (zumeist in Form eines Lastenheftes) noch eine Vielzahl an weiteren Informationen, wie z. B. Kapazitätspläne, Prozessfähigkeiten, Lieferbedingungen, rechtliche Vorgaben (bzgl. Sicherheit und Umwelt), verfügbarer Maschinenpark, Maschinen- und Prozessfähigkeit, vorhandene Messeinrichtungen, Messmittelfähigkeiten usw., welche definiert und dokumentiert werden müssen. Ein im Zusammenhang mit der Qualitätsvorausplanung zu lösendes Problem stellt die Verwaltung von unstrukturierten Daten (z.B. Dokumente in Form von Word-Dateien) dar.

Im Gegensatz zu den strukturierten Datenbeständen werden diese nicht in Datenbanken gespeichert, sondern in der Regel auf Dateiservern bzw. Speichermedien (z.b. Festplatten, USB-Sticks, CDs) abgelegt und sind deshalb schwer zu verwalten. Ähnliches trifft auf EXCEL-Tabellen, Prozessfähigkeitskennwerte oder Messprotokolle zu, die in CAQ-Insellösungen gespeichert werden. Diese Probleme können mit dem Einsatz einer Kollaborationsplattform gelöst werden [13], indem Dokumente dort in sogenannte Bibliotheken eingestellt werden. Dies sind Verzeichnisse, in denen Daten erstellt, gesammelt, gespeichert, aktualisiert und verwaltet werden. Den Anwendern wird damit zum einen das schnelle und effektive Finden dieser Dateien, zum anderen deren gemeinsame Nutzung mit anderen Mitarbeitern ermöglicht. Außerdem werden in Bezug auf die Verwaltung von Dokumenten in Bibliotheken Funktionen wie Versionskontrolle, Bereitstellen von Metadaten und Suche unterstützt. Darüber hinaus besteht die Möglichkeit,

Workflows z.B. für den Zyklus „erstellen - prüfen - genehmigen" zu generieren [8].

Zum Erreichen einer absoluten Informationstransparenz und kommunikativen Vernetzung der an der Qualitätsvorausplanung und aller am Entwicklungsprozess Beteiligten, bietet eine webbasierte Kollaborationsplattform ausgezeichnete Möglichkeiten. Diese sind in Abbildung 3 dargestellt.

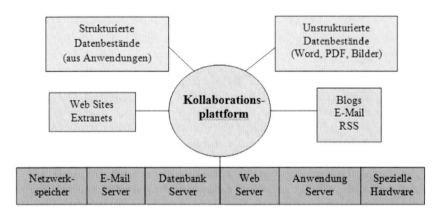

Abb. 3: Webbasierte Kollaborationsplattform als Informationsdrehscheibe [11]

Die webbasierte Kollaborationsplattform dient neben der Datenverwaltung auch als Qualitätsinformationssystem (QIS) für alle Mitarbeiter im Unternehmen. Durch diese Plattform ist es allen Beteiligten möglich, auf alle benötigten Daten zuzugreifen, welche in der frühen Phase der Produktentwicklung benötigt werden.

Im Vorfeld der Nutzung einer solchen Plattform sind anhand eines aufgestellten Anforderungskataloges, für die Dokumente, alle Dokumente zu identifizieren und eine Datenstruktur zu erarbeiten. Dies ist erforderlich, damit alle Informationen auch in der gleichen Art und Weise dokumentiert werden. Des Weiteren müssen Lese- und Schreibrechte für die Daten vergeben werden.

Auf dem Markt sind viele verschiedene Informationssysteme vorhanden, welche verschiedenste Aufgaben im Unternehmen unterstützen. Jedoch sind viele Lösungen auf die Anwendung in großen Unternehmen gerichtet bzw. sie beschränken sich nur auf einen Teilbereich, wie z.b. CAQ, ERP/PPS, CAD und PDM, oder stellen Individuallösungen dar. Die Informationen im Unternehmen werden in verschiedenen Bereichen erfasst und verwaltet, was zu Redundanzen führt. Durch unterschiedliche Datenstrukturen und fehlende Schnittstellen wird der Datenaustausch begrenzt. Mit dem Einsatz eines individuell angepassten Qualitätsinformationssystems können diese Defizite, durch den ganzheitlichen Ansatz verringert werden [11]. Ein Qualitätsinformationssystem (QIS) kann das Zurückfließen der Informationen unterstützen, da in einem solchen System alle Informationen zentral gesammelt werden können. Durch die rechnergestützte Abfrage der Anforderungen, die elektronische Prozessabbildung und -unterstützung und die Definition von Schnittstellen kann die QVP in KMU verwirklicht werden [5].

Mit der Nutzung einer webbasierten Kollaborationsplattform können folgende Arbeitsschritte verbessert werden:

- Zusammenarbeit
- Verfolgbarkeit von Dokumenten
- Nachvollziehbarkeit von Entscheidungen
- Weitergabe von speziellem Fachwissen
- Dokumentenablage
- Auffindbarkeit von Dokumenten
- Diverse Kontrollmechanismen
- Datensicherheit
- ...

Folgende Funktionalitäten webbasierter Kollaborationsplattformen können für die Realisierung der Aufgaben der Qualitätsvorausplanung genutzt werden:

- Zusammenarbeit und Personalisierung (organisationsintern und organisationsübergreifend): Kommunikation, Dokumentenaustausch, Aufgabenplanung, Terminplanung, personalisierte Informationsaufbereitung

- Dokumenten- und Wissensmanagement: Strukturierung, Ablage, Bearbeitung, Versionierung, Recherche, Suche, Archivierung von Dokumenten, Blogs (Blog = auf einer Webseite geführtes und damit öffentlich einsehbares Journal), RSS (Service auf Webseiten, ähnlich einem Nachrichtenticker), WIKIs (Hypertext-System, dessen Inhalte von den Benutzern nicht nur gelesen, sondern auch online geändert werden können; dient der Wissensverwaltung und schnellen Wissensbereitstellung)

- Prozessmanagement: Implementierung von kontrollierten automatisierten dokumentengestützten Geschäftsprozessen (Workflows)

- Prozess- und Datenintegration: mit Enterprise-Applikationen (Office, PLM, ERP...)

- Publikation: Internet, Intranet, Mehrsprachigkeit

- Suche mittels Metadaten

Durch die Nutzung einer webbasierten Kollaborationsplattform für die Qualitätsvorausplanung in frühen Phasen des Produktentstehungsprozesses kann folgender Nutzen generiert werden:

- Reduzierung des administrativen Projektaufwandes (z.B. für Dokumentenaustausch und -verwaltung, Terminverfolgung, Aufgabenabsprache, Maßnahmencontrolling und Reporting)

- Konsistente Sicht aller Projektbeteiligten unabhängig von deren Standort auf die Qualitätsinformationen, besonders den QM-Plan

- Universelle Kommunikationsmöglichkeit zwischen räumlich getrennten Teammitgliedern

- Frühzeitiges Erkennen von möglichen Qualitätsproblemen

- Rechtzeitige Einleitung von Korrektur- und Vorbeugungsmaßnahmen
- Einsparung von Fehlerkosten
- Erhöhung der Zuverlässigkeit der Produkte
- Revisionssichere Dokumentation
- Standardisiertes Vorgehen

Mit der Einführung einer webbasierten Kollaborationsplattform sind Kosten, wie z.b. für Software, Schulung der Mitarbeiter und Systempflege, verbunden. Eine Abschätzung der Kosteneinsparung unter Nutzung einer webbasierten Kollaborationsplattform für das Anforderungsmanagement der Qualitätsvorausplanung kann nicht explizit getroffen werden, da die Kosten abhängig vom jeweils genutzten System und von der Intensität bzw. dem Grad der Implementierung im Unternehmen sind. Jedoch wird sich eine Amortisierung der Kosten schnell ergeben, da mit der Nutzung der Plattform z.B. die Zusammenarbeit effektiver gestaltet werden kann, die langwierige Suche nach Informationen entfällt, welche in der Praxis keinen unerheblichen Teil der Arbeitszeit in Anspruch nimmt.

5 Zusammenfassung und Ausblick

Es gibt eine Vielzahl an Problemen und Fragen in der frühen Phase des Produktentstehungsprozesses zu klären. Dies kann besonders kleine und mittlere Unternehmen vor eine schwere Aufgabe stellen. Um diesen Abschnitt in der Produktentwicklung sicherer, schneller, nachhaltiger und zielführender zu gestalten, ist es erforderlich, eine Qualitätsvorausplanung einzuführen und das damit verbundene Anforderungsmanagement an die Qualitätsvorausplanung zu definieren.

Ein erster Ansatzpunkt ist das Verwenden einer webbasierten Kollaborationsplattform, in welcher die Informationen, Daten und Dokumente verwaltet werden.

Dadurch ist ein unternehmensweiter Zugriff auf alle benötigten Daten in kurzer Zeit möglich. Eine Kollaborationsplattform könnte z.b. MS SharePoint sein. Unter Verwendung einer webbasierter Kollaborationsplattform, wie z.b. MS SharePoint, ist es ebenfalls möglich, das CAD-Datenmanagement und das Management aller anderen Daten effizient zu gestalten. Ein mögliches System hat z.b. PTC (Parametric Technology Corporation, Hersteller für CAD-Systeme und von Product Lifecycle Management Systemen) für MS SharePoint entwickelt. Dieses Produktdatenmanagementsystem (PDM-System), ermöglicht es, speziell für KMU ein effizientes Datenmanagement durchzuführen. Dieses System stellt ein Beispiel dar, in welchem die Vorteile einer webbasierten Kollaborationsplattform und eines PDM-Systems in einem einzelnen System vereint und genutzt werden können.

Ein abschließendes Fazit ist, dass für die effiziente Qualitätsvorausplanung viele Faktoren berücksichtigt werden müssen und sich ebenso zum Teil Denkweisen ändern müssen, um die Anforderungen der QVP realisieren zu können.

Durch die zwangsweise notwendige systematische und strukturierte Vorgehensweise lassen sich mittel- und langfristig sehr hohe Einsparpotentiale freisetzen.

Literatur

[1] Beuth Verlag: APQP - Advanced Product Quality Planning and Control Plan, 2. Auflage 2008.

[2] Bates, S.; Smith, T.: Sharepoint der schnelle Einstieg, Addison-Wesley, München 2008.

[3] Domschke, M.; Dietzsch, M.: Qualitätsmanagement und Qualitätsinformationssysteme in Produktionsnetzen. In: "Vernetzt planen und produzieren - VPP2009". Tagungsband, Wissenschaftliche Schriftenreihe des IBF, Sonderheft 15, TU Chemnitz. 17.09.2009, S. 63-71.

[4] Gerber, A.: Methode zur Konzeption eines unternehmensspezifischen Qualitätsinformationssystems für kleinere Unternehmen, Dissertation an der TU Chemnitz, 2007.

[5] Gerber, A.; Althaus, K.; Dietzsch, M.: Qualitätsinformationssystem auf ERP-Basis für KMU – Wahlversprechen. Qualität und Zuverlässigkeit, 9/2004, München: Carl Hanser, S.44-47.

[6] Gerber, A.; Althaus, K.; Dietzsch, M.: Dynamic Quality Information System (QIS) for Non-Hierarchical Regional Production Networks. In: „Vernetzt planen und produzieren – VPP2004". Tagungsband, Wissenschaftliche Schriftenreihe des IBF, Sonderheft 8, TU Chemnitz, 27./28.09.2004, S. 335-342.

[7] Gausemeier, J.; Hahn, A.; Kespohl, H.D.; Seifert, L.: Vernetzte Produktentwicklung – Der erfolgreiche Weg zum Global Engineering Networking, Carl Hanser Verlag, München, 2006.

[8] Preißner, A.: Projekterfolg durch Qualitätsmanagement – Projekte planen und sicher steuern, Carl Hanser Verlag, München, 2006.

[9] Reinke, H.; Monadjemi, A.; Herzog, D.: Unternehmensprozesse optimieren mit Sharepoint, Microsoft Press Unterschleissheim, 2008.

[10] Schmitt, R.; Kristes,D.: Unternehmerisches Qualitätsmanagement, MQ-Management und Qualität, 4/2008, TÜV Media GmbH Köln.

[11] Schuldt, J.; Dietzsch M.; Gröger S.; Gerlach M.: Qualitätsvorausplanung mit Qualitätsinformationssystemen in kleinen und mittleren Unternehmen: Einsatz neuer Medien im Qualitätsmanagement. Bericht in Zeitschrift Industrie Management 4/2010, S. 42-44, August 2010.

[12] VDA Band 2: Sicherung der Qualität von Lieferungen, 4. Auflage 2004

[13] Williams, V.: Sharepoint 2007, Wiley-VCH Verlag GmbH&Co. KgaA, Weinheim, 2007.

Zuverlässigkeits- und Innovationsgraderhöhung technischer Systeme durch die Nutzung eines erweiterten Funktionsverständnisses

M.Sc. Florian Riekhof, Prof. Dr.-Ing. habil. Petra Winzer

Produktsicherheit und Qualitätswesen, Bergische Universität Wuppertal

Abstract

Die Entwicklung technischer Systeme geht oftmals einher mit zunehmender Komplexität, welche durch domänenübergreifende Produktentwicklung, Anforderungsvielfalt und eine Vielzahl systeminhärenter Schnittstellen und Wechselwirkungen bedingt ist. Zur Beherrschung der Komplexität von Systemen werden daher oftmals Modelle genutzt, die diese in handhabbare Subsysteme und Elemente untergliedern. Ein fast allen Modellierungen zu Grunde liegendes Element ist die Funktion als Bindeglied zwischen Anforderungen und Komponenten bzw. Prozessen. Die meisten Modelle schöpfen jedoch das Potential einer präzisen Funktionsbeschreibung und -differenzierung nicht voll aus. Auf der Seite der anforderungsgerechten Produktentwicklung unterstützt das Demand Compliant Design (DeCoDe) den Entwickler durch die systematische Beschreibung und Modellierung technischer Systeme über vier Basiselemente (Anforderungen, Funktionen, Komponenten, Prozesse) und die Identifikation von Wechselbeziehungen zwischen diesen. Im Rahmen der Weiterentwicklung und Optimierung von DeCoDe wird ein erweitertes Funktionsverständnis eingeführt und in den Systemkontext eingeordnet, um einen Lösungsansatz für den zuvor skizzierten Defizit der Modelle zu entwickeln.

Werden Funktionen um Soll-, Stör- und Ausgleichsfunktionen ergänzt und systematisch während der Produktentwicklung betrachtet, bieten sie die Möglichkeit einer Erhöhung der Zuverlässigkeit und des Innovationsgrads. Eine Konzentration auf das Erkennen von Störfunktionen und die Schaffung geeigneter Ausgleichsfunktionen erhöht demnach die Systemzuverlässigkeit. Hingegen fördert der Ansatz, technische Systeme zu entwickeln, deren funktionsrealisierende Komponenten und Prozesse so wenig Störfunktionen wie möglich mit verursachen, das Auffinden innovativer Lösungen, da der Fokus der Produktentwicklung auf der Funktionsoptimierung liegt und ein vorschnelles Lösungsdenken durch die direkte Anforderungserfüllung durch Komponenten vermieden wird. Der vorliegende Beitrag hebt dabei die Notwendigkeit eines erweiterten Funktionsverständnisses hervor, erläutert die Einordnung in den Systemkontext und zeigt anhand eines Beispiels Vorteile der Implementierung von Soll-, Stör- und Ausgleichsfunktionen auf.

1 Funktionsverständnis in der Produktentwicklung

Die Nutzung von Modellen ist ein etabliertes Vorgehen, um Komplexität vereinfacht abbilden zu können [1] und die Entwicklung technischer Systeme [2] beherrschbar zu machen. Je nach Entwicklungsgegenstand und Wissensdisziplin kommen verschiedene Elemente zum Einsatz, die Sichten auf das System beschreiben und das Modell bilden. Ein System stellt dabei eine klar abgrenzbare Einheit miteinander verbundener und in Wechselbeziehung zueinander stehender Elemente dar [3], die durch den Entwickler über verschiedene Sichtweisen auf das System im Zuge der Komplexitätsreduzierung und Handhabbarmachung des Entwicklungsvorhabens beschrieben werden. Zur Unterstützung dieser Tätigkeit hat sich die Nutzung der Elemente Anforderungen, Funktionen, Komponenten und Prozesse (vgl. Abbildung 1) als vorteilhaft bewiesen [4].

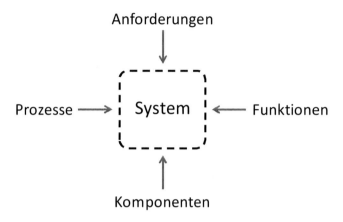

Abb. 1: Elemente eines technischen Systems

Während verschiedene Systemmodellierungsansätze unterschiedliche Elemente nutzen [1], kann im Bereich der Produktentwicklung das Element Funktion als kleinster gemeinsamer Nenner identifiziert werden. Funktionen beschreiben auf einem konkreten Abstraktionsniveau durch das System bewirkte Zustandsänderungen. Somit sind Funktionen eindeutig von physischen oder ablauforientierten Elementen wie Komponenten oder Prozessen abgegrenzt. Dennoch besteht kein einheitliches Begriffsverständnis von Funktionen. So bezeichnen Pahl/Beitz Funktionen als Beziehung zwischen Eingangs- und Ausgangsgrößen eines Systems, die eine gewollte Aufgabe umsetzen. Demnach bestehen Eingangs- und Ausgangsgrößen aus Energie-, Stoff- oder Informationsflüssen, die durch Funktionen zielgerichtet verändert werden [2]. Ehrlenspiel definiert Funktionen als Darstellung eines physikalischen oder mathematischen Zusammenhangs [5]. Hingegen bezeichnen Schlund und Winzer Funktionen als „Zuordnung zwischen Eingaben und Ausgaben in einem System, um einen Zweck bzw. eine Aufgabe zu erfüllen" ([4], S. 282). Trotz eines unterschiedlichen Begriffsverständnisses ist allen Definitionen gemein, dass Funktionen als zielgerichtete Zustandsänderung oder zweckorientierte Darstellung eines technisch beschreibbaren Zusammenhangs verstanden werden. Wird diese Definition für Funktionen bei der Betrachtung der Beziehungen verschiedener Systemelemente zugrunde gelegt, zeigt sich jedoch, dass das bisherige Verständnis lückenhaft ist. So ergab ein Reverse Engineering, welches im Rahmen einer Kooperation zwischen einem Industrieunternehmen und der Bergischen Universität Wuppertal mit dem Ziel der Entwicklung eines Ansatzes zur systematischen Versuchsdatenrückführung in die Produktentwicklung durchgeführt wurde, dass viele Funktionen und Komponenten eines Systems nicht unmittelbar der Erfüllung von Anforderungen unterschiedlicher Stakeholder dienen, sondern sie vielmehr nur eine korrigierende Aufgabe übernehmen, um Auswirkungen unerwünschter Nebeneffekte zu eliminieren bzw. zu minimieren [6]. Somit muss das Funktionsverständnis um diese Aspekte ergänzt werden. Im Sinne dieses neuen, erweiterten Funktionsverständnisses müssen Funktionen als lösungsneutrale Beschreibung technischer und physikalischer Zusammenhänge verstanden werden, die der Identifikation, Erfassung und Darstellung sämtlicher, insbesondere durch funktionsrealisierende Elemente hervorgerufene Beziehungen dienen. Diese können grundsätzlich sowohl einen zielführenden Charakter besitzen als auch Störeinflusse umfassen.

Anhand eines Beispiels soll aufgezeigt werden, dass sich so Wirkzusammenhänge eines Systems beschreiben lassen und wie sich dieses vorteilhaft auf die Zuverlässigkeits- und Innovationsgraderhöhung auswirken kann. Um das erweiterte Funktionsverständnis zielführend zu nutzen, bedarf es zunächst der Erläuterung, wie verschiedene Systemelemente in einem Systemmodell zusammenhängen. Dazu wird das Demand Complaint Design (DeCoDe) verwendet [7].

2 Vorstellung des Demand Compliant Designs (DeCoDe)

Einen Ansatz zur Systembeschreibung über mehrere miteinander verknüpfte und in Wechselbeziehung zueinander stehender Elemente liefert DeCoDe. Über die vier Basiselemente Anforderungen, Funktionen, Komponenten und Prozesse wird ein Systemmodell generiert, welches Funktionen als Bindeglied zwischen Anforderungen und Komponenten bzw. Prozessen versteht. Dabei ist das Vorgehen durchgehend an der Anforderungserfüllung ausgerichtet, d.h. die Verknüpfung der Systemelemente mit dem Anforderungselement bildet einen Kernbestandteil von DeCoDe. Dieses Ziel wird durch eine Systemmodellierung unterstützt, bei der die Elemente strukturiert und miteinander verknüpft werden, um wechselseitige Abhängigkeiten und Beziehungen zu identifizieren [7].

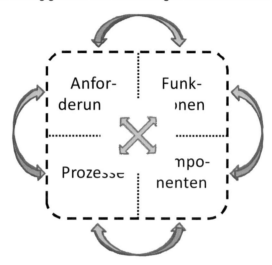

Abb. 2: DeCoDe-Systemmodell mit in Wechselbeziehung stehenden Elementen

Grundsätzlich beschreibt das Modell Wechselbeziehungen zwischen allen Elementen, veranschaulicht in Abbildung 2. Die Beschreibung der aufgespannten Beziehungsräume der Elemente erfolgt über Matrizen bzw. Tensoren. Die Kombination der vier DeCoDe-Elemente ergibt verschiedene Matrizen, die jeweils wechselseitige Abhängigkeiten darstellen [4]. Innerhalb dieser Beziehungsräume können Informationen und Attribute hinterlegt werden, die den gegenseitigen Einfluss, mögliche Zielkonflikte oder auch physikalische Zusammenhänge beschreiben. Zu diesem Zweck ist DeCoDe mit verschiedenen Methoden der Produktentwicklung kombinierbar. Hierfür wurde der DeCoDe+X-Ansatz entwickelt [8], der über einen Methodenworkflow die Integrierbarkeit verschiedener Methoden und Tools ermöglicht [9].

Der grundsätzliche, theoretische Zusammenhang der Elemente kann ausgehend von der Ausrichtung auf die Anforderungserfüllung aufgezeigt werden. Im Sinne der anforderungsgerechten Produktentwicklung bilden Anforderungen den Initialimpuls des Entwicklungsvorgehens, auch wenn dieses als ein im Wesentlichen iterativer Ansatz anzusehen ist. Zur Identifikation etwaiger Zielkonflikte oder Redundanzen erfolgt ein Abgleich der Anforderungen untereinander. Um alle Tätigkeiten auf die Anforderungserfüllung auszurichten und einer vorschnellen Umsetzung durch Komponenten vorzubeugen, werden Funktionen ermittelt, die in der Lage sind, die Anforderungen zu erfüllen. Funktionen sollen gemäß der Theorie des Axiomatic Designs [10] möglichst nicht in Abhängigkeit stehen. Der Grad der wechselseitigen Einflussnahme wird im Rahmen der DeCoDe-Methode mithilfe von Matrizen bzw. Tensoren bestimmt. In Folge wird nach funktionsrealisierenden Elementen (Komponenten und Prozesse) zielgerichtet gesucht, welche wiederum auf Wechselbeziehungen und Abhängigkeiten überprüft werden (vgl. Abbildung 3). Damit besteht zwischen Anforderungen und Funktionen ein direkter, sowie zwischen Anforderungen und Komponenten/Prozessen ein indirekter Zusammenhang. Entsprechend sind in der folgenden Abbildung direkte Beziehungen mit Pfeilen dargestellt, während indirekte Beziehungen lediglich angedeutet sind.

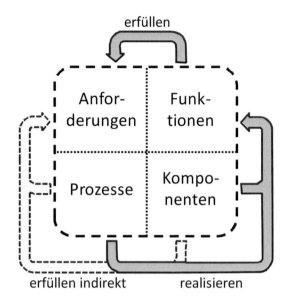

Abb. 3: Beziehung zwischen Anforderungen, Funktionen und funktionsrealisierenden Elementen

Neben der Bedeutung des Elements Anforderungen für die qualitätsgerechte Produktentwicklung ist das Funktionselement aufgrund seiner Schnittstelleneigenschaft zwischen Anforderungen und funktionsrealisierenden Elementen eine zentrale Größe des Entwicklungsprozesses. Diese Eigenschaft des Funktionselements ist für das Verständnis der anforderungsgerechten Produktentwicklung von großer Bedeutung, da Komponenten und Prozesse die an ein System gestellten Anforderungen nur indirekt erfüllen. Direkt können demnach Anforderungen nur über Funktionen erfüllt werden. Funktionen sind damit das innovative Bindeglied bei der Umsetzung von Anforderungen in Komponenten und Prozesse, da sie die Loslösung der Anforderungen von konkreten Sachverhalten und Vorprägungen im Entwicklungsprozess systematisch zugunsten einer Funktionsformulierung bewirken [1]. Diese Betrachtungsweise besitzt den Vorteil, dass sie über das Funktionsdenken Lösungsräume definiert statt über Komponenten unmittelbar nach Lösungsalternativen zu suchen.

Durch das bisherige Funktionsverständnis in DeCoDe konnten so lösungsneutrale Funktionen zur „Übersetzung" der Anforderungen in technische und physikalische Eigenschaften genutzt werden. Eine Erfassung sämtlicher, auch störender Zusammenhänge war jedoch nicht vorgesehen. Das erweiterte Funktionsverständnis setzt an dieser Stelle an und umfasst gemäß o.g. Definition alle das System betreffenden Zustandsänderungen.

3 Bedeutung des Funktionselement bei der Systemmodellierung

Der Einfluss des Funktionsdenkens und eines erweiterten Funktionsverständnisses zeigt sich bei der praktischen Betrachtung der beschriebenen Abhängigkeiten der Anforderungen, Funktionen und der funktionsrealisierenden Elemente. Oftmals realisieren Funktionen nämlich nicht nur gewünschte Anforderungen, sondern sie werden vorrangig implementiert, um negativ auf das System einwirkende Wechselbeziehungen, die durch Komponenten oder Prozesse verursacht werden, zu verhindern. Diese Wechselbeziehungen stellen im Kern auch Funktionen dar, unabhängig davon, ob diese Wechselbeziehungen erwünscht sind oder nicht. Daraus ergeben sich neben Sollfunktionen, denen eine direkte Anforderung gegenübersteht und die dem bisherigen Verständnis von Funktionen entsprechen, auch Störfunktionen, die bei der Realisierung von Sollfunktionen mittels funktionsrealisierender Elemente (Komponenten oder Prozesse) parasitär mit verursacht werden. Treten Störfunktionen auf, müssen wiederum Funktionen durch das System umgesetzt werden, die den ungewollten Effekt dieser Störfunktionen eliminieren oder soweit mindern, dass kein schädigender Effekt auftritt. Diese neu zu realisierende Funktion wird als Ausgleichsfunktion bezeichnet. Genau wie die Sollfunktion hat sie einen erwünschten Effekt, allerdings steht ihr keine Anforderung im klassischen Sinne, sondern ein Design Constraint gegenüber. Design Constraints sind de facto Anforderungen, jedoch treten sie nur in bestimmten Situationen auf (Festlegung auf konkrete Lösungsansätze innerhalb des Lösungsraums) und fordern für diese konkreten Lösungsansätze (Komponenten/Prozesse) jeweils die Implikation einer auf den spezifischen Lösungsansatz angepassten Modifikation des Systems. Der Unterschied von Anforderungen und Design Constraints liegt primär in ihrer Quelle und der Ursache ihrer Existenz begründet. Während Anforderungen durch Stakeholder vorgegeben sind, existieren Design Constraints nur, wenn die Realisierung von Sollfunktionen durch Komponenten oder Prozesse störende Effekte impliziert, auf die reagiert werden muss. Dieser Reaktionsbedarf auf Störfunktionen wird als Forderung über Design Constraints beschrieben. Design Constraints existieren somit nur, wenn es nicht möglich ist, Sollfunktionen über die funktionsrealisierenden Elemente so umzusetzen, dass keine Störfunktionen auftreten. Ferner kann dieses detaillierte Systemverständnis nicht von allen Stakeholdern vorausgesetzt werden, sodass Design Constraints gewöhnlich nur von Entwicklern selbst definiert werden.

Das Verständnis der durch die Soll-, Stör- und Ausgleichsfunktionen sowie der Design Constraints erweiterten Zusammenhänge und Abhängigkeiten im Systemkontext bedarf einer genaueren Betrachtung bevor es in der Systemmodellierung, wie eingangs gefordert, umgesetzt werden kann. Die Schritte bei der Umsetzung von Anforderungen in Funktionen und funktionsrealisierende Elemente unter der Berücksichtigung eines erweiterten Funktionsbegriffs zeigt Abbildung 4.

Zuverlässigkeits- und Innovationsgraderhöhung technischer
Systeme durch die Nutzung eines erweiterten
Funktionsverständnisses

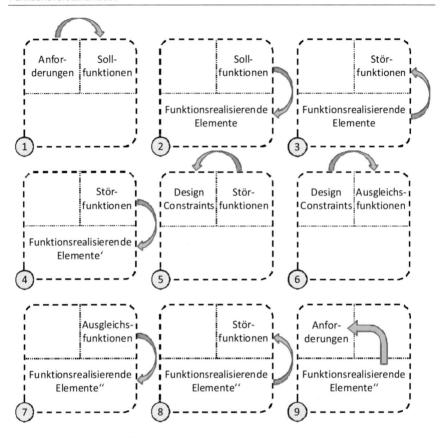

Abb. 4: Abfolge der Funktionsmodellierung

Die Schrittfolge der Abbildung 4 stellt einen vereinfachten Ablauf der Funktionsmodellierung dar, der nur durchlaufen wird, wenn die Bedingungen des jeweils zuvor gezeigten Schrittes (1 – 9) erfüllt sind. Grundsätzlich ist das Vorgehen im Entwicklungsprozess eher iterativ als sequentiell anzusehen [1], dennoch werden bestimmte Muster wie die Abfolge zur Funktionsmodellierung an vielen Stellen der Produktentwicklung wiederkehrend durchlaufen, so dass eine grobe Orientierung an einer sequentiellen Abfolge keinen Logikbruch zu dem iterativen Vorgehen bildet.

Bei der DeCoDe-unterstützten und um ein erweitertes Funktionsverständnis ergänzten Produktentwicklung werden Anforderungen zunächst in Sollfunktionen übersetzt [vgl. Abbildung 4, Schritt (1)]. Diese Sollfunktionen werden im Laufe des Entwicklungsprozesses durch funktionsrealisierende Elemente (Komponenten und Prozesse) umgesetzt (2). Zeigt sich, dass diese funktionsrealisierenden Elemente neben der Sollfunktion auch Störfunktionen umsetzen (3), muss hierauf reagiert werden, wenn diese Störfunktionen negative Auswirkungen auf (ggf. völlig andere) funktionsrealisierende Elemente besitzen (4). Im diesem Fall resultieren aus der Existenz der Störfunktion spezifische, zu definierende Design Constraints (5). Diese erfordern die Schaffung geeigneter Ausgleichfunktionen (6), welche wiederum durch (ggf. neue) funktionsrealisierende Elemente umgesetzt werden müssen (7). Die zur Realisierung der Ausgleichsfunktion genutzten Elemente mindern oder eliminieren den systemseitigen Einfluss der Störfunktion (8), so dass letztlich der Qualitätsregelkreis in einer Weise geschlossen werden kann (9), dass die Erfüllung einer Anforderung nicht zu Lasten der Zuverlässigkeit des Systems oder der Erfüllung einer anderen Anforderung geht.

Diese theoretische Schrittfolge kann beispielhaft durch die Betrachtung einzelner Funktionen und funktionsrealisierender Elemente eines PCs erläutert werden. Um geforderte Rechenleistungen bieten zu können (Anforderung), müssen im PC Eingaben in geeigneter Weise in Ausgaben umgewandelt werden (Funktion). Zu diesem Zweck wird u. a. ein Prozessor eingesetzt (Komponente). Während der Prozessor wichtige Sollfunktionen des Systems realisiert und damit die zugrunde liegenden Anforderungen erfüllt, treten unerwünschte, aber nicht vermeidbare physikalische Effekte auf, in diesem Fall das Entstehen von Wärme. Dieser physikalische Effekt stellt einen Zusammenhang zwischen Eingangs- und Ausgangsgröße dar und entspricht einer Störfunktion. Würde auf die auftretende Störfunktion nicht adäquat reagiert werden, könnte dies zu einem Ausfall (Sicherheitsabschaltung) oder zu einem Schaden des Systems durch Überhitzung führen. Da also bei der Realisierung der Sollfunktion ebenfalls die Störfunktion „Entstehen von Wärme" durch das funktionsrealisierende Element, den Prozessor, mit verursacht wird und diese sich negativ auf das System auswirkt, ergibt sich ein Design Constraint, das die Verhinderung einer Überhitzung des Systems fordert. Hierfür wird die Ausgleichsfunktion „Wärme abführen" geschaffen. Die Umsetzung dieser Funktion ließe sich über die funktionsrealisierenden Elemente auf zwei Arten lösen. Einerseits könnten bei dem Erreichen kritischer Temperaturen Rechenprozesse unterbrochen und Abkühlphasen umgesetzt werden (Prozess), andererseits – und dies ist die gängige Lösung – ein Lüfter zur Wärmeabfuhr (Komponente) verbaut werden. Auf diese Weise wird der der Effekt der Störfunktion zwar nicht eliminiert, jedoch so weit gemindert, dass die anforderungsgerechte Performance des Systems sichergestellt ist.

So einfach dieses Beispiel ist, zeigt es doch, dass bestimmte Lösungsmuster nur dann umgesetzt werden müssen und dürfen, wenn hierfür ein Bedarf bedingt aus Design Constraints besteht. Würde beispielsweise durch Fortschritte der Werkstofftechnik ein Prozessor entwickelt werden, der kaum Wärme emittiert, entfielen die Störfunktion und alle mit ihr kausal in Verbindung stehenden Elemente. Entsprechend wäre in diesem Fall der Prozessor-Lüfter überflüssig und könnte eingespart werden, was Gewicht, Stromverbrauch und Kosten des Produktsystems PC senkt.

Transferiert auf komplexe technische Systeme, und damit auf komplexe Wirkzusammenhänge, zeigt sich die Notwendigkeit einer systematischen Differenzierung zwischen Anforderungen, Funktionen und funktionsrealisierenden Elementen. Dabei unterstützt das erweiterte Funktionsverständnis eine Analyse auftretender Wechselbeziehungen zwischen Systemelementen. Wird der vorgestellte Ansatz konsequent über den Produktlebenszyklus dokumentiert, bietet er zudem wertvollen Input für den Nachweis bzw. Rückverfolgbarkeit, warum im Verlauf der Entwicklung eines Produkts Störfunktionen entstehen und wie diese über Ausgleichfunktionen kompensiert werden können, so dass die Zuverlässigkeit des Produkts dauerhaft gewährleistet werden kann.

4 Nutzung von Funktionen zur Zuverlässigkeits- und Innovationsgraderhöhung

Werden Funktionen um Soll-, Stör- und Ausgleichsfunktionen ergänzt, in den Systemkontext von DeCoDe eingeordnet und systematisch während der Produktentwicklung betrachtet, bieten sie die Möglichkeit einer Erhöhung der Zuverlässigkeit und des Innovationsgrads. Eine Konzentration auf das Erkennen von Störfunktionen und die Schaffung geeigneter Ausgleichsfunktionen erhöht demnach die Systemzuverlässigkeit. Hingegen fördert der Ansatz, technische Systeme zu entwickeln, deren funktionsrealisierende Elemente so wenig Störfunktionen wie möglich mit verursachen, das Auffinden innovativer Lösungen, da der Fokus der Produktentwicklung auf der Funktionsoptimierung liegt und eine vorschnelle Einschränkung des Lösungsraums durch die direkte Anforderungserfüllung mittels Komponenten vermeidet [1].

Bei der Betrachtung der Zuverlässigkeit technischer Systeme wird vor allem die Funktionsfähigkeit als Qualitätsmerkmal identifiziert [11]. Neben Methoden zur Fehleridentifikation und -bewertung wie Fehlermöglichkeits- und Einflussanalyse oder Fehlerbaumanalyse, welche üblicherweise mit dem Zuverlässigkeitsbegriff in Verbindung gebracht werden, benötigt die Produktentwicklung Vorgehensweisen, die nicht nur Fehler identifizieren und deren Ursache und Auswirkungen analysieren, sondern ebenfalls eine methodische Unterstützung bei der Umsetzung von Anforderungen in zuverlässige Funktionen und funktionsrealisierende Elemente darstellt. So bietet alleine die Benennung von Fehlern noch keinen Ansatz, diese systematisch zugunsten eines funktionszuverlässigen Systems zu vermeiden. Der vorgestellte Ansatz der systematischen Betrachtung von Soll-, Stör- und Ausgleichsfunktionen sowie deren Einordnung und Betrachtung im Systemkontext von DeCoDe stellt einen Beitrag zum Schließen dieser Lücke dar. Durch eine gezielte Untersuchung, ob die Umsetzung von Funktionen neben gewünschten Effekten auch parasitäre Effekte mit verursacht und wie sich dieser Einfluss auf die funktionsrealisierenden Elemente auswirkt, kann letztlich der

Brückenschlag zu den Anforderungen erfolgen und somit der Qualitätsregelkreis geschlossen werden. Da durch dieses Vorgehen negative Auswirkungen auf das System durch unerwünschte Effekte von Störfunktionen systematisch verhindert werden, kann die Zuverlässigkeit des Systems, nämlich die Sicherstellung der anforderungsgerechten Funktionsfähigkeit, erreicht werden. Bezogen auf das Beispiel Prozessor eines PCs heißt das, dass nur aufgrund der Kenntnis der Störfunktion und der resultierenden Effekte geeignete Design Constraints abgeleitet, in Ausgleichsfunktionen übersetzt und durch funktionsrealisierende Elemente umgesetzt werden. Die Maßnahme, die Ausgleichsfunktion „Wärme abführen" über einen Prozessor-Lüfter zu realisieren, erhöht dabei den Grad der Zuverlässigkeit, da die Funktionsfähigkeit (d.h. die Sicherstellung, dass alle Funktionen anforderungsgerecht umgesetzt werden) des Gesamtsystems erhöht wird. Die Außerachtlassung der Störfunktion hätte entsprechend die Funktionsfähigkeit herabgesetzt, da der auftretende Störeffekt (hohe Wärmeentwicklung) funktionsrealisierende Elemente betrifft und diese dann nicht mehr die anforderungsgerechte Realisierung der Sollfunktionen umsetzen können. Eine Zuverlässigkeitserhöhung im Sinne der Soll-, Stör- und Ausgleichsfunktionen bedeutet also, alle auftretenden Störfunktionen zu identifizieren, geeignete Ausgleichfunktionen zu implementieren und umzusetzen.

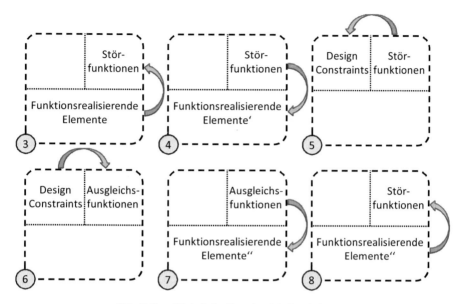

Abb. 5: Kerntätigkeit der Zuverlässigkeitserhöhung

Die Kernaktivität mit dem Ziel der Zuverlässigkeitserhöhung, welche in der Abbildung 5 dargestellt ist, umfasst die bereits vorgestellten Schritte 3 – 8 der Funktionsmodellierung (vgl. Abbildung 4). Zunächst gilt es, sämtliche Störfunktionen zu identifizieren [vgl. Abbildung 5, Schritt (3)], ihren Einfluss auf funktionsrealisierende Elemente zu analysieren (4) und Design Constraints abzuleiten (5). Diese werden dann in Ausgleichfunktionen übersetzt (6), realisiert (7) und verhindern oder eliminieren dadurch die Effekte von Störfunktionen (8), so dass in Bezug auf die systeminhärente Funktionsfähigkeit des Systems eine Zuverlässigkeitserhöhung erreicht wird

Die Zuverlässigkeitserhöhung am Beispiel des Prozessors zeigt sich beim Reverse Engineering des Systems. So ergibt die Systemanalyse bei der Umsetzung der Sollfunktion, dass durch den Prozessor Wärme emittiert wird [vgl. Abbildung 6, Schritt (3)] und sich im Sinne einer Störfunktion negativ durch eine Überhitzung auf das System auswirkt (4). Aus dieser Störfunktion wird das Design Constraint „Überhitzung des Systems verhindern" abgeleitet (5), woraus die Ausgleichsfunktion „Wärme abführen" resultiert (6). Gemäß des erweiterten Funktionsverständnisses wird diese durch einen Prozessor-Lüfter realisiert (7). Dadurch wird der Einfluss der Störfunktion soweit reduziert, dass sich diese nicht mehr negativ auf das System auswirkt. Das Überhitzen des Systems (Störfunktion) wird damit verhindert (8).

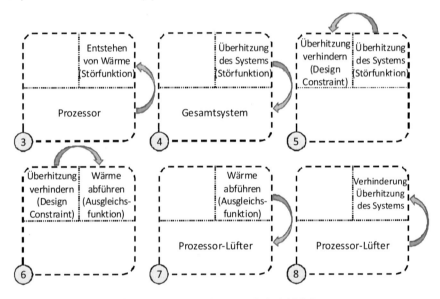

Abb. 6: Zuverlässigkeitserhöhung am Beispiel PC-Prozessor

Neben der aufgezeigten Erhöhung der Zuverlässigkeit bietet die konsequente Anwendung des erweiterten Funktionsverständnisses in DeCoDe zudem die Option, den Innovationsgrad eines Produktsystems zu erhöhen. Während bereits die Nutzung von Funktionen als Bindeglied zwischen den Elementen Anforderungen und Komponenten als vorteilhaft für innovative Produktentwicklung beschrieben wurde [1], bietet das erweiterte Funktionsverständnis in DeCoDe zusätzliche Möglichkeiten der Innovationsgraderhöhung. So kann die Funktionsrealisierung durch Komponenten oder Prozesse dann als innovativ beschrieben werden, wenn Sollfunktionen nicht durch die üblichen funktionsrealisierenden Elemente umgesetzt werden, sondern die Umsetzung von Sollfunktionen durch entsprechende Elemente fokussiert wird, die keine Störfunktionen mit verursachen. Im Kontext des angeführten Beispiels entspräche dies der Neu- oder Weiterentwicklung eines Prozessors bzw. einer Komponente, welche die Sollfunktion der Rechenoperationen umsetzt, ohne dabei in einem Maße Wärme zu entwickeln, dass diese gesondert abgeführt werden muss. Eine Innovationsgraderhöhung im Sinne des erweiterten Funktionsverständnisses liegt demnach dann vor, wenn durch die systematische Betrachtung der Funktionen und Wechselwirkungen funktionsrealisierende Elemente entwickelt werden, die anders als bisherige Lösungsvarianten keine Störfunktionen mehr mit verursachen.

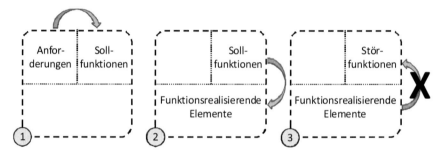

Abb. 7: Kerntätigkeiten der Erhöhung des Innovationsgrads

Erfolgt die Nutzung des erweiterten Funktionsverständnisses mit dem Ziel der Innovationsgraderhöhung, bilden die Schritte 1 – 3 der Funktionsmodellierung (vgl. Abbildung 4) den Kernbestandteil der Tätigkeit. Es werden aus den Anforderungen der Stakeholder Sollfunktionen abgeleitet [vgl. Abbildung 7, Schritt (1)], die derart in funktionsrealisierende Elemente umgesetzt werden (2), dass sichergestellt ist, dass die funktionsrealisierenden Elemente keine Störfunktionen parasitär mit verursachen (3), bzw. die Art der Sollfunktionsumsetzung so innovativ ist, dass zumindest weniger Störfunktionen als bei konventionellen Lösungen mit verursacht werden oder deren Einfluss so gering gehalten werden kann, dass es zu keiner schädigenden Wirkung auf das System oder Performanceminderung kommt.

Angewandt auf das Beispiel des PC-Prozessors zeigt sich, dass eine Innovationsgraderhöhung deutlich komplexer ist und gegebenenfalls neue Technologien erfordert als eine Zuverlässigkeitserhöhung. Zunächst erfolgt hierbei die Übersetzung der zugrundeliegenden Anforderungen in Sollfunktionen. Die sehr allgemeine und im Beispiel nicht spezifizierte Anforderung hinsichtlich „Performance" wird in diesem Fall durch die Sollfunktion „Umsetzung von Rechenoperationen" erfüllt [vgl. Abbildung 8, Schritt (1)]. Die Herausforderung liegt nun in Schritt (2), der Umsetzung dieser Funktion. Da die Betrachtung konventioneller Prozessoren zeigte, dass diese Störfunktionen parasitär mit verursachen, müsste zur störfunktionsfreien Sollfunktionsumsetzung ein neuer Prozessor entwickelt werden. Hierfür sind beispielsweise neue Technologien oder Werkstoffe erforderlich, deren Einsatz im Kontext PC-Hardware eine Innovation darstellen könnte. Die Sollfunktion wird somit durch das funktionsrealisierende Element „innovativer Prozessor" umgesetzt und ermöglicht damit die störfunktionsfreie Umsetzung von Rechenoperationen (3).

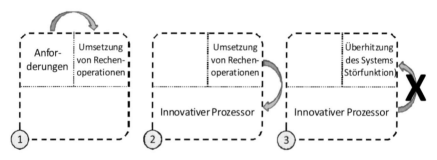

Abb. 8: Innovationsgraderhöhung am Beispiel PC-Prozessor

5 Einordnung in das DeCoDe-Modell

Das erweitere Funktionsverständnis bietet einen Ansatz, das DeCoDe-Modell zu untersetzen und zu präzisieren. Dabei wird durch die Erweiterung der bisherigen Funktion um Soll-, Stör- und Ausgleichsfunktionen das Prinzip von DeCoDe – die Systemmodellierung über miteinander in Wechselbeziehung stehende Elemente

– aufgegriffen und konsekutiv auf einer tieferen Detaillierungsebene angewandt. Analog zum vorgestellten DeCoDe-Systemmodell (vgl. Abbildung 2) erfolgt eine Analyse der Wechselbeziehungen zwischen den Soll-, Stör- und Ausgleichsfunktionen und den Systemelementen Anforderungen, Komponenten und Prozesse. In Erweiterung des bisherigen Ansatzes erfolgt die Betrachtung von drei unterschiedlichen Funktionsarten, die sich bezüglich ihrer Auswirkung auf das System und des Zeitpunkts ihres erstmaligen Auftretens unterscheiden. So treten beispielsweise Ausgleichsfunktionen erst dann auf, wenn sich durch Störfunktionen bedingte Design Constraints ergeben und deren Erfüllung beschrieben wird. Die Einordnung des erweiterten Funktionsverständnisses in das vorgestellte DeCoDe-Systemmodell (vgl. Abbildung 3) zeigt die nachfolgende Abbildung.

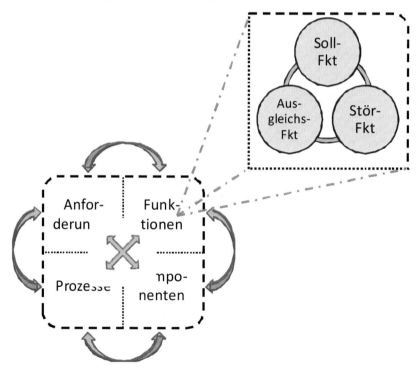

Abb. 9: Einordnung des erweiterten Funktionsverständnisses in das DeCoDe-Modell

6 Fazit

Produktentwicklungsvorhaben bedienen sich häufig geeigneter Systemmodelle, um Komplexität zu reduzieren und das Entwicklungsvorhaben zu systematisieren. Dabei bilden Funktionen ein etabliertes Bindeglied zwischen den Elementen Anforderungen, die durch die Stakeholder vorgegeben werden, und Komponenten, die diese Anforderungen umsetzen sollen. Das Demand Compliant Design (DeCoDe) bietet eine Systemmodellierung, bei der durch die konsequente Betrachtung von vier Basiselementen und der Wechselbeziehungen zwischen diesen das Vorgehen strukturiert und systematisiert wird. Basierend auf Erfahrungen im Reverse Engineering, bei dem erkennbar wurde, dass eine Vielzahl von Komponenten nicht dazu dient, gewünschte Funktionen zu realisieren, sondern ausschließlich unerwünschte Effekte, die durch die funktionsrealisierenden Elemente parasitär mit verursacht wurden, zu unterbinden [6], wurde ein erweitertes Funktionsverständnis eingeführt. Dabei soll die Berücksichtigung von Soll-, Stör- und Ausgleichsfunktionen dazu dienen, Möglichkeiten einer Zuverlässigkeits- und Innovationsgraderhöhung zu identifizieren und gemäß der vorgestellten Systematik auch zu dokumentieren. Die Dokumentation der Funktionen ermöglicht auf diese Weise gleichzeitig die Rückverfolgbarkeit von Designentscheidungen. Daraus wird erkennbar, warum bestimmte funktionsrealisierenden Elemente in einem System umgesetzt sind. Das Konzept der zielgerichteten Entwicklung von Soll-, Stör- und Ausgleichsfunktionen ist daher ein Bestandteil aktueller Forschungsvorhaben, um die Vorteile auf praktischer Seite in der Produktentwicklung zu evaluieren und Impulse für die Weiterentwicklung des Konzepts zu generieren. Der vorliegende Beitrag hebt dabei die Notwendigkeit eines erweiterten Funktionsverständnisses hervor, erläutert die Einordnung in den Systemkontext und zeigt Vorteile der Implementierung von Soll-, Stör- und Ausgleichsfunktionen auf. Dadurch wird die Bedeutung des Funktionselements für die anforderungsgerechte Produktentwicklung unterstrichen. Zudem wird ein Ansatz aufgezeigt, wie insbesondere bei Weiterentwicklungsvorhaben Komponenten bezüglich ihrer

Notwendigkeit überprüft werden können und in diesem Sinne durch Funktionen legitimiert werden. Das vorgestellte Systemmodell soll dabei als Vorüberlegung für ein ganzheitliches Funktions- und Systemverständnis dienen, welches Gegenstand aktueller Forschungsvorhaben ist.

Literatur

[1] Lindemann, U.: Methodische Entwicklung technischer Produkte. Methoden flexibel und situationsgerecht anwenden. 3., korrigierte Auflage. Springer, Berlin, Heidelberg, 2009.

[2] Pahl, G.; Beitz, W.; Feldhusen, J.; Grote, K.H.: Pahl/Beitz Konstruktionslehre. Grundlagen erfolgreicher Produktentwicklung. Methoden und Anwendung. 5., neu bearbeitete und erweiterte Auflage. Springer, Berlin, Heidelberg, 2003.

[3] Deutsches Institut für Normung e.V.: Qualitätsmanagementsysteme – Grundlagen und Begriffe. DIN EN ISO 9000:2005. Beuth Verlag, Berlin, 2005.

[4] Schlund, S.; Winzer, P.: DeCoDe-Modell zur anforderungsgerechten Produkt-entwicklung. In: Bandow, G.; Holzmüller, H. H. (Hrsg.): „Das ist gar kein Modell!": Unterschiedliche Modelle und Modellierungen in Betriebswirtschaftslehre und Ingenieurwissenschaften. Gabler Verlag, Wiesbaden, 2010.

[5] Ehrlenspiel, K.: Integrierte Produktentwicklung: Denkabläufe, Methodeneinsatz, Zusammenarbeit. 4., aktualisierte Auflage. Hanser, München, Wien, 2009.

[6] Riekhof, F.: Ansatz zur systematischen Versuchsdatenrückführung in die Produktentwicklung. In: Winzer, P. (Hrsg.): Berichte zum Generic-Management (Reihe). Shaker Verlag. Veröffentlichung in Vorbereitung.

[7] Winzer, P.; Schlund, S.; Kulig, S.; Rosendahl, J.: Methodischer Ansatz zur anforderungsgerechten Entwicklung vernetzter mechatronischer Systeme in intralogistischen Anlagen. In: Crostack, H.-A.; ten Hompel, M.: Forderungsgerechte Auslegung von intralogistischen Systemen – Logistics on Demand. 2. Kolloquium des Sonderforschungsbereich 696, S. 101 – 124. Verlag Praxiswissen, Dortmund, 2007.

[8] Riekhof, F.; Schlund, S.: "DeCoDe + X". Method Integration Using a Holistic System Description and a Process Model. Proceedings of the 13th QMOD Conference on Quality and Service Sciences ICQSS 2010, Cottbus, Germany, 2010.

[9] Rosendahl, S.; Kulig, S.; Schlund, S.; Winzer, P.: Methodenworkflow zur Entwicklung mechatronischer Systeme. In: Künne, B.; Tillmann, W.; Crostack, H.-A.: Forderungsgerechte Auslegung von intralogistischen Systemen – Logistics on Demand. 3. Kolloquium des Sonderforschungsbereich 696, S. 63 – 79. Verlag Praxiswissen, Dortmund, 2009.

[10] Suh, N. P.: Axiomatic Design as a Basis for Universal Design Theory. In: Grabowski, H.; Rude, S.; Grein, G. (Edit.): Universal Design Theory. Proceedings of the workshop Universal Design Theory. Karlsruhe, Germany, 1998. Shaker Verlag, Aachen, 1998.

[11] Bertsche, B.; Göhner, P.; Jensen, U.; Schinköthe, W.; Wunderlich, H.-J.: Zuverlässigkeit mechatronischer Systeme. Grundlagen und Bewertung in frühen Entwicklungsphasen. Springer, Berlin, Heidelberg, 2009.

Anforderungsgerechte Produktentwicklung über den Produktlebenszyklus

Dipl.-logist. Christine Hartmann, M.Sc. Florian Riekhof, Prof. Dr.-Ing. habil. Petra Winzer

Produktsicherheit und Qualitätswesen, Bergische Universität Wuppertal

Abstract

Um eine erfolgreiche Produktentwicklung zu gewährleisten, ist ihre Einbindung in das Qualitätsmanagement des Unternehmens unabdingbar. Das Qualitätsmanagement hat sich in den meisten Unternehmen bereits als feste Größe etabliert. Der Grad der Erfüllung von Anforderungen ist in diesem Kontext ein klares Indiz für die Qualität eines Produktes, während die Qualität eines Unternehmens an der Berücksichtigung von Stakeholderinteressen und der Qualitätsfähigkeit der Prozesse gemessen wird. Um Anforderungen der Produktentwicklung durchgängig organisieren zu können, werden die Maßnahmen des klassischen Qualitätsmanagements durch geeignete spezifische Ansätze unterstützt. Hier findet das Anforderungsmanagement Anwendung zur Erfassung, Analyse und Bewertung von Anforderungen an ein Produkt. Um die Anforderungserfüllung sowohl in Bezug auf das Qualitäts- als auch auf das Anforderungsmanagement bewertbar zu machen, werden einheitliche Messpunkte benötigt. Als Schnittstelle zwischen den beiden Ansätzen lassen sich dafür Quality Gates definieren.

Vor diesem Hintergrund vergleicht der vorliegende Beitrag Qualitäts- und Anforderungsmanagement und zeigt Unterschiede und wissenschaftliche Fragestellungen auf. Darauf aufbauend, wird das am Fachgebiet Produktsicherheit und Qualitätswesen (FG ProQ) der Bergischen Universität Wuppertal entwickelte DeCoDe-Modell (Demand Compliant Design) vorgestellt. DeCoDe bietet eine fundierte Grundlage zur Analyse und Modellierung technischer Systeme und ist insbesondere auf die Anwendung in der Produktentwicklung ausgerichtet. Hierzu wird das System in vier Basissichten aufgegliedert: Anforderungen, Funktionen,

Komponenten und Prozesse. Diese Sichten ermöglichen eine strukturierte Erfassung der Elemente eines Systems. Durch Tools werden die Wechselbeziehungen zwischen den Sichten – und innerhalb von diesen – betrachtet. So ist es möglich, potentielle Konflikte bereits in den frühen Phasen des Produktlebenszyklus aufzuzeigen.

Es wird dargestellt, wie DeCoDe zur anforderungsgerechten Produktentwicklung eingesetzt werden kann und über bestehende Ansätze hinaus die Qualitätsfähigkeit von Organisationen und Produkten unterstützt. Gleichzeitig soll DeCoDe als Messmethode bezüglich der Anforderungserfüllung an den Quality Gates genutzt werden.

1 Einleitung

Die Relevanz nachvollziehbarer und abgleichbarer Aussagen zur Qualitätsfähigkeit von Unternehmen und der daraus resultierenden Qualität von Produkten zeigt sich insbesondere bei der Betrachtung von Rückrufaktionen der Automobilindustrie. Rückrufe sind dann notwendig, wenn gravierende Fehler auftreten. Nach DIN EN ISO 9000:2005 [1] sind Fehler nichterfüllte Anforderungen. Treten also gravierende Fehler auf, ist dies ein Indiz dafür, dass weder die Produktentwicklung in der Lage war, vollständig alle Anforderungen fehlerfrei zu erfüllen, noch die Qualitätsfähigkeit der Unternehmensprozesse ausreichend gut war, um Fehler systematisch zu verhindern bzw. rechtzeitig zu detektieren und geeignete Gegenmaßnahmen einzuleiten. Dass es sich bei Rückrufen um ein strukturelles Problem statt um vernachlässigbare Einzelfälle handelt, zeigt die Statistik. In den fünf Jahren zwischen dem 01. Juli 2005 und dem 30. Juni 2010 wurden in Deutschland 457 PKW-Rückrufaktionen durchgeführt, bei denen fast 2,9 Millionen Fahrzeug-Halter betroffen waren [2]. Allein in 2009 erfolgten 140 Rückrufaktionen, dabei war der festgestellte Mangel bei jeder mitgezählten Rückrufaktion so schwerwiegend, dass durch das Kraftfahrtbundesamt die Halterdaten aus dem Zentralen Fahrzeugregister ermittelt und die betroffenen Halter (rund

617.000) informiert wurden. Die häufigste Fehlerursache sind mit über 60 Prozent die mechanischen Mängel. Bei überwachten Rückrufen (solche, die besonders gefährliche Mängel betreffen, sind fünf Baugruppen (Bremsanlage, Fahrwerk, Insassenschutzeinrichtung wie Airbags und Sicherheitsgurte, Lenkanlage und Karosserie) von rund 65 Prozent der Mängel betroffen [3]. Die Verteilung der Mängel wird in Abbildung 1 dargestellt.

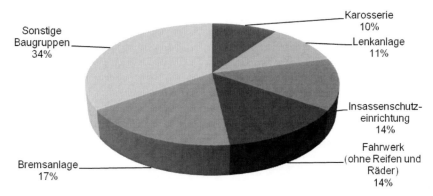

Abb. 1: Baugruppenbezogene Verteilung der Mängel in Prozent bei überwachten Rückrufen [3]

Es wird deutlich, dass sich die Mängel über alle Bereiche der Fahrzeuge verteilen. Wie in Abbildung 2 dargestellt, nimmt die Anzahl von Rückrufaktionen in Deutschland trotz sinkender Kfz-Neuzulassungen stetig zu. Diese Entwicklung begründet sich in der zunehmenden Komplexität der implementierten Systeme, die zu einem Hauptsystem integriert werden. Die Wechselwirkungen an den Schnittstellen der einzelnen Systeme sind dabei jedoch nicht bekannt oder nicht beherrschbar, wodurch aufgrund unerkannter Risiken und Probleme vermehrt Rückrufaktionen notwendig werden [4].

Anforderungsgerechte Produktentwicklung über den
Produktlebenszyklus

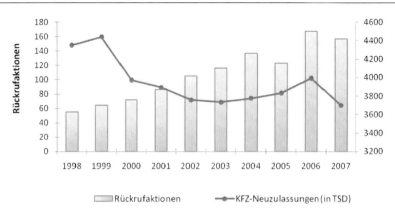

Abb. 2: Kfz-Neuzulassungen und Rückrufaktionen in Deutschland [4]

Auch wenn es als Außenstehender nicht möglich ist, die Gründe für die auftretenden Mängel zu ermitteln, die zu Rückrufaktionen führen, liegt dennoch die Vermutung nahe, dass zumindest ein Teil dieser Mängel bereits während der Produktentwicklung hätte vermieden werden können.

Hierbei bestehen jedoch einige grundlegende Schwierigkeiten, die die Produktentwicklung weiter verkomplizierten. So ist die Vielfalt der Anforderungen, die an ein Produkt gestellt werden, kaum beherrschbar, da bspw. unterschiedliche Stakeholder verschiedene, teils gegenläufige Anforderungen an ein Produkt haben. Desweiteren treffen in der Produktentwicklung verschiedene Domänen mit jeweils eigenen Methoden aufeinander, die jedoch kaum verknüpft oder bspw. in die Simulation eingebunden werden (vgl. z.B. [4]). Weiterhin ist auch die Vernetzung und Aufbereitung der Informationen, die zu einem Produkt vorliegen, problematisch. Eine Rückführung von Erfahrungsdaten in die Produktentwicklung erfolgt selten. Hinzu kommt, dass sich in den Ingenieurdomänen in der Vergangenheit eine Vielzahl von Entwicklungsmethodiken herausgebildet hat, wie beispielsweise das V-Modell oder das Wasserfallmodell (vgl. [5]).

Durch die Existenz dieser Schwachstellen steigt die Wahrscheinlichkeit des Auftretens von Fehlern am Produkt, die sich dann auch in umfassenden Rückrufaktionen widerspiegeln. Oberstes Ziel einer anforderungsgerechten Produktentwicklung muss es aber sein, ein qualitätsfähiges Produkt zu entwickeln. Auf Unternehmensebene wird diese Fähigkeit dabei durch die DIN EN ISO 9000 als „Eignung einer Organisation, eines Systems oder eines Prozesses zum Realisieren eines Produkts, das die Anforderungen an dieses Produkt erfüllt" [1], definiert. Dies bedeutet also, dass die Qualitätsfähigkeit auch von der Organisation und den produktrelevanten Prozesse abhängt. Dazu soll das Qualitätsmanagement beitragen, aber auch das moderne Anforderungsmanagement setzt sich dieses Ziel.

2 Verknüpfung von Qualitäts- und Anforderungsmanagement

Unter dem Begriff des Qualitätsmanagements versteht man „aufeinander abgestimmte Tätigkeiten zum Leiten und Lenken einer Organisation bezüglich Qualität" [1]. Das Ziel von Maßnahmen des Qualitätsmanagements ist die Zufriedenheit des Kunden [6] unter Einbeziehung aller Mitarbeiter in den Qualitätsprozess [7]. Das Qualitätsmanagement dient somit der Sicherstellung der Qualitätsfähigkeit aller Prozesse einer Organisation.

Im Bereich der Produktentwicklung hat sich parallel dazu das Anforderungsmanagement etabliert. Dabei liegt der Fokus auf der Gewährleistung der Qualitätsfähigkeit des Produktes durch die konsequente Ausrichtung auf die produktrelevanten Prozesse und die daraus resultierenden Anforderungen.

Das Anforderungsmanagement stellt eine systematische Herangehensweise dar, um die Anforderungen an ein System auszuwählen, zu organisieren und zu dokumentieren. Durch das mehrstufige Vorgehen werden die Anforderungen, die gerade zu Beginn der Generierung von Produktideen und der Ermittlung von Anforderungen noch sehr vage sind und sich teilweise widersprechen, vervollständigt und eindeutig definiert. Hierzu wird eine Vielzahl von Stakeholdern eingebunden, wie bspw. Kunden, Entwickler und Anwender [8].

Im Zusammenspiel von Qualitäts- und Anforderungsmanagement ergeben sich jedoch Unterschiede und Diskrepanzen, die im Folgenden unter den Vergleichskriterien „Fokus", „Quellen der Anforderungen", „Betrachtung über den gesamten Produktlebenszyklus" und „Verknüpfung einzelner Qualitätsmethoden" weitergehend beschrieben werden.

Fokus

Wie zuvor bereits erläutert, bezieht sich das Qualitätsmanagement auf die Prozesse zur Sicherstellung der Qualitätsfähigkeit der gesamten Organisation, während das Anforderungsmanagement einen produktbezogenen Fokus der Anforderungsbetrachtung postuliert. Es fehlt hierbei die Verknüpfung beider Felder dahingehend, dass das Produkt und die an das Produkt gestellten Anforderungen mit den für sie relevanten Bestandteilen der Organisation miteinander in Bezug gesetzt werden. An dieser Stelle bieten sich Quality Gates an, bei denen die Bewertung der Anforderungserfüllung durch DeCoDe unterstützt wird. Hierfür ist es jedoch zunächst notwendig, Quellen der Anforderungen zu identifizieren, um diese anschließend in geeigneter Weise in die Entwicklungsprozesse einzubinden.

Quellen der Anforderungen

Für das Qualitätsmanagement steht der Kunde der Organisation im Vordergrund, und ist damit auch die primäre Anforderungsquelle. Eine ganzheitliche Sicht auf das Produkt und die damit verknüpften Prozesse wird damit nicht automatisch gewährleistet. Im Anforderungsmanagement hingegen werden Anforderungen aller Stakeholder eines Produktes betrachtet, und es berücksichtigt so bspw. auch Aktionäre, Verbände, Städte und andere.

Betrachtung über den gesamten Produktlebenszyklus

Der Lebenslauf eines Produktes lässt sich in typischen Phasen darstellen, die zusammen den Produktlebenszyklus bilden (vgl. bspw. [9]). Für eine ganzheitliche Produktentwicklung kann ein Produkt nicht losgelöst von den einzelnen Phasen seines Lebenslaufs betrachtet werden, da sie sich zum einen gegenseitig beeinflussen können, zum anderen aber auch die Entwicklung neuer Produkte beeinflussen.

In den bisherigen Ansätzen des Anforderungsmanagements wird die Einbindung in den Produktlebenszyklus jedoch nicht in ausreichender Weise betrachtet; eine Verknüpfung zu den Prozessen, die während des Produktlebens durchlaufen werden, erfolgt nicht. Für weitere Erläuterungen sei hier auf Schlund und Müller [10] verwiesen.

Im Qualitätsmanagement erfolgt die Betrachtung des Systems über den vollständigen Produktlebenszyklus hinweg nur ansatzweise durch das Quality Function Deployment (QFD) nach Akao [11] und nach dem American Supplier Institute (ASI) [12].

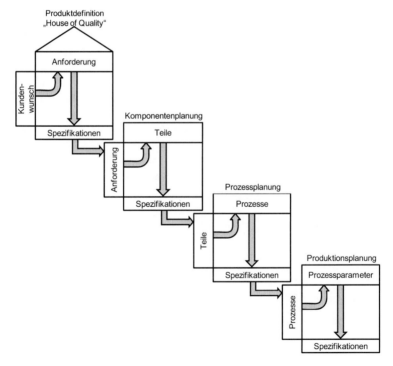

Abb. 3: QFD-Ansatz nach ASI und Saatweber [12]

Wie in Abbildung 3 dargestellt, werden die Anforderungen im QFD in Merkmalen über den Entwicklungsprozess hinaus weiter fortgezogen. Diese Übertragung erfolgt jedoch nur von einem Schritt zum nächsten und nicht systemübergreifend, und auch eine Aktualisierung der Anforderungen über den gesamten Produktlebenszyklus erfolgt nicht.

Verknüpfung einzelner Qualitätsmethoden

Weder das Anforderungs- noch das Qualitätsmanagement bieten bisher zufriedenstellende Möglichkeiten zur Verknüpfung einzelner Qualitätsmethoden. Vielmehr werden die einzelnen Methoden lediglich getrennt voneinander angewendet, ohne die Ergebnisse direkt in weiteren Methoden einzusetzen oder miteinander in Bezug zu setzen. Detailliert gehen hierauf unter anderem Sitte und Winzer in [13], Gausemeier et al. in [14] sowie Ehrlenspiel in [15] ein.

Die oben dargestellten Vergleichskriterien werden in Tab.Tabelle 1 nochmals zusammengefasst und vergleichend für Qualitäts- und Anforderungsmanagement gegenübergestellt.

Tab. 1: Gegenüberstellung von Qualitäts- und Anforderungsmanagement

	Qualitätsmanagement	Anforderungsmanagement
Fokus	Sicherstellung der Qualitätsfähigkeit aller Prozesse einer Organisation	Gewährleistung der Qualitätsfähigkeit des Produktes
Quellen der Anforderungen	vorrangig der Kunde	alle Stakeholder
Betrachtung des Produktlebenszyklus	ansatzweise (durch Quality Function Deployment)	nein
Verknüpfung einzelner Qualitätsmethoden	nein	nein

Zusammenfassend bleiben im Zusammenwirken von Qualitäts- und Anforderungsmanagement nach wie vor einige Fragestellungen offen. Die Vernetzung der Prozesse der Organisation mit dem zu entwickelnden Produkt erfolgt nur punktuell und nicht Produktlebenszyklus-übergreifend. Die an das Produkt gestellten Anforderungen verbleiben während des Entwicklungsprozesses statisch, Änderungen der Anforderungen werden nicht oder nur in geringem Umfang nachverfolgbar dokumentiert. Die Ergebnisse von Methoden, die während des Produktentwicklungsprozesses Anwendung finden, werden nicht innerhalb einer einheitlichen Datenbasis erfasst und somit auch nicht mit weiteren Methoden verknüpft. Es wird im Folgenden eine Möglichkeit dargestellt, diese Lücken in Anforderungs- und Qualitätsmanagement für die Produktentwicklung zu schließen.

3 Anforderungsgerechte Produktentwicklung über den gesamten Produktlebenszyklus mittels DeCoDe

Durch den in Kapitel 2 vorgestellten Vergleich von Qualitäts- und Anforderungsmanagement wird deutlich, dass beide durchaus einzelne Ansätze zur Unterstützung einer anforderungsgerechten Produktentwicklung bieten: Das Qualitätsmanagement unterstützt die Sicherstellung der Qualitätsfähigkeit der Organisation und seiner Prozesse, das Anforderungsmanagement fördert die Sicherstellung der Qualitätsfähigkeit eines Produktes als Untersetzung der Qualitätsfähigkeit von Prozessen in der Produktentwicklung. Insgesamt liegen jedoch in der methodischen Durchgängigkeit Lücken vor. Zur Schließung dieser wissenschaftlichen Lücke und in Ergänzung bestehender Ansätze wurde am Fachgebiet Produktsicherheit und Qualitätswesen (FG ProQ) der Bergischen Universität Wuppertal in Zusammenarbeit mit der Queensland University of Technology in Brisbane, Australien, die DeCoDe-Methode entwickelt (vgl. u.a. [13]). DeCoDe (Demand Compliant Design) unterstützt eine einheitliche Systembeschreibung, die über den Produktlebenszyklus hinweg in der Grundstruktur transparent und variabel ist.

3.1 Beschreibung des Demand Compliant Design (DeCoDe)

DeCoDe ist eine Methode der anforderungsgerechten Produktentwicklung und unterstützt diese bereits in den frühen Phasen. Es bietet eine fundierte Grundlage zur Analyse und Modellierung technischer Systeme und der Wechselwirkungen innerhalb dieser Systeme. Hierzu wird das System in vier Basissichten aufgegliedert: Anforderungen, Funktionen, Komponenten und Prozesse. Diese Sichten ermöglichen eine strukturierte Erfassung der Elemente eines Systems, und damit eine ganzheitliche Bewertung des Systems und dessen Grenzen zur Umwelt [16].

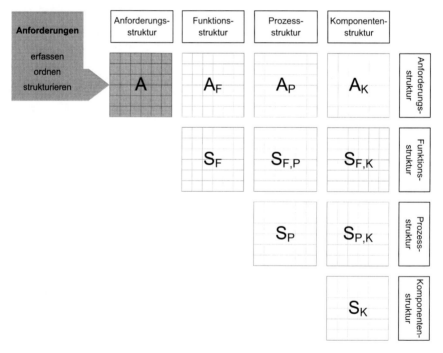

Abb. 4: Grundkonzept des DeCoDe-Modells [17]

Wurden die Sichten erfasst bzw. abgeleitet, werden in einem weiteren Schritt durch Tools (primär Matrizen und Graphen) die Wechselbeziehungen zwischen den Sichten – und innerhalb von diesen – betrachtet. Die Sichten werden, wie in

Abbildung 4 dargestellt, erfasst, geordnet, strukturiert und miteinander verknüpft. Diese Verknüpfung erfolgt mithilfe von Anforderungs- (A_x) und Systemmatrizen (S_x), indem systematisch die in Tabelle 2 aufgestellten Fragestellungen beantwortet werden [16].

Durch die Verknüpfung der Sichten über Matrizen ist es möglich, potentielle Konflikte wie Zielkonflikte bei Anforderungen und gegenseitige Wechselbeziehungen wie die Beeinflussung von der Funktionsfähigkeit einzelner Komponenten durch andere Komponenten bereits in den frühen Phasen des Produktlebenszyklus aufzuzeigen. DeCoDe qualifiziert sich somit als entwicklungsbegleitendes Beschreibungsmodell mit iterativem Modellierungsansatz, indem sukzessive die Systemelemente und ihre Beziehungen ergänzt werden [16].

Tab. 2: Inhalt der DeCoDe-Matrizen [16]

Matrix	Fragestellung	Ergebnisse
A (Anforderungen vs. Anforderungen)	Welche Anforderungen beeinflussen sich gegenseitig?	Priorisierung, Systematisierung, teilweise aber auch Eliminierung der Anforderungen
A_F (Anforderungen vs. Funktionen)	Welche Funktion beeinflusst welche Anforderungen (und umgekehrt)?	Darstellung und Ermittlung der für die Erfüllung der jeweiligen Anforderungen benötigten Funktionen und deren Auswirkungen auf andere Anforderungen
A_P (Anforderungen vs. Prozesse)	Welche Anforderungen werden durch welche Prozesse beeinflusst (und umgekehrt)?	Ableitung neuer Anforderungen aus Prozessen bzw. Erfüllung von Anforderungen durch Prozesse
A_K (Anforderungen vs. Komponenten)	Welche Komponenten werden durch welche Anforderungen beeinflusst (und umgekehrt)?	Ableitung neuer Anforderungen aus Komponenten sowie Darstellung der Auswirkung best. Komponenten auf Anforderungserfüllung
S_F (Funktionen vs. Funktionen)	Welche Funktionen beeinflussen sich gegenseitig?	Ermittlung von Zusammenhängen auf Funktionsebene (beispielsweise möglichen Zielkonflikten)
S_P (Prozesse vs. Prozesse)	Welche Prozesse beeinflussen sich gegenseitig?	Ermittlung von Zusammenhängen auf Prozessebene (beispielsweise möglichen Zielkonflikten)
S_K (Komponenten vs. Komponenten)	Welche Komponenten beeinflussen sich gegenseitig?	Ermittlung von möglichen Auswirkungen des Einsatzes / der Änderung bestimmter Komponenten
$S_{F,P}$ (Prozesse vs. Funktionen)	Welche Prozesse werden durch welche Funktionen beeinflusst (und umgekehrt)?	Ermittlung zusätzlicher Funktionen bzw. Prozesse sowie von Zielkonflikten zwischen Funktionen und Prozessen?
$S_{F,K}$ (Funktionen vs. Komponenten)	Welche Funktionen beeinflussen welche Komponenten (und umgekehrt)?	Ermittlung notwendiger Komponenten zur Funktionserfüllung bzw. von Zielkonflikten zwischen Funktionen und Komponenten
$S_{P,K}$ (Prozesse vs. Komponenten)	Welche Prozesse beeinflussen welche Komponenten (und umgekehrt)?	Ermittlung notwendiger Komponenten zur Prozessdurchführung bzw. von Zielkonflikten zwischen Prozessen und Komponenten

Hierdurch wird es möglich, wie in Abbildung 5 dargestellt, die Systemelemente während des Entwicklungsprozesses und auch darüber hinaus kontinuierlich über den gesamten Produktlebenszyklus hinweg miteinander in Beziehung zu setzen, Änderungen nachvollziehbar zu machen, und auch zu späteren Zeitpunkten im Produktleben die Erfüllung der an das Produkt gestellten Anforderungen zu erfüllen und, falls notwendig, die Anforderungen entsprechend auftretender Änderungen zu aktualisieren.

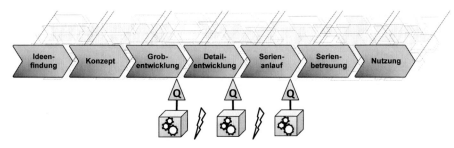

Abb. 5: Methodeneinbindung über den Produktlebenszyklus [Eigene Darstellung]

Des Weiteren ist es möglich, DeCoDe über gemeinsame Definitionen und vorgegebene Schnittstellen mit etablierten Methoden des Qualitätswesens, der Zuverlässigkeit und Simulationen zu verknüpfen (vgl. bspw. [18]). Dieser Ansatz wurde zum Methodenworkflow weiterentwickelt [18] und wird, bezugnehmend auf die Fähigkeit, die Anwendung verschiendener Methoden zu unterstützen und zu systematisieren, auch als DeCoDe+X bezeichnet.

So kann für spezifische Probleme ein definierter Systemausschnitt genauer untersucht und über die vier Basissichten (Anforderungen, Funktionen, Komponenten, Prozesse) hinaus betrachtet werden [16].

Beispielhaft wird DeCoDe+X in Abbildung 6 für die Einbindung der FMEA dargestellt. Um den Entwicklungsprozess bezüglich seiner Qualitätsfähigkeit beurteilen zu können, werden Quality Gates eingesetzt, die somit das verbindende Element zwischen Qualitäts- und Anforderungsmanagement bilden können, wenn sie in den Entwicklungsprozess eingebunden werden.

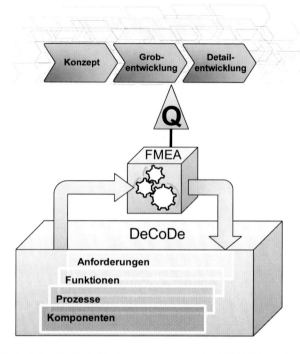

Abb. 6: DeCoDe+X mit Quality Gates am Beispiel der FMEA [Eigene Darstellung]

Durch die Verknüpfung von Quality Gates mit DeCoDe wird das Produkt noch deutlicher in den Kontext des Produktlebenszyklus gestellt. Gleichzeitig kann auf diese Weise die Qualitätsfähigkeit des Entwicklungsprozesses systematisch bewertet werden, was der Synchronisation von Qualitäts- und Anforderungsmanagement bezüglich Anforderungserfüllung entspricht. Dabei sind Quality Gates „projektspezifisch angepasste ereignis- oder ergebnisorientierte Messpunkte mit definierten Inhalten bei der Produkt- und Prozessentwicklung" [19]. Für Entwicklungsprojekte dienen sie als Absicherung und Filter, um möglichst früh eine Abweichung von den an ein Produkt gestellten Anforderungen zu verhindern [20]. Ein Quality Gate kann bspw. mit der Durchführung einer FMEA (Fehlermöglichkeits- und Einflussanalyse) hinterlegt werden, deren Ergebnisse somit die Produktentwicklung direkt beeinflussen können (vgl. Abbildung 6). Diese wiederum sollte gemäß des DeCoDe+X-Ansatzes den Methodeninput und -output mit De-

CoDe abgleichen und gegebenenfalls Systemänderungen über das Beschreibungsmodell dokumentieren.

3.2 Ergänzung des Qualitäts- und Anforderungsmanagements durch DeCoDe und Quality Gates

In Kapitel 2 wurden wissenschaftliche Fragestellungen im Bereich des Anforderungs- und des Qualitätsmanagement dargestellt und erläutert. In Ergänzung bestehender Ansätzen wird es durch die Anwendung von DeCoDe in Kombination mit Quality Gates ermöglicht, eine Anforderungserfüllung im Produktentwicklungsprozess zu realisieren und ablauforientiert im Sinne des Qualitätsmanagements zu implementieren.

In Tabelle 3 wird DeCoDe anhand der zuvor bereits erläuterten Vergleichskriterien dem Qualitäts- und Anforderungsmanagement gegenübergestellt, die Vorteile von DeCoDe werden nachfolgend weiter erläutert.

Tab. 3: DeCoDe im Vergleich zu Qualitäts- und Anforderungsmanagement

	DeCoDe	Qualitätsmanagement	Anforderungsmanagement
Fokus	Systemkontext	Systemkontext	Anforderungen
Quellen der Anforderungen	alle Stakeholder	Kunde	alle Stakeholder
Betrachtung des Produktlebenszyklus	Ja	ansatzweise	nein
Verknüpfung einzelner Qualitätsmethoden	Ja	nein	nein

Fokus

Durch die Aufgliederung des Produkts in die vier Systemsichten ist eine ganzheitliche Betrachtung der Anforderungen im Kontext des Produktsystems gewährleistet. Die Anforderungen werden über die zuvor beschriebenen Tools mit denjenigen Funktionen, Komponenten und Prozessen verknüpft, zu denen eine Abhängigkeit entsteht. Neben der Abbildung dieser direkten Wechselbeziehungen ergeben sich durch die Verknüpfung aller Sichten weitere potentielle Abhängigkeiten, die ansonsten leicht zu übersehen sind. Nicht berücksichtigte Abhängigkeiten, insbesondere bei komplexen Produktsystemen, können dann zu Problemen führen, was anhand der steigenden Rückrufe in der Automobilindustrie belegt werden konnte.

Quellen der Anforderungen

Wie im Anforderungsmanagement auch, werden bei DeCoDe alle Stakeholder eines Produktes betrachtet. Die Information über den jeweiligen Stakeholder kann hierbei der Anforderung mitgegeben werden. Darüber hinaus wird aufgrund der Verknüpfung der Anforderungen mit allen abhängigen Elementen innerhalb des Produktsystems die Rückspiegelung von einzelnen Systemelementen auf die jeweiligen Anforderungen ermöglicht. Ändern sich einzelne Systemelemente, kann so direkt zurückverfolgt werden, welche Anforderungen von einer Änderung betroffen sind. Die Erfüllung der Anforderung kann somit auch bei Änderungen am Produkt während des Entwicklungsprozesses sofort überprüft und bewertet werden.

Betrachtung über den gesamten Produktlebenszyklus

Das Produktsystem wird bei der Anwendung von DeCoDe auf zwei Arten im Kontext des gesamten Produktlebenszyklus betrachtet, da in der Prozesssicht die Prozesse produktlebensumspannend mit den übrigen Systemsichten verknüpft werden. Über direkte und indirekte Verbindungen sind so die Systemelemente über den gesamten Produktlebenszyklus nachverfolgbar. Hierbei können zudem Quality Gates eingebunden werden, um an definierten Punkten des Produktlebenszyklus die Qualitätsfähigkeit des Produkts und des Produktentwicklungsprozesses zu überprüfen.

Verknüpfung einzelner Qualitätsmethoden

Die Kopplung von Methoden des Qualitätswesens und der technischen Zuverlässigkeit (bspw. Ishikawa, FMEA [21], RBD) mit DeCoDe+X erfolgt bidirektional: Zum einen liefert das in DeCoDe abgebildete Systemmodell den benötigten Input zur Methodendurchführung, zum anderen fließen die Ergebnisse der Methoden in DeCoDe ein und führen so zu einer Aktualisierung des Systemmodells [22].

Die Einbindung der Qualitätsmethoden durch DeCoDe+X an vordefinierten Quality Gates (vgl. auch Abbildung 6, dargestellt am Beispiel der FMEA) dient somit direkt auch der Qualitätsfähigkeit des Produkts, da entdeckte Fehler sofort den jeweiligen Elementen zugeordnet und damit in ihrem Kontext betrachtet und behoben werden können. Bezüglich der Qualitätsfähigkeit der Prozesse sichert die Kombination von DeCoDe+X und Quality Gates die durchgängige Verknüpfung des Produktes mit der entwickelnden Organisation durch eine Vernetzung der Prozesssichten mit den übrigen Sichten.

4 Erfahrungen aus der projektbezogenen Anwendung von DeCoDe

Die in Kapitel 3 ausgeführten Ansprüche an DeCoDe wurden am FG ProQ in verschiedenen Forschungsprojekten überprüft:

- KitVes („Airfoil-based solution for Vessel on-board energy production destined to traction and auxiliary services", siehe www.kitves.com), gefördert im 7. EU-Forschungsrahmenprogramm

- PromeSys („Prozesskettenorientiertes Regelkreismodell für ein nachhaltiges robustes Design mechatronischer Systeme", siehe www.promesys.org), gefördert durch das Bundesministerium für Bildung und Forschung (BMBF)

- Sonderforschungsbereich 696 „Forderungsgerechte Auslegung von intralogistischen Systemen – Logistics on Demand" (www.sfb-696.de), Teilbereich B3 „Methode zum anforderungsgerechten Design mechatronischer Anlagen"

Exemplarisch wird hier das Projekt KitVes kurz vorgestellt: Das im Rahmen des siebten EU-Rahmenprogramms geförderte Projekt befasst sich mit der Entwicklung einer technischen Lösung zur Energiegewinnung auf Schiffen zur Versorgung der Hilfssysteme und/oder des Antriebs. Hierfür werden Höhenwinde (ca. 500m – 2000m) genutzt, indem die Windenergie durch das KitVes-System (Kite + Seile + Bodeneinheit mit Generatoren) in elektrische Energie umgewandelt wird. In diesem Projekt befasst sich das FG ProQ unter anderem mit der Risikobewertung des KitVes-Systems. Hierfür wird das System zunächst, unterstützt durch DeCoDe, modelliert. Anschließend erfolgt die Methodenintegration in das Systemmodell zur Bewertung der Zuverlässigkeit des Systems. Durchgeführte bzw. noch durchzuführende Methoden, dargestellt in Abbildung 7: Berechnung der Mean Time To Failure (MTTF), Zuverlässigkeitsblockschaltbild (Reliability Block Diagram, RBD), Fehlerbaumanalyse (FTA) sowie Failure Mode, Effects and Criticality Analysis (FMECA).

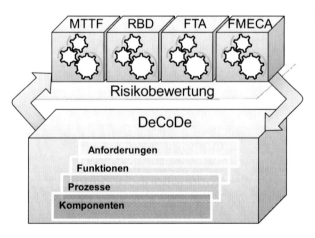

Abb. 7: Methoden im Projekt KitVes

Die Stärken und Optimierungspotentiale von DeCoDe, die sich aus der Anwendung in KitVes ergeben haben, werden im Folgenden anhand der Vorgehensweise weiter erläutert, die methodischen Resultate werden vorgestellt.

Zu Beginn des KitVes-Projektes existierte bereits ein erster Prototyp für die dem System zugrunde liegende Technik, und die Projektpartner hatten bereits eine konkrete Vorstellung von dem zu entwickelnden System, d.h. dem Kite (Drachen zur Nutzung von Windenergie). Nach der Ermittlung von grundlegenden Anforderungen aus europäischen Gesetzen und Vorschriften wurden die Projektpartner mit der DeCoDe-Methodik vertraut gemacht. Hierbei wurde besonderen Wert darauf gelegt, möglichst frühzeitig zu interaktiven Workshops überzugehen. In den ersten Workshops wurden die Systemelemente für KitVes ermittelt: Komponenten, Prozesse und Funktionen. Die Systemelemente wurden während der Workshops in Mind Maps erfasst. Dies bietet sich ein, da Mind Maps eingängig und für die Partner leicht erfassbar sind und eine gute Möglichkeit für eine erste Abbildung der Systemstruktur bilden.

Zuerst wurde die Komponentenstruktur des Kites vervollständigt. Sie umfasst derzeit etwas über 200 Komponenten, Änderungen sind jedoch weiterhin möglich. Die Komponenten haben sich als Sicht des Systems zur detaillierten Analyse angeboten, da sie „greifbar" und somit den Projektpartnern am ehesten zugänglich waren. Im weiteren Projektverlauf wurden die Komponenten als Input für RBD und MTTF benötigt. Vorteilhaft erweist sich zudem, dass die abgebildete Komponentenstruktur zur Dokumentation des aktuellen Entwicklungsstandes herangezogen werden kann. Die oberste Ebene der erfassten Komponentenstruktur wird dargestellt in Abbildung 8.

Anforderungsgerechte Produktentwicklung über den Produktlebenszyklus

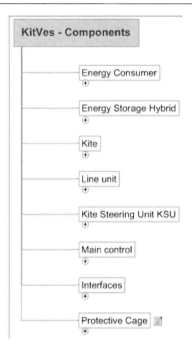

Abb. 8: KitVes Komponentenstruktur

Abbildung 9 zeigt beispielhaft für die KitVes-Komponenten den Zwischenstand für einen Teil des KitVes-Systems, der so genannten Kite Steering Unit.

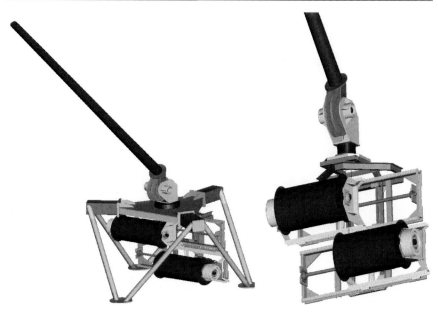

Abb. 9: Kite Steering Unit

Da das Projekt zum aktuellen Zeitpunkt noch nicht abgeschlossen ist, wird an dieser Stelle auf eine detaillierte Schilderung der technischen Spezifikationen und Zusammenhänge verzichtet.

Nach der Fertigstellung der Komponentenstruktur wurden im nächsten Schritt die Kernprozesse für das KitVes-System erfasst und dokumentiert. Entsprechend der Präferenzen der Projektpartner wurden hierbei bewusst verschiedene Detaillierungsgrade in verschiedenen Prozessen gewählt, die erste Prozessebene zeigt Abbildung 10. Weitere Details können, falls sich die Notwendigkeit hierfür während des weiteren Projektverlaufs ergibt, später hinzugefügt werden. Die Erarbeitung und Abbildung der Prozesse erfolgt entlang des Produktlebenszyklus. Bei der Erfassung der Prozesse kann zudem eine wichtige projektinterne Hilfestellung geleistet werden, da die Partner während der Diskussionen zu fehlenden Prozessen (bspw. Testprozesse) hingeführt werden.

Anforderungsgerechte Produktentwicklung über den
Produktlebenszyklus

Abb. 10: KitVes Prozess-Struktur

Nach den Prozessen wurden als letzte Sicht auf das Kitves-System die Funktionen des Systems erfasst, die Hauptfunktionen zeigt Abbildung 11. Hierbei ist zu beachten, dass die Abbildung wiederum nur die oberste Ebene der Funktionsstruktur wiederspiegelt.

Anforderungsgerechte Produktentwicklung über den Produktlebenszyklus

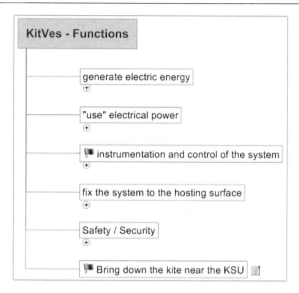

Abb. 11: KitVes Funktionsstruktur

Nachdem die Sichten auf das KitVes-System so erfasst wurden, konnte mit der Identifikation von Kernfunktionen des Systems begonnen werden. Als erste Kernfunktion wurde durch die Partner das „Herunterbringen des Kites" im Notfall sowie in Normalsituationen ausgewählt. Für diese Funktionen wurden diejenigen Komponenten verknüpft, die für die Funktionserfüllung benötigt werden. Diese Verknüpfung dient im weiteren Projektverlauf als Grundlage für die RBD-Erstellung.

Obwohl die Erfassung der Systemsichten und die damit einhergehende Identifikation, Benennung und Definition der Systemelemente lediglich den ersten Schritt für die Anwendung der DeCoDe-Methodik darstellt, ist dieser besonders zeitaufwändig. Diese Zeit muss jedoch zwingend investiert werden, da nur so von einem korrekten und detaillierten Systemabbild profitiert werden kann.

In der Folge werden nun die Methoden MTTF, RBD, FTA und FMECA auf das Kitves-System angewendet. Die Verknüpfung dieser Methoden zu dem in DeCoDe erstellten Abbild des KitVes-Systems zeigt Abbildung 12.

Anforderungsgerechte Produktentwicklung über den Produktlebenszyklus

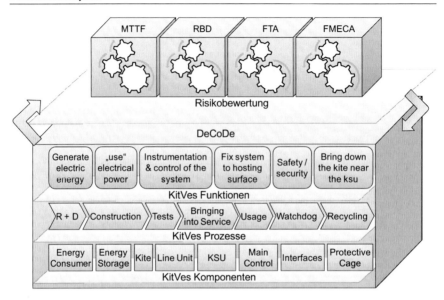

Abb. 12: Verknüpfung der Systemsichten in DeCoDe mit div. Methoden [Eigene Darstellung]

Die Ergebnisse der einzelnen Methoden beeinflussen direkt die in DeCoDe hinterlegten Elemente, so dass weder die Anwendung noch die Ergebnisse der Methoden losgelöst vom Systemkontext stehen.

Nach dieser Schilderung der Vorgehensweise im Projekt KitVes soll nun auf die Rückschlüsse eingegangen werden, die sich für DeCoDe ergeben.

In der Projektarbeit stellte sich heraus, dass ein hoher Bedarf an fachlichem und methodischem Wissen der Anwender besteht, um die Sichten und Wechselwirkungen im Produktsystem zu erkennen und in DeCoDe zu modellieren. Besonders zu Beginn der Anwendung der DeCoDe-Methode entsteht ein hoher Arbeitsaufwand: Zum einen muss das zu untersuchende System sehr genau betrachtet (und verstanden) werden, zum anderen ist ein gewisser Schulungsaufwand notwendig, um die Anwender adäquat auf die Modellierung und Produktentwicklung mit DeCoDe vorzubereiten. Während des Modellierungs- und Entwicklungsprozesses ist eine koninuierliche Pflege des Modells notwendig, um dauerhaft über ein aktuelles Systemmodell zu verfügen.

Hierzu sind frühzeitig die Verantwortlichkeiten und Rollen im Entwicklungsteam zu bestimmen, um die Konsistenz im Systemmodell über den gesamten Entwicklungsprozess hinweg sicherzustellen.

Darüber hinaus profitieren die Anwender sehr stark von einem gemeinsamen Systemverständnis, da die Gruppen der Anwender und Entwickler aus verschiedenen Wissensdisziplinen stammen und grundsätzlich ein unterschiedliches Begriffsverständnis vorweisen. Durch den teilweise sehr aufwendigen Modellierungsprozess wird sichergestellt, dass die Elemente des Systems eindeutig bezeichnet und beschrieben werden. Dies erweist sich im EU-Projekt KitVes als großer Vorteil der Arbeit mit DeCoDe: Die einzelnen Projektpartner verfügen nicht nur über verschieden ausgerichtete wissenschaftliche Ausbildungen, sondern sprechen auch verschiedene Sprachen. In Projekten der Europäischen Union ist Englisch die offizielle Sprache, während gleichzeitig nur ein geringer Teil der Projektpartner Englisch-Muttersprachler sind. Durch die Modellierung des Produktsystems mittels DeCoDe werden die Partner dazu angeleitet, sich über die zu verwendenden Begriffe einig zu werden, so dass ein einheitliches produktbezogenes Projektvokabular vorliegt, das für alle Partner verständlich ist. Gerade bei technischen Begriffen besteht häufig Unsicherheit über die korrekte englische Übersetzung, die in der Diskussion zur Systemmodellierung überwunden werden kann.

Durch die enge Vernetzung der Systemelemente untereinander sowie mit den verschiedenen Methoden des Qualitätswesens sowie der Zuverlässigkeit ist über den gesamten Entwicklungsprozess hinweg eine ganzheitliche Sicht auf das System KitVes gewährleistet.

Während der Durchführung der oben genannten Methoden lässt sich der Aufwand bei der Datenerhebung minimieren, da einmal erfasste Daten im Systemabbild hinterlegt werden und sofort für die weitere Verwendung zur Verfügung stehen. Ergeben sich während der Analyse neue Daten, können diese direkt ergänzt und ggf. mit älteren Datenständen abgeglichen werden.

5 Ausblick

Grundsätzlich besteht die Möglichkeit das Anforderungsmanagement mit qualitätswissenschaftlichen Aspekten zu verbessern, wie der Beitrag im Ansatz nachweist. Die Beschreibung von Systemsichten mithilfe von DeCoDe unterstützt dabei das Verbinden von qualitätswissenschaftlichen Methoden über den Produktlebenszyklus hinweg und bietet somit Möglichkeiten zur Anforderungsverfolgung.

Aus der Anwendung von DeCoDe in den verschiedenen Forschungsprojekten am FG ProQ haben sich aber auch neue Forschungsfragen für die anforderungsgerechte Produktentwicklung ergeben, auf die nun in Auszügen eingegangen werden soll.

DeCoDe bietet die Möglichkeit, die Anforderungen an ein Projekt bereits in den frühen Phasen der Produktentwicklung stringent mit den Komponenten, Funktionen und Prozessen zu verlinken. Wenn es gelingt, dieses Verlinken an bestimmten Quality Gates permanent und systematisch umzusetzen, ist einerseits eine ständige Anforderungsaktualisierung möglich, und damit eine Prüfung der Möglichkeiten ihrer Umsetzung. Weiterhin können die aktualisierten Anforderungen umgesetzt und ihre Umsetzung bewertet werden, um somit die Qualitätsfähigkeit über Prozess und Produkt abzusichern.

In der Anwendung von DeCoDe wurde auch ein Methodenworkflow konzeptioniert (vgl. [18]). Es ist zu überprüfen, inwiefern eine standardisierte Vorgehensweise für die Systembeschreibung notwendig und sinnvoll ist. Bisher orientierte sich die Beschreibung der zu modellierenden Systeme primär an den Präferenzen der Projektteilnehmer. In Zukunft sollte daher anhand der Erprobung und Überarbeitung von Methodenworkflows untersucht werden, ob ein standardisiertes Vorgehen die Beschreibung erleichtert und beschleunigt.

Für die externen Projektpartner in KitVes war es gerade zu Beginn der Anwendung schwierig, ein klares Verständnis der in DeCoDe verwendeten

Elemente (Anforderungen, Funktionen, Komponenten und Prozesse) zu erreichen, was sich vor allem in den abweichenden Begriffsdefinitionen der verschiedenen Wissensdisziplinen zeigt. Die Elemente sollten daher dahingehend spezifiziert werden, dass die an der Produktentwicklung beteiligten Wissensdisziplinen und deren Begriffsverständnis berücksichtigt und eingebunden werden. Dies bedeutet, dass die Definitionen erweitert werden um die Differenzierung zu gleichlautenden aber andersdefinierten Begriffen in anderen Disziplinen.

Die Verknüpfung und Erweiterung von Qualitäts- und Anforderungsmanagement durch DeCoDe+X in Verknüpfung mit Quality Gates ist in der Zukunft weiter zu untersuchen und anzuwenden. Hierzu ist neben der theoretischen Vorarbeit auch die weitere Anwendung in verschiedenen Projekten anzustreben, um die Praxisfähigkeit der Quality Gates in DeCoDe+X nachzuweisen.

In diesem Zusammenhang ist zu untersuchen, für welche Methoden die Verknüpfung mit Quality Gates durch DeCoDe+X sinnvoll, praktikabel und handhabbar ist. Der Methodeninput muss durch DeCoDe zu leisten sein, gleichzeitig muss der Methodenoutput jedoch auch in DeCoDe einbindbar sein, um so einen entwicklungsumspannenden Informationsfluss unter Berücksichtigung aller relevanten Daten zu ermöglichen.

Literatur

[1] DIN EN ISO 9000, Dezember 2005: Qualitätsmanagementsysteme – Grundlagen und Begriffe.

[2] Antwort der Bundesregierung auf eine Kleine Anfrage – Drucksache 17/2529 – Daten zur Verkehrssicherheit in Deutschland und in den einzelnen Bundesländern – 26.07.2010.

[3] Kraftfahrt-Bundesamt, Jahresbericht 2009

[4] Schlund, S.; Riekhof, F.; Winzer, P.: Probleme bei der Entwicklung mechatronischer Systeme – Ergebnisse einer Industriebefragung. In: ZWF-Zeitschrift für wirtschaftlichen Fabrikbetrieb, 01-02/2009, Seite 54-59, Carl Hanser Verlag, 2009. ISSN: 0947-0085.

[5] VDI-Richtlinie 2206: Entwicklungsmethodik für mechatronische Systeme, Ausschuss Entwicklungsmethodik für mechatronische Systeme (Hrsg.), Beuth, Berlin. 2004.

[6] Braun, Johannes (2003): Qualitätsmanagement für Ingenieure. Verein Deutscher Ingenieure. 5., überarb. Aufl. Berlin: Springer.

[7] Pfeifer, Tilo (2001): Praxisbuch Qualitätsmanagement. Aufgaben Lösungswege Ergebnisse; mit 34 Tabellen. 2., vollst. überarb. und erw. Aufl. München: Hanser.

[8] Schienmann, Bruno (2002): Kontinuierliches Anforderungsmanagement. Prozesse, Techniken, Werkzeuge. München: Addison-Wesley (Programmer's choice).

[9] Kripfgans, Herbert; Rasch, Günter; Reichel, Gerhard (2001): Qualitätsmanagement. Eine multimediale Einführung. München: Fachbuchverl. Leipzig im Carl-Hanser-Verl.

[10] Schlund, S., Müller, N.: Managing Requirements over the Entire Product Life Cycle, In: Tagungsunterlagen 11th QMOD Conference. Quality Management and Organizational Development. Attaining SustainAbility, 20-22 August, 2008 in Helsingborg, Sweden.

[11] Akao, Yôji (1992): Quality function deployment. QFD; wie die Japaner Kundenwünsche in Qualität umsetzen. Landsberg: Verl. Moderne Industrie.

[12] Saatweber, Jutta (2007): Kundenorientierung durch Quality Function Deployment. Systematisches Entwickeln von Produkten und Dienstleistungen. 2. Aufl. München, Wien: Hanser.

[13] Sitte, J., Winzer, P.: Demand Compliant Design of Robotic Systems, In: 2005 IEEE/ICMA International Conference on Mechatronics & Automation. Niagara Falls. Canada. July 2005.

[14] Gausemeier, J. et.al. (2006): Vernetzte Produktentwicklung - Der erfolgreiche Weg zum Global Engineering Networking. Hanser Fachbuchverlag.

[15] Ehrlenspiel, Klaus (2009): Integrierte Produktentwicklung - Denkabläufe, Methodeneinsatz, Zusammenarbeit. 4., überarb. Aufl. XXI, Hanser Fachbuchverlag.

[16] Müller, N.; Schlund, S.; Winzer, P.: Modellierung komplexer mechatronischer Systeme anhand des Demand Compliant Design. In: Jumar, U.; Schnieder, E.; Diedrich, C. (Hrsg.): Entwurf komplexer Automatisierungssysteme - EKA 2010, Beschreibungsmittel, Methoden, Werkzeuge und Anwendungen; Tagungsband, Magdeburg, 25. - 27.5.2010, ifak Magdeburg, 2010.

[17] Müller, N.; Winzer, P.: DeCoDe – Methode zur Anforderungsmodellierung. In: Fachtagung PONNGA Spezielle Methoden für die rechnerunterstützte Produktentwicklung, 2009.

[18] Rosendahl, J.; Schlund, S.; Kulig, S.; Winzer, P: Methodenworkflow zur Entwicklung mechatronischer Systeme, In: Crostack, H. A.; Hompel, M. ten; [Hrsg.]: Forderungsgerechte Auslegung von intralogistischen Systemen. Logistics on Demand. 3. Kolloquium am 30. September 2009, Verlag Praxiswissen 2009.

[19] Masing, Walter (2007): Handbuch Qualitätsmanagement. 5., vollst. neu bearb. Aufl. München: Hanser.

[20] Eversheim, Walter; Schuh, Günther (2005): Integrierte Produkt- und Prozessgestaltung. Berlin: Springer (VDI).

[21] Ott, St., Winzer, P.: Cultivating Knowledge methodically: Improving analysis resolution with DeCoDe and FMEA, In: Tagungsunterlagen QMOD 2007. Helsingborg/ Sweden.18-20 June, 2007.

[22] Riekhof, F., Schlund, S.: "DeCoDe + X" - Method Integration Using a Holistic System Description and a Process Model, In: Tagungsunterlagen QMOD 2010, Cottbus 2010, in Vorbereitung.

Die Qualitätsliga in Berlin-Brandenburg

Dipl.-Ing. Joachim Mai[1], Dipl.-Ing. Rico Witschas[2], Prof. Dr.-Ing. Ralf Woll[2]

[1]IHK Ostbrandenburg, [2]BTU Cottbus

Abstract

Von einer Liga spricht man üblicherweise im Mannschaftssport und bezeichnet dabei Wettbewerbe in Leistungsklassen. Deshalb ist der Begriff geeignet, um die gestuften Wettbewerbe um Qualitätspreise in der Hauptstadtregion zu beschreiben.

In diesem Beitrag werden der Qualitätspreise Berlin-Brandenburg und die Qualitätsauszeichnung insbesondere für Kleinstunternehmen vorgestellt und deren Einordnung in das Ligaprinzip erläutert. Alle Aktivitäten in diesem Feld koordiniert die Qualitätsinitiative Berlin-Brandenburg – ein Zusammenschluss von Wirtschaft, Wissenschaft, Politik und Vereinen der Region, die sich dem Thema Qualität widmen. Deshalb wird einleitend die Geschichte dieser Initiative kurz vorgestellt, um anschließend Erfahrungen und Potentiale solcher Zusammenschlüsse zu diskutieren. Die Vorteile solcher Aktivitäten aus Sicht der Wirtschaft werden abschließend anhand von Erfahrungsberichten aus Unternehmen erläutert.

1 Die Entwicklung der Qualitätsinitiative Berlin-Brandenburg

Die Qualitätsinitiative Berlin-Brandenburg wurde im Mai 2001 zunächst als Qualitätsinitiative Brandenburg geboren. Es war ein freiwilliger Zusammenschluss aller relevanten, sich mit dem Thema „Qualität" befassenden Einrichtungen des Landes. Beteiligt waren und sind die Industrie- und Handelskammern, die Handwerkskammern, die Hoch- und Fachhochschulen, Wirtschaftsfördereinrichtungen, Wirtschaftsverbände und -vereine und das Wirtschaftsressort der Landesregierung. Die Grundlagen für diesen Zusammenschluss wurden 1993 mit der Gründung des Vereins für Qualitätsförderung Brandenburg e.v. (VQB), die von der IHK Ostbrandenburg, damals Frankfurt (Oder), und der Handwerkskammer Frankfurt (Oder) initiiert wurde, gelegt. Dieser Verein kümmerte sich in verschiedenen Formen um die Förderung des Qualitätsgedankens in der Region. So wurden seit 1993 jährlich Qualitätstage zu verschiedenen Themen durchgeführt. Der Verein war damit ein wichtiger Akteur im Land Brandenburg zum Thema Qualität.

Die Bündelung mit allen anderen Akteuren gelang in Brandenburg im Mai 2001 mit der Qualitätsinitiative Brandenburg. In diese Zeit fielen auch die Aktivitäten zu einem Landes-Qualitätspreis. Die Diskussionen dazu wurden bald auch mit den Berliner Akteuren geführt. Das Ergebnis war die erste Verleihung des Qualitätspreises Berlin-Brandenburg 2002 und die Erweiterung der Qualitätsinitiative auf Berlin im Jahr 2003. Seit 2003 gibt es in der Hauptstadtregion eine starke Vereinigung, die sich durch vielfältige Aktivitäten mit den Qualitätsfragen der Region beschäftigt. Folgerichtig wurde, nach zehn Brandenburger Qualitätstagen, der erste gemeinsame Qualitätstag für Berlin und Brandenburg im Jahr 2004 durchgeführt.

2 Der Qualitätspreis Berlin-Brandenburg

Ende der 1990er Jahre bemühten sich Partner der späteren Qualitätsinitiative Brandenburg noch ohne Berliner Mitwirkung um die Entwicklung eines Brandenburger Qualitätspreises. Ein erster Modellvorschlag wurde unter Federführung von Prof. Stegemann, TFH Wildau erarbeitet. Es war geplant, diesen Preis das erste Mal in 2000 auszuloben.

Ähnliche Bemühungen wurden von Prof. Herrmann in Berlin betrieben. Sein Vorschlag zielte zunächst darauf ab, ein spezielles Modell insbesondere für Unternehmen im Dienstleistungssektor zu entwickeln, da dieser Sektor besondere Entwicklungspotentiale für die Berliner Wirtschaft zeigte.

Die nun mit den Berlinern aufgenommene Diskussion führte dazu, dass ein gemeinsames Preisverfahren unter Federführung der TU Berlin entwickelt wurde und erstmals in 2002 unter Trägerschaft der TU Berlin umgesetzt werden konnte. Die Qualitätsinitiative wurde in diesem Zeitraum um die Berliner Kammern, Hochschulen und Verbände erweitert.

Das zugrunde liegende Kriterienmodell entsprach auf oberster Ebene dem EFQM-Modell. Dies war beabsichtigt, da Einvernehmen erzielt werden konnte, das Berlin-Brandenburger Verfahren als Einstieg für weitere Bewerbungen um den Nationalen Qualitätspreis, den Ludwig-Erhardt-Preis und später auch um den Europäischen Preis zu ermöglichen. Der Liga-Gedanke war damit explizit beabsichtigt.

Die Erfahrungen im ersten Preisverfahren führten zu einer Vereinfachung des Modells, vor allem bei den Befähigerkriterien. Bei diesen fünf Kriterien wurden als Subkriterien nun einheitlich bewertet, wie die im jeweiligen Gebiet z.B. im Bereich Mitarbeiterorientierung die Maßnahmen

- geplant,
- umgesetzt sowie
- gemessen und verbessert

wurden.

Die Ergebniskriterien wurden weiterhin beurteilt nach direkten und indirekten Indikatoren für die jeweiligen Ergebnisse. So basiert der Preis seit 2004 auf einem Bewertungsmodell mit insgesamt 23 Kriterien - 15 Befähigerkriterien und 8 Ergebniskriterien. Dieses Modell hat sich als sehr praktikabel erwiesen und wurde bis heute beibehalten.

Für die jeweiligen Teilkriterien wurden beispielhaft diverse Aspekte aufgeführt, sodass sich die Bewerber ein Bild von typischen Aussagen in der Bewerbung machen konnten. Diese waren ursprünglich als Anregungen zu verstehen, aber viele Bewerber hielten sich in ihren Bewerbungen zu eng an die genannten Aspekte. Da die Aspekte über die Teilkriterien bzgl. Planung, Umsetzung sowie Messung und Verbesserung hinweg nicht durchgängig aufgeführt wurden, ergaben sich teilweise unschlüssige Darstellungen in der Bewerbung. Nunmehr wird das Modell hinsichtlich der exemplarischen Aspekte bis Frühjahr 2011 überarbeitet.

Weiterhin diskutierte ein Expertenkreis für das Verfahren 2006, ob das Modell auch die Frage nach Aspekten der Gleichberechtigung in Betrieben behandelt, so dass Beispiele dieses Gebiets in die Liste möglicher Aspekte aufgenommen wurden.

Auch die Klassifizierung der Unternehmen wurde geändert. In 2002 wurde eine Unterscheidung in produzierendes Gewerbe und Dienstleistung in verschiedenen Unternehmensgrößen hinsichtlich der Anzahl der Mitarbeiter. Dies wurde für den Qualitätspreis 2008 aufgegeben und nur noch nach Unternehmensgrößen bezogen auf die Mitarbeiterzahl unterschieden in Unternehmen

- bis max. 20 Mitarbeitern,
- bis maximal 100 Mitarbeitern,
- bis maximal 250 Mitarbeiter und
- über 250 Mitarbeiter.

Diese Unterscheidung lässt sich aus der Größenstruktur insbesondere von Brandenburger Unternehmen begründen.

Ferner wurden eine ganze Anzahl flankierender Maßnahmen für den Bewerbungsprozess entwickelt, wie z.B. die Ernennung sogenannter Botschafter für den jeweils nächsten Qualitätspreis, die aus den Gewinnern des gerade abgeschlossenen Verfahrens erstmalig in 2008 ausgewählt wurden. Diese Maßnahme ist ein Beispiel für eine Verbesserung der Werbeaktivitäten für den Qualitätspreis Berlin-Brandenburg.

Trotzdem zeigte sich in dem gesamten Verfahren, dass gerade Kleinstunternehmen häufig nicht die Kapazitäten und Kompetenzen haben, sich für den Qualitätspreis zu bewerben. Es wurde nach einem Ansatz gesucht, hier eine geeignete Einstiegsmöglichkeit in die Qualitätsliga zu gestalten. Deshalb wurde die Qualitätsauszeichnung entwickelt.

3 Die IHK-Studie 2005

Im Jahr 2005 stellte sich für die Qualitätsinitiative eine Reihe von Fragen [1]:

- Wie ist der aktuelle Stand des Qualitätsmanagements in den Unternehmen der Region?
- Wie hoch ist der Bekanntheitsgrad des Qualitätspreises in den Unternehmen der Region?
- Wie hoch ist die Akzeptanz des Qualitätspreises in den Unternehmen der Region?
- Wie sehen die Wünsche der Unternehmen nach Unterstützung auf dem Gebiet des Qualitätsmanagements aus?

Ein weiteres Ziel der Studie war es, einige der Ergebnisse einer ähnlichen, bereits im Jahr 1998 durchgeführten Studie, zu aktualisieren. Diese Studie beschränkte sich auf Unternehmen in Brandenburg und bezog insbesondere produzierende kleine und mittlere Unternehmen ein. In der Studie von 2005 wurden zusätzlich Berliner Unternehmen und Unternehmen aus verschiedenen Branchen befragt.

Die Studie wurde durch die Industrie- und Handelskammern von Berlin, Frankfurt (Oder), Potsdam und Cottbus zusammen mit den Handwerkskammern Berlin und Frankfurt (Oder) in Auftrag gegeben. Die durchführenden Institutionen waren der Lehrstuhl Qualitätsmanagement der BTU Cottbus und das Fachgebiet Qualitätswissenschaften der TU Berlin in Kooperation.

Die Befragung der Unternehmen, die aus den Verzeichnissen der Kammern ausgewählt wurden, erfolgte in Form von Telefoninterviews. Die befragten 190 Unternehmen wurden hierbei in folgende Gruppen unterteilt:

- Unternehmen ohne zertifiziertes Qualitätsmanagementsystem (QMS),
- Unternehmen mit zertifiziertem QMS und
- Finalisten und Gewinner des Qualitätspreises Berlin-Brandenburg (QPBB).

Weiterhin fand in dieser Studie eine schriftliche Befragung von Experten aus ganz Deutschland zum Thema Qualitätsmanagement statt.

In den 1990er Jahren rollte die Welle der Zertifizierung durch die neuen Bundesländer. Die gegründeten Arbeitskreise der Kammern, der Deutschen Gesellschaft für Qualität e.V. (DGQ) und auch des Vereins für Qualitätsförderung Brandenburg e.V. (VQB) beschäftigten sich mehrheitlich mit diesem Thema. Das wurde unter anderem deutlich an den in den Arbeitskreisen behandelten Themen dieser Zeit.

In 2005 stellte sich die Situation dann deutlich gewandelt dar. Die Studie lieferte die Aussage, dass Die Euphorie für Qualität verflogen war. Eine erste Ernüchterung hatte sich ausgebreitet. Das bestätigten auch diverse Aussagen aus den Telefoninterviews. Es wurde deshalb umso wichtiger, gute Beispiele für den erfolgreichen Einsatz von Qualitätsmanagement zu zeigen - idealerweise untermauert mit Fakten.

Die Frage, ob sich das Qualitätsmanagements in Berliner und Brandenburger Unternehmen in seiner Ausprägung zu den Unternehmen in anderen Bundesländern unterscheidet, konnte eher verneint werden. Besonderheiten zeigten sich jedoch im Hinblick auf die Wirtschaftsstruktur der Region. Die Untersuchung der Branchen gerade in Brandenburg zeigte wenig produzierende Unternehmen und im Vergleich mit dem Bundesdurchschnitt sehr viele Klein- und Kleinstunternehmen. Seitens der Qualitätsinitiative war deshalb ein Weg wünschenswert, der gerade für diese Unternehmen spezifische Angebote entwickelt.

Die Studie zeigte auch:

- Das produzierende Gewerbe ist Vorreiter für Qualitätsmanagement!
- Große Unternehmen sind Trendsetter für systematisches Management!
- Kleine Unternehmen brauchen Unterstützung.
- Mittlere Unternehmen haben die größten Vorteile in Bezug auf die positive Wirkung des Einsatzes von Qualitätsmanagement.

Bezüglich der Motivation für Qualitätsmanagement konnte nachgewiesen werden, dass

- die Beschäftigung mit dem Thema Qualitätsmanagement in der Regel von außen angeregt wird,
- aber die Vorteile eher interner Art sind, beispielsweise weniger Fehler und mehr Transparenz in den Abläufen.

Bezüglich des Qualitätspreises Berlin-Brandenburg konnten folgende Trends konstatiert werden:

- Der Qualitätspreis Berlin-Brandenburg war nicht besonders bekannt! Nur 10% der befragten Unternehmen hatten sich die Bewerbungsunterlagen zum Preis angeschaut. Ein nachhaltiges und fundiertes Marketing-Konzept war also erforderlich.
- Der Weg zu den Besten führt über die ISO 9000! Es gab keinen Bewerber um den Qualitätspreis ohne zertifiziertes Qualitätsmanagementsystem.
- Gerade kleine Unternehmen scheuten den Aufwand, ein QMS aufzubauen. Es fehlte also ein Zugang für Kleinstunternehmen zur ganzheitlichen Unternehmensentwicklung. Einstiegsmöglichkeiten in die Qualitätsliga waren für Brandenburger Kleinstunternehmen besonders erforderlich.

- Unternehmen, die sich um den Qualitätspreis bewarben, orientierten sich auch weiter an dem Exzellenz-Gedanken mit Selbstbewertung und kontinuierlicher Verbesserung der Unternehmensleistungen.

Weiterhin stellte sich die Frage, wie sich das Qualitätsmanagement generell weiterentwickeln würde. Dazu wurden ausgewählte Experten befragt, von denen die Hälfte antwortete, dass sie die Zukunft des Qualitätsmanagements nicht im TQM-Ansatz sahen. Daraus war auch zu schließen, dass die Entwicklung des Qualitätspreis-Gedankens nicht unbedingt der einzige Weg für die Qualitätsinitiative sein sollte. Insgesamt lag der Schluss nahe, dass gezeigt werden sollte, wie sich gutes Qualitätsmanagement wirtschaftlich positiv auswirkt. Die Studie zeigte unter anderem deutlich, dass für viele Unternehmen der Nachholbedarf auf dem Gebiet besserer Arbeitsabläufe – also der Prozesse – noch sehr groß ist. Die alte Idee Demings, dass Qualitätsförderung zur Produktivitätssteigerung führen kann, sollte demnach wieder aufgefrischt werden.

Als Folge wurden fortan an der BTU Cottbus Prozessverbesserungsprojekte in Unternehmen im Sinne des Six-Sigma-Ansatzes im Rahmen der Lehrveranstaltung Qualitätsmanagement mit studentischen Arbeitsgruppen durchgeführt. Diese Projekte entwickeln sich im nunmehr vierten Jahr recht gut [2, 3].

4 Die Qualitätsauszeichnung

In der praktischen Arbeit der Kammern und Verbände und in den Diskussionen innerhalb der Qualitätsinitiative stellte sich immer wieder heraus: Es fehlt der Einstieg, die erste Hürde – der Qualitätspreis – ist insbesondere für kleine und Kleinstunternehmen, zu hoch.

Am 20.11.2007 wurde deshalb in der Qualitätsinitiative Berlin-Brandenburg beschlossen, diese Lücke zu füllen. Die Idee für die Qualitätsauszeichnung Berlin-Brandenburg war geboren. Eine Arbeitsgruppe aus der EuroNorm GmbH, der

Deutsche Gesellschaft für Qualität (DGQ) und der IHK Ostbrandenburg (IHK) machte sich an die Arbeit.

Es wurden alle Prozesse und als Herzstück die Reifegradmatrix für die Selbstbewertung der Unternehmen entwickelt. Die Reifegradmatrix erfasst in sieben Haupt- und 28 Unterkriterien alle relevanten Bereiche eines Unternehmens. Sie ist aufwärtskompatibel zum EFQM-Modell und zur DIN ISO 9000.

Die Hauptkriterien lauten:

- Kunden und Markt verstehen
- Leistung erbringen
- Mit Mitarbeitern und Partnern arbeiten
- Ressourcen steuern
- Finanzen steuern
- Planen und entwickeln
- Regeln einhalten

Zu jedem Kriterium muss sich der Bewerber in eine von vier Entwicklungsstufen vom „Beginner" bis „exzellentes Unternehmen" einordnen. Die einzelnen Stufen sind in „Unternehmersprache" erläutert. In der „Beispielzeile" begründet der Bewerber die Auswahl der jeweiligen Entwicklungsstufe (s. Abbildung 1).

Die Qualitätsliga in Berlin-Brandenburg

	Beginner	Unternehmen in Entwicklung	Gut geführtes Unternehmen	Exzellentes Unternehmen	Stufe
1 Kunden und Markt verstehen					
1.1 Den Markt kennen	Es gibt keine Überlegungen zur Abgrenzung eines spezifischen Marktes.	Der Markt ist grob umrissen.	Der Markt des Unternehmens ist anhand geeigneter Kriterien klar umrissen. Größe und Potenzial des Marktes sind hinreichend bekannt.	Die eigene Marktsituation wird systematisch bewertet. Branchen- und Markttrends werden weiträumig analysiert, z.T. mit aktiv beeinflusst.	
Beispiele:					
1.2 Sich auf die Kunden ausrichten	Vorgehensweisen sind in erster Linie auf den Inhaber ausgerichtet.	Vorgehensweisen sind in erster Linie auf die Kunden ausgerichtet.	Unternehmens- und Kundenperspektive werden gut miteinander verbunden. Prioritäten werden unter starker Berücksichtigung der Kundeninteressen gesetzt.	Ein systematisches Kundenmanagement ist ein Erfolgstreiber für das Unternehmen. Kunden werden aktiv in die Weiterentwicklung der Leistungen und Vorgehensweisen einbezogen.	
Beispiele:					

Abb. 1: Auszug aus dem Selbstbewertungsbogen zur Reifegradmatrix der Qualitätsauszeichnung

Die Qualitätsliga in Berlin-Brandenburg

Die Abbildung 1 zeigt beispielhaft eine Seite der Reifegradmatrix.

Die Selbstbewertung des Bewerbers wird vor Ort von einem dazu ausgebildeten Bewerter überprüft. Sind im Ergebnis mindestens 80% der Kriterien in Stufe 3 bewertet wird die Qualitätsauszeichnung verliehen. Schlechtere Bewertungen in einem Kriterium können durch höhere Bewertungen in anderen Kriterien ausgeglichen werden. Allerdings dürfen einige festgelegte Kriterien nicht mit Stufe 1 bewertet werden. Der Bewerter entscheidet vor Ort über die Vergabe der Qualitätsauszeichnung.

Das ausgezeichnete Unternehmen erhält in einer öffentlichkeitswirksamen Veranstaltung eine Urkunde verliehen, die auch die besonders hervorzuhebenden Qualitätsmerkmale benennt (s. Abbildung 2). Das Unternehmen darf das Logo der Qualitätsauszeichnung und die Urkunde für Maßnahmen zur Kundengewinnung und Kundenbindung werbewirksam verwenden.

Abb. 2: Urkunde zur Qualitätsauszeichnung

Für die Entwicklung seiner Potenziale kann das Unternehmen mit dem Träger eine Entwicklungsvereinbarung abschließen.

Die ausgezeichneten Unternehmen werden im Internet unter der Adresse www.q-auszeichnung.de dargestellt.

Die Abläufe der Qualitätsauszeichnung Berlin-Brandenburg wurden in einer Pilotphase im Kammerbezirk Ostbrandenburg überprüft. Inzwischen wurden über 40 Unternehmen ausgezeichnet, einige davon zum zweiten Mal. Das sind die „Überzeugungstäter", die uns beweisen, dass die Qualitätsauszeichnung funktioniert.

5 Das Liga-Prinzip

Die Abbildung 3 zeigt die Qualitätsliga Berlin-Brandenburg mit der Einordnung der Qualitätsauszeichnung.

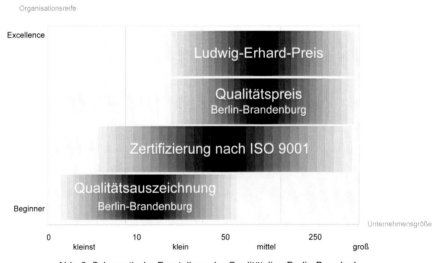

Abb. 3: Schematische Darstellung der Qualitätsliga Berlin-Brandenburg

Inzwischen sind die ersten Gewinner des Qualitätspreises Berlin-Brandenburg erfolgreich in die Gewinnerliste des Ludwig-Erhard-Preises aufgestiegen. Und die ersten Unternehmen, die die Qualitätsauszeichnung erhalten haben wollen bei der nächsten Vergabe des Qualitätspreises Berlin-Brandenburg mitspielen, das Ligaprinzip funktioniert. Der Wirtschaftsraum der Hauptstadtregion wird in Qualitätsfragen in Zukunft von sich reden machen.

Die Wirksamkeit der Qualitätsauszeichnung wurde in der Pilotphase durch eine prozessbegleitende Evaluation überprüft. Dazu wurden Telefoninterviews mit den bis dahin ausgezeichneten Unternehmen geführt. Dabei wurden u. a. folgende Aussagen notiert:

- „Die Qualitätsauszeichnung ist gut für die Firma und die Kunden."
- „Die Reifegradmatrix ist verständlich."
- „Die Unterlagen sind gut aufgebaut und nachvollziehbar. Es reicht sie am Wochenende gründlich durchzulesen."
- „Die Qualitätsauszeichnung ist praktikabel, verständlich und rationell für kleine Unternehmen. Die Brauchen etwas, was sie auch verstehen."

Diese Äußerungen von kleinen Unternehmen bestätigen den Ansatz, den die Qualitätsinitiative mit der Qualitätsauszeichnung gewählt. Sie schließt die Lücke unterhalb von Zertifizierung und Qualitätspreisen und gestattet den kleinen Unternehmen einen effektiven Einstieg in die Qualitätsliga Berlin-Brandenburg.

6   Ausblick auf die weiteren Arbeiten

Die QI-BB hat im Rahmen eines Workshops 2009 ihre Aufgabenbereiche genauer spezifiziert und zueinander in Beziehung gesetzt. Diese sind im speziellen:

- der Qualitätspreis,
- die Qualitätsauszeichnung,
- der Qualitätstag,
- das Qualitätskollegium und
- die Internetplattform www.qi-bb.de.

Der Qualitätspreis

Die Nachhaltigkeit des Qualitätspreises Berlin-Brandenburg ist gesichert. Die jeweiligen Ansprechpartner in der Politik

- der Minister für Wirtschaft und Europaangelegenheiten des Landes Brandenburg und
- der Senator für Wirtschaft, Technologie und Frauen des Landes Berlin

unterstützen den Qualitätspreis ausdrücklich [4]. Das Bewertungsmodell und das Bewerbungsverfahren werden mit aktuellen Entwicklungen auf nationaler Ebene abgestimmt; hier bestehen enge Arbeitsbeziehungen zur deutschen EFQM. Die Werbung für den Qualitätspreis wird im Rahmen der jeweiligen zweijährigen Bewerbungsverfahren weiter intensiviert.

Die Qualitätsauszeichnung

Das Ziel der Qualitäts-Initiative ist Ausweitung der Qualitätsauszeichnung in alle Kammerbezirke der Region. Bei der Umsetzung dieses Zieles ist gerade bei den Kammern noch Überzeugungsarbeit notwendig. Trotzdem haben einige Partner der Initiative - insbesondere die Hochschulen – ihre Bereitschaft signalisiert, auch als Träger der Auszeichnung zu fungieren. Im Laufe des Jahres 2011 wird diese Entwicklung eine konkretere Gestalt annehmen, die auch mit einfachen Fördermöglichkeiten durch die Politik unterstützt werden soll [5].

Der Qualitätstag

Als zentraler Ort des Informationsaustausches zum Thema Qualität in der Hauptstadtregion wird der Qualitätstag Berlin-Brandenburg weiter entwickelt. Hier treffen sich die Mitglieder der Qualitätsinitiative Berlin-Brandenburg einmal jährlich mit Unternehmen, die sich für das Thema Qualität und Qualitätsmanagement interessieren. Hier zeigt gerade der Rückblick auf die letzten Jahre eine schöne, uns positiv stimmende Entwicklung [6].

Die Internetplattform www.qi-bb.de

Der Internetauftritt der Initiative soll in den nächsten Jahren verschlankt werden, als zentrales Forum für Interessierte in der Region dienen und auch als Kommunikationsplattform der Partner der Initiative verstärkt genutzt werden [7].

Das Qualitätskollegium

Im Jahr 2000 wurde auf Anregung von Prof. Herrmann das Qualitätskollegium gegründet, zunächst mit dem Ziel einen Gedankenaustausch über Lehre und Forschung auf dem Gebiet der Qualitätswissenschaft unter den Professoren der Region zu fördern. Seinerzeit waren dies die Kollegen

- Herrmann, TU Berlin
- Sondermann, TFH Berlin,
- Stegemann, TFH Wildau und
- Woll, BTU Cottbus.

In 2005 fand das erste Mal eine Veranstaltung Qualitätskollegium zur Präsentation der IHK-Studie beim BMW-Motorradwerk in Berlin-Spandau unter dem Schirm der Qualitäts-Initiative statt, mit dem Ziel, dieses Forum alle zwei Jahre fortzuführen. Die Veranstaltung 2007 an der BTU Cottbus behandelte das Thema Prozessverbesserung. In 2009 diskutierten wir im Rahmen von Open Space Workshops die weiteren Aktivitäten des Kollegiums und kamen zum Schluss, aus dem Kollegium das zentrale Beratungsgremium der Qualitäts-Initiative zu machen. Einmal im Jahr sollte zur Diskussion typischer Problembereiche unserer Region geladen werden. Wir sind nunmehr in der Vorbereitung eines Diskussionsforums, das in 2011 das erste Mal in neuer Besetzung stattfinden wird. Aktuell sind dies die Kollegen

- Fritz, Beuth-Hochschule Berlin,
- Kirch, FHTW Berlin,
- Jochem TU Berlin

- Wälder, Hochschule Lausitz und
- Woll, BTU Cottbus.

Alle an einer Weiterentwicklung des Qualitätsmanagements in unserer Region Interessierten sind dazu herzlich eingeladen. Das Qualitätskollegium soll darüber hinaus die Initiative bezüglich der Gestaltung des Arbeitsprogramms für die nächsten Jahre beraten [8].

Die hier dargestellten Aktivitäten in der Hauptstadtregion befinden sich in einer ständigen Weiterentwicklung. Wir möchten mit diesem Beitrag dazu aufrufen, unser Konzept kritisch zu diskutieren. Insbesondere sollten wir die Qualitätsauszeichnung kritisch darauf hin bewerten, ob sie als Modell für andere Regionen dienen kann. Wir würden uns darüber sehr freuen, wenn dieser Ansatz als Anregung auch für Aktivitäten in anderen Regionen dienen würde.

Literatur

[1] IHK: Anwendung moderner Managementmethoden in den Unternehmen der Länder Berlin und Brandenburg, IHK-Studie, Frankfurt (Oder) 2005.

[2] Steinberg, F.; Woll, R.; Bäsler, M.: Prozessoptimierung in klein- und mittelständischen Unternehmen, In: Unternehmerisches Qualitätsmanagement: Bericht zur GQW-Jahrestagung 2010 Aachen. Apprimus Wissenschaftsverlag, S. 71-84.

[3] Steinberg, F.; Woll, R.; Bäsler, M.: Analysis of Projects for Process Optimization in SME regarding to the DMAIC-Phases and derivation of a Guideline for Application of Six Sigma in SME, in: Conference Proceedings, 13th Qmod - Conference Proceedings, Cottbus, 2010.

[4] Webseite des Qualitätspreises Berlin-Brandenburg: URL: www.q-preis.de

[5] Webseite der Qualitätsauszeichnung Berlin-Brandenburg: URL: www.q-auszeichnung.de

[6] Webseite des Qualitätstages Berlin-Brandenburg: URL: www.q-tag.de

[7] Webseite der Qualitätsinitiative Berlin-Brandenburg: URL: www.qi-bb.de

[8] Webseite des Qualitätskollegiums Berlin-Brandenburg: URL: www.q-kollegium.de

Einsatzpotentiale von Biosensoren als Prüfmittel in überbetrieblichen QM-Systemen

Dipl. agr. Thorsten Klauke[1], Dr. rer. nat. Thomas Gronewold[2], Dr. agr. Susanne Plattes[1], Dr. agr. Detert Brinkmann[1], Prof. Dr. agr. Brigitte Petersen[1]

[1] Abteilung Präventives Gesundheitsmanagement, Institut für Tierwissenschaften, Rheinische Friedrich-Wilhelms-Universität Bonn,
[2] SAW instruments GmbH, Bad Godesberg

Abstract

Ziel der Studie war es, Einsatzpotentiale für den im Rahmen einer Kooperation zwischen der Firma SAW Instruments und der Universität Bonn getesteten sam®5 Biosensor aufzuzeigen. Das auf akustischen Oberflächenwellen basierte Testprinizp des Biosensors wurde exemplarisch zur Messung von Haptoglobin in verschiedenen Matrizes erprobt. In diesem Beitrag wird ein methodisch-theoretischer Ansatz dargestellt, der es ermöglicht, den Informationsgehalt der Prüfung zur Einschätzung von Risiken im Schlachtprozess zu bewerten und einen Ausblick über zukünftige Möglichkeiten zur Verbesserungen von Prüfstrategien zu gegeben. Es wird deutlich, dass grundsätzlich eine Online-Bestimmung der Haptoglobinkonzentration während des Schlachtprozesses für die Bewertung des Gesundheitsstatus von Schweinen genutzt werden kann. Durch die Kombination mit anderen Parametern lassen sich Informationsgehalte steigern.

1 Einleitung

Ein zentraler Punkt der neuen Lebensmittelgesetzgebung ab dem Jahr 2002 ist die Stärkung der Verantwortung von Unternehmern für die Lebensmittelsicherheit und die Verpflichtung zur Einführung systematischer Eigenkontrollmaßnahmen [1, 2]. Diese rechtlichen Änderungen sowie Lebensmittelkrisen haben das Bewusstsein der Konsumenten für Fragen der Lebensmittelsicherheit und der Tiergesundheit geschärft. Gefragt sind neue, effizientere Prüfmethoden, die zur Lebensmittelsicherheit und zur Prozessverbesserung beitragen. Eine vielversprechende Entwicklung in dieser Richtung wird in der risikoorientierten Schlachttier- und Fleischuntersuchung gesehen [3]. Grundsätzlich erfolgt, wie im traditionellen Verfahren der Fleischbeschau, eine visuelle Beurteilung alle Tierkörper. Darüber hinaus wird in Abhängigkeit von Ketteninformationen zum Gesundheitsstatus und den Haltungsbedingungen der Tiere entschieden, an welchen Schlachtkörpern eine detaillierte Untersuchung erfolgen muss. Um diese Entscheidungsprozesse zu unterstützen, können Schnellmethoden einen großen Beitrag leisten. Biosensoren sind hier zu nennen, da sie zu den zukunftsweisenden Entwicklungen im Bereich der Analytik zählen [4]. Durch die hohe Geschwindigkeit der Messung können implementierte Offline-Systeme zur Unterstützung des Qualitätsmanagements, z.B. QS-Salmonellenmonitoring [5], durch Online-Systeme ersetzt werden, deren Informationen direkt im laufenden Prozess zu Entscheidungen führen.

In der landwirtschaftlichen Erzeugung und der Verarbeitung werden viele Informationen erhoben, die durch Rückleitung an die vorgelagerte Stufe zur Verbesserung der Produktion und zur Erhöhung der Lebensmittelsicherheit genutzt werden. Dies ist auch im QS-Salmonellenmonitoring der Fall. Die am Schlachthof gewonnenen Proben werden analysiert und die Daten genutzt, um die landwirtschaftlichen Betriebe in Risikogruppen einzuteilen. Die Informationen beziehen sich auf retrospektive Prozesse. Geht es um zusätzliche Prüfungen, die eine Risikoeinschätzung im Hinblick auf das Eintreten zukünftiger Ereignisse liefern sollen, ist es sinnvoll sie zeitgleich mit Produktprüfungen, wie der Fleischbeschau, zu kombinieren. Dazu werden einerseits schnelle Analyseverfahren und andererseits ein effizientes Informationssystem benötigt. Betrachtet wird hier das vielversprechende Messsystem eines Massen-basierten Biosensors.

1.1 Einordnung von Biosensoren

Biosensoren lassen sich nach dem genutzten Biorezeptor und dem eingesetzten Transducer in Klassen einordnen (siehe Abbildung 1).

Einsatzpotentiale von Biosensoren als Prüfmittel in überbetrieblichen QM-Systemen

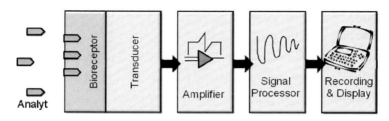

Abb. 1: Schematischer Aufbau eines Biosensors nach [4]

Biorezeptoren können unter anderem Antikörper, Enzyme, Zellen oder DNA-Stränge sein. Die Transducer lassen sich nach Velusamy [4] in drei Untergruppen einteilen, die optischen, die Massen basierten und die elektrochemischen Transducer. Der in der folgenden Fallstudie eingesetzte Biosensor basiert auf einem piezoelektrischen Kristall und nutzt einen auf Oberflächenwellen basierten Transducer. Diese gehören zur Gruppe der Massen-basierten Biosensoren.

1.2 Fallstudie zur Haptoglobin-Messung mittels sam®5

Die Technologie der Firma SAW instruments, der sam®5, ist die Grundlage für das folgende Fallbeispiel. Diese Technologie wurde bereits in einigen anderen Anwendungsfeldern erfolgreich eingesetzt [6, 7]. Basierend auf der Sensortechnik konnte für die Messung des Akute Phase Proteins (APP) Haptoglobin (Hp) ein Schnelltest entwickelt werden [8], welcher als exemplarische Anwendung im Bereich des Tiergesundheitsmanagements gesehen werden soll. Hp ist ein Protein, das zur Gruppe der Akute Phase Proteine gehört. Diese Proteine sind Teil der unspezifischen Immunabwehr des Körpers und werden innerhalb weniger Stunden nach einer Verletzung oder dem Eindringen von Keimen vermehrt von der Leber ins Blut sezerniert. Die Herausforderung bei der Messung dieser Proteine mittels Schnelltest liegt in den sehr diffusen Matrizes Blut und Fleischsaft, welche zur Bestimmung genutzt werden. Zur Verkürzung der Analysedauer sollten die Proben möglichst ohne den Zwischenschritt der Probenreinigung untersucht werden können. Nach Vorbereitung der Chip-Oberfläche, hierbei werden in einigen Arbeitsschritten Anti-Haptoglobin spezifische Antikörper auf der Oberfläche gebunden, läuft die Messung vollautomatisch ab [8]. Die speziell entwickelte Software basiert auf Origin (Origin International Inc., Ontario, Kanada) und ermöglicht erste statistische Analysen direkt im Anschluss an die Messung. Die Ergebnisse der ersten Erprobung dieser Technologie zeigen eine sehr hohe Übereinstimmung mit denen der ELISA-Analytik ($R^2=0,979$). Die Analyseergebnisse waren ohne signifikante Abweichungen mehrmals wiederholbar (siehe Abb.2).

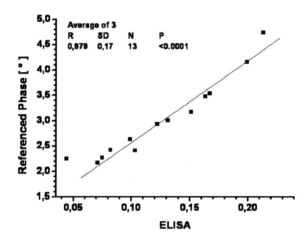

Abb. 2: Overlay Plot der ELISA- mit sam®5-Ergebnissen

Die Präparation der Chip-Oberfläche ist mittels Protein G schnell und mit einem geringen technischen Aufwand möglich, welches die Herstellungskosten solcher Chips reduziert. Des Weiteren macht die einfache, fast vollautomatische Technik die Handhabung durch nicht speziell ausgebildete Anwender möglich. Die beschriebene Technik liefert bereits nach etwa 5 Minuten Ergebnisse und ermöglicht eine direkte Analyse vor Ort. Durch die Reduktion der Arbeitsschritte, die von Hand durchgeführt werden, lassen sich Fehler vermeiden. Der Einsatz dieser automatisierten Analysetechnik sorgt für eine erhöhte Vergleichbarkeit von

Ergebnissen aus verschiedenen Laboren. Die Möglichkeit der Regeneration des Chips erlaubt eine schnelle Abfolge der Analytik. Der Messbereich des Biosensors ist größer als der des ELISAs, wodurch Verdünnungsreihen und erneute Messungen bei starken Abweichungen vom Soll-Wert vermieden werden [8].

1.3 Kenngrößen zur Bewertung von Schnellmethoden

Eine Methodik zur Bewertung von Testmethoden und Informationsgehalten von Prüfungen wurde bereits in der zweiten Hälfte der 1980er Jahre durch Petersen [9] und Strotmann [10] an Fragestellungen der landwirtschaftlichen Produktion angepasst. Die Arbeiten konzentrierten sich auf Prüfmethoden zur Vorhersage der Tiergesundheit und Trächtigkeit von Sauen in Ferkelerzeugerbetrieben. Sie adaptierten Ansätze von Vecchio [11] und Shannon [12] an Bewertungssimulationen in denen mit Testergebnissen oder bestimmten Datensätzen Entscheidungen in der landwirtschaftlichen Erzeugung sicherer getroffen werden können. Der Ansatz von Vecchio [11] wird genutzt, um die Kenngrößen Prävalenz, Sensitivität, Spezifität sowie positive und negative Vorhersagewerte zu errechnen. Im Ausgangsmodell zur Ermittlung von Kennzahlen und Rangierungsgrößen werden bei Petersen [9], Strotmann [10] und Shannon [12] gestörte Informationskanäle definiert. Basierend auf dieser Annahme, können die Parameter Transinformation, Kanalkapazität und die optimale Prävalenz errechnet werden. Diese Parameter ermöglichen eine objektive Bewertung der Validität und der Informationsgehalte von Prüfverfahren. In der Regel handelt es sich in der Landwirtschaft um offline Verfahren.

Berns [13] hat erstmals produktionsbegleitende Prüfstrategien im präventiven Qualitätsmanagement mit Hilfe eines mobilen Labors getestet und Einsatzfelder definiert. Er kam damit angestrebten Online-Prüfungen bereits sehr nahe. Hauptziel dieser Strategie war, auf den Versand von Proben an ein Zentrallabor zu verzichten und bereits vor Ort den Schweineerzeuger direkt im Produktionsprozess bei der Entscheidungsfindung zu unterstützen. Es wurde eine komplexe

Kombination aus Tests und Checklisten entwickelt, um alle Bereiche der landwirtschaftlichen Schweinehaltung zu analysieren und Schwachstellen in den Prozessen aufzudecken. Die Zeit zwischen Prüfmitteleinsatz und Prüfergebnis lag je nach Messgröße und -verfahren zwischen einer Minute und einer Stunde. Damit war eine Entscheidung über Handlungsalternativen im Rahmen der Beratung noch während des Termins vor Ort im landwirtschaftlichen Betrieb möglich. Die vorgestellten Arbeiten konzentrieren sich auf Prüfpunkte in der landwirtschaftlichen Schweineproduktion. Ein weiterer wesentlicher Prüfpunkt liegt in der ersten Verarbeitungsstufe, den Schlachtbetrieben. Der Prüfpunkt am Schlachthof liegt im Fokus dieser Studie.

2 Methodische Vorgehensweise

Um die Datengrundlage zur Beurteilung der Relevanz der durchgeführten Tests, d.h. die Zuverlässigkeit im Hinblick auf die Fragestellung, zu erhalten, wurde ein Versuch in einem Lernkollektiv durchgeführt. Anschließend erfolgte die Beurteilung von Kenngrößen zur Charakterisierung der Relevanz der Tests sowie des Informationsgewinns im Hinblick auf Entscheidungen an kritischen Kontrollpunkten in der Wertschöpfungskette Fleisch. Die Vorgehensweise dieser Arbeit lehnt sich stark an die von Petersen [9] und Strotmann [10] an und wird im Folgenden eingehend beschrieben.

2.1 Versuchseinstellung

Im Rahmen eines Tierversuches wurden Proben am Schlachthof nach Vorgaben des QS-Salmonellenmonitorings [5] aus den Zwerchfellpfeilern von 91 unkastrierten Ebern gewonnen. Die Tiere stammten aus zwei Mastbetrieben. Das Probenmaterial wurde zunächst eingefroren, um eine Zerstörung der Zellstrukturen zu erwirken, und im Folgenden wieder aufgetaut [14]. Der austretende Fleischsaft bildete die Grundlage für die Analytik.

Die Hp-Messung wurde mittels ELISA nach Hiss durchgeführt [15]. Zur Erprobung des Schnelltests wurden die Messungen auf dem Biosensor wiederholt und die Resultate verglichen. Aufgrund der hohen Übereinstimmung ($R^2=0,979$) wird zur Berechnung in den folgenden Abschnitten davon ausgegangen, dass die Ergebnisse mittels Biosensor ermittelt wurden und unmittelbar zur Entscheidungsfindung genutzt werden konnten.

Neben der Messung der Hp-Konzentrationen im Fleischsaft wurden durch ein externes Labor zusätzlich Antikörpertiter für folgende Parameter ermittelt:

- *Salmonella* spp.
- *Yerinia* spp.
- *Sarcoptes* scabiei var. suis
- *Trichinella* spp.
- Porcine Reproductive and Respiratory Syndrome Virus (PRRSV)

Des Weiteren wurden die Proben auf Hemmstoffe getestet und die durchschnittlichen Tageszunahmen, aus den Kenngrößen Mastdauer und Mastendgewicht errechnet. Diese Daten dienten dazu, einen Befund zu charakterisieren wie z.B. ob ein Lebensmittel als sicher oder unsicher einzustufen ist oder es sich um ein Lebensmittel mit eingeschränkter oder uneingeschränkter Verarbeitungsfähigkeit handelt. Die Prüfungen sollen Aussagen über zukünftige Ereignisse ermöglichen. Die Risiken lassen sich wie folgt gruppieren:

- Risiken für die Lebensmittelsicherheit (z.B. Hemmstoffe, Salmonellen)
- Risiken für die Produktqualität (z.B. Geruchsabweichungen)

Im ersten Schritt erfolgte zur Berechnung der Kenngrößen die Definition von Parametern zur Charakterisierung bestimmter Risiken für die Produktqualität und -sicherheit. In diesem Fallbeispiel wird davon ausgegangen, dass ein erhöhtes

Risiko für das Produkt vorliegt, wenn eines der Risikokriterien (Salmonellen-Antikörper, Yersinien-Antikörper, Trichinen-Antikörper oder Hemmstoffe) ein positives Analyseergebniss aufweist.

Im zweiten Schritt wurden 4 verschiedene Prüfszenarien festgelegt. Das erste Prüfszenarium (nur visuell: T_0) beschreibt den Informationsgewinn durch das heute übliche online Prüfverfahren der visuellen Fleischbeschau zur Erkennung von Organveränderungen. Das zweite Prüfszenarium (Ketteninformation und ein Parameter Biosensor: T_1) geht davon aus, dass bereits auf der Stufe der landwirtschaftlichen Produktion der Antikörpertiter gegen PRRSV ermittelt wurde und verbindet diese Ketteninformation mit den Hp-Konzentrationen aus dem Fleischsaft. Das dritte (zwei Parameter Biosensor: T_2) und vierte (drei Parameter Biosensor: T_3) Szenarium basiert auf der theoretischen Möglichkeit einer online-Messung von Parametern im Schlachtprozess nach dem Beispiel der Hp-Messung mittels Biosensor. In Szenarium drei werden die Salmonellen-Antikörper und die Belastung mit Hemmstoffen während des Schlachtprozesses gemessen. In T_3 werden zusätzlich noch die Hp-Konzentrationen ermittelt.

Definiert wurde die Wahrscheinlichkeit mit der die Testergebnisse die Wahl der Entscheidungsalternativen beeinflussen. Die Alternativen sind

- Einstufung als unbedenklich, die Verarbeitung zu SB-Ware
- Einstufung als bedenklich, weitere Tests.

Es wird folgende Hypothese aufgestellt:

„Alle Schlachtkörper bei denen ein positives Prüfergebnis (T) vorliegt, werden ein erhöhtes Risiko (B) für Reklamationen im Frischfleischverkauf aufweisen."

Hypothese: $\qquad H_0 \triangleq T = B$

darauf folgt: $\qquad H_1 \triangleq \overline{T} = \overline{B}$

Es wird davon ausgegangen, dass bei einem positiven Testergebnis ein erhöhtes Risiko für den Kunden vorliegt und bei einem negativen Testergebnis keine Risiken für die Verarbeitung zu SB-Ware zu erwarten sind.

Von den untersuchten 91 Schlachtschweinen lag bei 31 Tieren ein erhöhtes Risiko nach den hier definierten Parametern vor. Die Prüfergebnisse werden in Tabelle 1 als Vierfeldertafel für die Prüfszenarien dargestellt.

Tab. 1: Häufigkeiten der Prüfergebnisse und Risiken in einer Entscheidungsmatrix

Name		B	$\bar{B}$
		richtig positiv	falsch positiv
T_0	nur visuell	1	5
T_1	Ketteninformation + 1 Parameter Biosensor	20	23
T_2	2 Parameter Biosensor	25	10
T_3	3 Parameter Biosensor	27	8
		falsch negativ	richtig negativ
$\bar{T}_0$	nur visuell	30	55
$\bar{T}_1$	Ketteninformation + 1 Parameter Biosensor	11	37
$\bar{T}_2$	2 Parameter Biosensor	6	50
$\bar{T}_3$	3 Parameter Biosensor	4	52

T = Prüfergebniss „positiv" $\bar{T}$ = Prüfergebniss „negativ"
B = Risiko vorhanden $\bar{B}$ = Risiko nicht vorhanden

2.2 Beurteilungsgrößen zur Charakterisierung der Prüfstrategie

Die Kenngröße diagnostische Empfindlichkeit oder Sensitivität des Tests gibt Aufschluss über die Wahrscheinlichkeit ein unerwünschtes Risiko, wie z.B. für die Sicherheit des Produktes oder eine Abweichung des Geruchs, frühzeitig zu erkennen. Wobei durch die Spezifität die Wahrscheinlichkeit nicht gefährdete Schlachthälften richtig auszuschließen gegeben ist. Die Formeln zur Berechnung dieser beiden Parameter nach Petersen [9] sind in Tabelle 2 aufgeführt.

Tab. 2: Parameter zur Beurteilung der Relevanz eines Tests

Parameter	Formel	
Sensitivität	$P(T\|B) = \dfrac{TB}{TB + \bar{T}B}$	(Gl. 1)
Spezifität	$P(\bar{T}\|\bar{B}) = \dfrac{\bar{T}\bar{B}}{\bar{T}\bar{B} + T\bar{B}}$	(Gl. 2)
T = Prüfergebniss „positiv" B = Risiko vorhanden	$\bar{T}$ = Prüfergebniss „negativ" $\bar{B}$ = Risiko nicht vorhanden	

2.3 Beurteilungsgrößen zur Charakterisierung der Relevanz der Befunde

Die Prävalenz beschreibt den Anteil der Tiere bzw. Schlachtkörper von der Grundgesamtheit, bei denen ein erhöhtes Risiko festgestellt wurde. Sie ist durch die folgende Formel (Gl. 3):

$$P(B) = \frac{B}{B + \bar{B}} \quad \text{(Gl. 3)}$$

gegeben.

Neben der Prävalenz sind die Vorhersagewerte, die Wahrscheinlichkeiten für das Eintreten eines Risikos bei positivem bzw. des Fehlens eines negativen Testergebnisses, wichtige Größen zur Beurteilung der Relevanz von Prüfverfahren. Diese Vorhersagewerte, auch „predictive values" [11], sind nach Petersen [9] besser geeignet, um die Relevanz eines Befundes zu verdeutlichen, als die Sensitivität und die Spezifität. Die Formeln zur Kalkulation dieser Werte werden in Tabelle 3 gegeben.

Tab. 3: Parameter zur Beurteilung der Relevanz eines Befundes

Parameter	Formel	
Positiver Vorhersagewert	$P(B\|T) = \dfrac{P(B) \times P(T\|B)}{P(B) \times P(T\|B) + P(\bar{B}) \times (1 - P(\bar{T}\|\bar{B}))}$	(Gl. 4)
Negativer Vorhersagewert	$P(\bar{B}\|\bar{T}) = \dfrac{P(\bar{B}) \times P(\bar{T}\|\bar{B})}{P(\bar{B}) \times P(\bar{T}\|\bar{B}) + P(B) \times P(\bar{T}\|B)}$	(Gl. 5)

2.4 Bewertungsparameter des Informationsgehaltes

Bei der Berechnung weiterer Rangierungsgrößen wurden die Modellannahmen von Shannon [12] genutzt. Shannon [12] definiert Information als Auswahl eines bestimmten Zeichens aus einer Menge möglicher Zeichen. Besteht also eine 100 %ige Gewissheit über das Auftreten eines Ereignisses in der Zukunft (P=1), so kann ein Test keine zusätzliche Information enthalten. Liegt hingegen totale Ungewissheit vor, also eine 50%ige Chance z.B. für einen Schlachtbefund und eine 50%ige Chance dafür, dass ein Schlachttier nicht betroffen ist, wird die Information aus einem Test über das zu erwartende Ereignis maximal.

Shannon [12] leitet aus diesem Ansatz ein Maß zur Quantifizierung der Information ab. Er definiert die Information eines Zeichens $x_i \in X$ anhand folgender Formel.

$$I(x_i) = -\log_2 (P(X = x_i)) \tag{Gl. 6}$$

I = Informationsgehalt   P = Auftretenswahrscheinlichkeit

Die bedingte (Informations-) Entropie H, durch die Formel

$$H = k \sum_{i=1}^{n} P_i \times \log_2 \frac{1}{P_i} \tag{Gl. 7}$$

H = Informationsentropie   k = dimensionsbedingter Faktor nach Shannon [12] gegeben, beschreibt den mittleren Informationsgehalt eines Zeichens in einer Zeichenkette, wobei k ein dimensionsbedingter Faktor ist und bei Ausgabe der Ergebnisse in bit gleich 1 ist. Es werden die quantifizierten Informationen (Gl. 6) mit ihren Wahrscheinlichkeiten multipliziert und aufsummiert. Die Parameter Informationsgehalt der Quelle, Informationsgehalt des Empfängers und die Total-information können in Folge dessen berechnet werden.

Anhand der Gleichungen 6 und 7 lassen sich die Entropien für den Informationsgehalt der Quelle, den Informationsgehalt des Empfängers sowie die Totalinformation errechnen. Es lassen sich allen Auftritts-, Übergangs-, Rückschluss- und Ausgangswahrscheinlichkeiten Entropien zuordnen. Basierend auf den Beziehungen dieser Entropien zueinander, kann die Transinformation ($I_{B,T}$) bestimmt werden. Die Transinformation bezeichnet die Information, die bei gegebener Eingangswahrscheinlichkeit durch einen Kanal übertragen wird.

$$I_{B,T} = \sum_{i=1}^{m}\sum_{j=1}^{m} P(B_i, T_j) \times log_2 \frac{P(B_i, T_j)}{P(B_i) \times P(T_j)} \qquad \text{(Gl. 8)}$$

$I_{B,T}$ = Transinformation

Durch die Maximierung dieses Ausdrucks lässt sich der maximal übertragbare Informationsgehalt, die sog. Kanalkapazität C berechnen.

$$C = \frac{-\beta H(\alpha) + \alpha H(\beta)}{\beta - \alpha} + log_2 \left[1 + 2^{\frac{H(\alpha) - H(\beta)}{\beta - \alpha}}\right] \qquad \text{(Gl. 9)}$$

C = Kanalkapazität α = Übergangswahrscheinlichkeit von B zu T
B = Übergangswahrscheinlichkeit von $\bar{B}$ zu T

Da die Information, die durch einen Test übertragen wird, von der Eingangswahrscheinlichkeit (Prävalenz) abhängig ist, ist es sinnvoll auch die Eingangswahrscheinlichkeit zu berechnen, bei welcher der größtmögliche Informationsgehalt erzielt werden kann. Diese Größe wird nach Petersen [9] auch als optimale Prävalenz (($P(B_i)_{opt}$) bezeichnet.

$$P(B_i)_{opt} = \beta(\beta - \alpha)^{-1} - (\beta - \alpha)^{-1}\left[1 + 2^{\frac{H(\beta) - H(\alpha)}{\beta - \alpha}}\right]^{-1} \quad \text{(Gl. 10)}$$

3 Ergebnisse

Beispielhaft für alle Berechnungen werden in diesem Kapitel die Ergebnisse für die Vorhersage von Risiken durch das Prüfszenario T_3 (3 Parameter Biosensor) ausführlicher beschrieben. Die Ergebnisse und Gegenüberstellung aller durchgeführten Prüfungen anhand der Rangiergrößen Transinformation und Testkapazität werden in Tabelle 6 dargestellt.

3.1 Charakterisierung der Relevanz des Tests

Die Sensitivität für diesen Test lässt sich aus der Vierfeldertafel (Tabelle 1) anhand der Gleichung 1 errechnen. Basierend auf der Datengrundlage aus dem durchgeführten Versuch liegt sie bei 0,87.

Auch die Spezifität, die bedingte Wahrscheinlichkeit dafür, dass Tiere mit negativem Testergebnis keine Befunde aufweisen, lässt sich durch das Einsetzen der Werte aus Tabelle 3 in Gleichung 2 bestimmen. Sie beträgt im Fall von T_3 wie die Sensitivität 0,87.

3.2 Charakterisierung der Relevanz der Befunde

Die Eingangswahrscheinlichkeit, hier gegeben durch die Prävalenz, beschreibt den relativen Anteil der Tiere mit erhöhtem Risiko innerhalb der betrachteten Stichprobe und wurde nach Gleichung 3 ermittelt. Sie beträgt 0,34.

Der positive Vorhersagewert für dieses Beispiel beträgt nach Gleichung 4 0,78, der negative Vorhersagewert nach Gleichung 5 0,93. Diese Werte werden durch die Prävalenz beeinflusst. Tabelle 4 zeigt die Vorhersagewerte bei sich verändernden Prävalenzen für Organbefunde.

Tab. 4: Spezifität, Sensitivität und Vorhersagewert eines positiven und negativen Testergebnisses in Abhängigkeit von der Prävalenz am Prüfszenario T_3

Prävalenz [%]	Spezifität	Sensitivität	Positiver Vorhersagewert	Negativer Vorhersagewert
30	0,87	0,87	0,74	0,94
40	0,87	0,87	0,82	0,91
50	0,87	0,87	0,87	0,87
60	0,87	0,87	0,91	0,82
70	0,87	0,87	0,94	0,74

T = Prüfergebniss „positiv" $\bar{T}$ = Prüfergebniss „negativ"
B = Risiko vorhanden $\bar{B}$ = Risiko nicht vorhanden

3.3 Informationsgehalt des Tests

Anhand der bedingten Wahrscheinlichkeiten wurde der in Abbildung 3 beispielhaft dargestellte Informationskanal definiert.

Einsatzpotentiale von Biosensoren als Prüfmittel in überbetrieblichen QM-Systemen

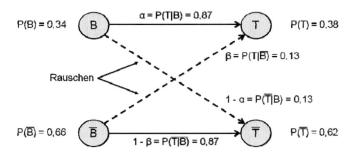

Abb. 3: Darstellung des Tests als binärer, diskreter, gestörter Informationskanal nach Shannon [12] am Beispiel T_3

Aufgrund der gegebenen Prävalenz für das Auftreten eines Befundes, können die Informationsgehalte für B und $\bar{B}$ sowie T und $\bar{T}$ errechnet werden (Gl. 6). Die Ergebnisse sind in Tabelle 5 dargestellt.

Tab. 5: Informationsgehalte von B und $\bar{B}$ sowie T und $\bar{T}$ basierend auf den bedingten Wahrscheinlichkeiten

Kriterium	Beschreibung	Informationsgehalt [bit] nach Gleichung 6
B	Risiko für Reklamationen erhöht	1,55
$\bar{B}$	Risiko für Reklamationen ausgeschlossen	0,6
T_3	3 Parameter Biosensor „positiv"	1,38
$\bar{T}_3$	3 Parameter Biosensor „negativ"	0,69

T = Prüfergebnis „positiv" $\bar{T}$ = Prüfergebnis „negativ"
B = Risiko vorhanden $\bar{B}$ = Risiko nicht vorhanden

Der Informationsgehalt der Quelle H(X) gibt die Entropien für B und $\bar{B}$ wieder und beträgt hier 0,93 bit. Die Entropien der Wahrscheinlichkeiten für T und $\bar{T}$ ermöglichen die Berechnung des Informationsgehaltes des Empfängers H(Y). Es ergeben sich 0,96 bit. Der Informationsgehalt des Empfängers ist größer als der Informationsgehalt der Quelle. Dies ist durch die hinzukommende Fehlinformation zu erklären. Die Totalinformation H(X,Y) ist die Summe der Entropien, die sich aus den Eingangswahrscheinlichkeiten für B und $\bar{B}$ multipliziert mit den möglichen Übergangswahrscheinlichkeiten ergeben. Die Totalinformation für die vorgestellte Prüfung liegt bei 1,48 bit.

Durch die Beziehungen dieser Werte ergeben sich die Fehlinformation H(Y|X), hier 0,55 bit, und die Äquivokation H(X|Y), die in diesem Fall gleich 0,52 bit ist. Die Fehlinformation quantifiziert die Information, die bei der Übertragung in einem Kanal zum Informationsgehalt der Quelle hinzukommt. Die Äquivokation quantifiziert den Teil, der bei der Übertragung verloren geht. Die Transinformation gibt den Teil der Eingangsinformation an, welcher unbeeinflusst von Fehlinformation und Äquivokation beim Empfänger ankommt. Er wird durch Gleichung 8 bestimmt. Die Transinformation der Prüfstrategie T_3 beträgt 0,41 bit.

Durch die Berechnung der maximalen Kanalkapazität nach Gleichung 9, lässt sich der maximal übertragbare Informationsgehalt mit etwa 0,73 bit bestimmen. Die optimale Prävalenz des vorgestellten Tests beträgt 0,57 (57%). In Situationen, in denen gehäuft Risiken für die Qualität und Sicherheit von Produkten aus bestimmten Herkunftsbetrieben auftreten, liefert die Prüfstrategie einen größeren Informationsgewinn zur Sortierung von Chargen als dies im vorliegenden Lernkollektiv der Fall war.

In Tabelle 6 werden die Parameter Transinformation [$I_{(B,T)}$] und Kanalkapazität [C], die hier auch als Testkapazität bezeichnet wird, für die Vorhersage von Organveränderungen und Hemmstoffbelastungen im Schlachtprozess dargestellt. Zur Berechnung der vorhersagenden Information wurden Hp-Konzentrationen, Tageszunahmen und PRRS-Antikörper genutzt.

Tab. 6: Zusammenfassung der Bewertungsparameter für Tests zur Vorhersage von Risiken

Test	Name	Vorhandene Prävalenz eines Risikos	Transinformation [bit]	Testkapazität [bit]
T_0	nur visuell	0,34	0,04	0,13
T_1	Ketteninformation + 1 Parameter Biosensor	0,34	0,05	0,55
T_2	2 Parameter Biosensor	0,34	0,29	0,67
T_3	3 Parameter Biosensor	0,34	0,41	0,73

4 Schlussfolgerung und Ausblick

Die in dieser Studie definierten Risiken für ein Endprodukt, die Prüfungen auf Antikörper gegen Erreger mit zoonotischem Charakter und Hemmstoffe können nicht verlässlich durch die heutige Online-Prüfung, die visuelle Fleischbeschau, bewertet werden. Mit der hier vorgeschlagenen Prüfstrategie T_1, die auf Vorinformationen aus der landwirtschaftlichen Produktion durch Einsatz von Biosensoren im Gesundheitsmanagement basiert, wächst der Informationsgehalt zur Abschätzung von Risiken. Weiter erhöht ist der Informationsgehalt, wenn man immunologische Methoden in die Befundbetrachtung einbezieht. Die erhebliche Steigerung der Information durch die Einbeziehung des unspezifischen Parameters Hp in die Prüfstrategie zeigt deutlich das Potential dieses Parameters. Die Prüfstrategie T_3 führt mit 0,41 bit zum größten Informationsgewinn im Vergleich zu den übrigen Prüfstrategien.

Bestätigt wurde, dass die Transinformation als Rangierungsgröße genutzt werden kann, um Prüfstrategien miteinander im Sinne einer Entscheidungshilfe zu vergleichen. Die große Differenz zwischen der Transinformation und der Testkapazität zeigen deutlich, dass die Möglichkeiten der vorgestellten Tests im Lernkollektiv nicht ausgeschöpft wurden. Hierin ist ein weiterer Vorteil des Bewertungsmodells zu sehen. Die Testkapazität als Kenngröße erlaubt es, ein Prüfverfahren mit besonderen Stärken und Schwächen hinsichtlich der Entdeckungswahrscheinlichkeit von Risiken in weiteren Verarbeitungsprozessen zu erkennen.

Durch die Kombination verschiedener Prüfparameter auf einem Chip zur Messung mittels Biosensor, können die Informationsgehalte der Prüfstrategie signifikant erhöht werden. Es sind zukünftig weitere Prüfstrategien nach dem vorgestellten Verfahren zu bewerten, um die Parameterkombinationen zu optimieren. Prüfstrategien die aus Vorinformationen durch Messungen am lebenden Tier während der Mast, wie der Bestimmung von PRRS-Antikörpern und Tageszunahmen ausgerichtet sind, erleichtern die Schlachtprozesse, wie die Vergleichszahlen verdeutlichen (siehe Tab. 6). So lassen sich basierend auf diesen Informationen Prävalenzen abschätzen, an denen sich Prüfstrategien ausrichten. Ein produktionsbegleitender Austausch relevanter Messdaten vorwärts und rückwärts der Produktionskette bzw. zwischen zwei Stufen ist somit ein Beitrag zur Erhöhung der Lebensmittelsicherheit und der Produktqualität.

Einsatzfelder für Biosensoren in der Fleisch erzeugenden Kette können, wie diese Studie zeigt, sehr vielfältig sein. Mit der Entwicklung von Biosensoren stehen neue Möglichkeiten zur Etablierung von produktionsbegleitenden Online-Prüfungen zur Verfügung. Dies bedeutet, dass diese Prüfmöglichkeiten in einem umfassenderen Sinn der Unterstützung von Entscheidungen im Qualitätsmanagement gesehen werden müssen. Zu bewerten gilt dabei, unter welchen Bedingungen unterschiedliche Prüfstrategien einen maximalen Informationsgewinn liefern. Von besonderer Bedeutung ist dabei die Sammlung experimenteller Daten, um das hier dargestellte theoretische Gerüst aufzufüllen. Es wurde exemplarisch verdeutlicht, dass auf der methodisch-theoretischen Grundlage Auswahl, Optimierung, Anwendung und Wertung von Prüfstrategien objektivierbar werden.

6 Acknowledgement

The authors gratefully acknowledge from the European Community financial participation under the Sixth Framework Programme for Research, Technological Development and Demonstration Activities, for the Integrated Project Q-PORKCHAINS FOOD-CT-2007- 036245.

Literatur

[1] Verordnung (EG) Nr. 178/2002 des Europäischen Parlaments und des Rates vom 28. Januar 2002 zur Festlegung der allgemeinen Grundsätze und Anforderungen des Lebensmittelrechts, zur Errichtung der Europäischen Behörde für Lebensmittelsicherheit und zur Festlegung von Verfahren zur Lebensmittelsicherheit.

[2] Verordnung (EG) Nr. 852/2004 des Europäischen Parlaments und des Rates vom 29. April 2004 über Lebensmittelhygiene

[3] Risikoorientierte Fleischuntersuchung soll Schweinefleisch sicherer machen. Information Nr. 010/2008 des BfR vom 29. Januar 2008. Auf: http://www.bfr.bund.de/cm/208/risikoorientierte_fleischuntersuchung_soll_sc hweinefleisch_sicherer_machen.pdf, Stand: 03.01.2011.

[4] Velusamy, V., Arshak, K., Korostynska, O., Oliwa, K., Adley, C.: An overview of foodborne pathogen detection: In the perspective of biosensors, Biotechnology Advances, 28, S. 232-254, 2010.

[5] Blaha, T.: Salmonellenmonitoring und -reduzierung in der landwirtschaftlichen Primärproduktion als Beitrag zum vorbeugenden Verbraucherschutz am Beispiel der Schweinefleischproduktion, Lohmann Informationen, S. 1- 6, 2/2003.

[6] Perpeet, M.; Glass, S.; Gronewold, T.; Kiwitz, A.; Malavé, A.; Stoyanov, I.; Tewes, M., Quandt, E.: SAW Sensor System for Marker-Free Molecular Interaction Analysis. Analytical Letters, 39, S. 1747-1757, 2006.

[7] Schlensog, M. D.; Gronewold, T. M. A.; Tewes, M.; Famulok, M., Quandt, E.: A Love-wave biosensor using nucleic acids as ligands. Sensors and Actuators, 101, S. 308-315, 2004.

[8] Klauke, T. N., Gronewold, T. M. A., Perpeet, M., Brinkmann, D., Plattes, S., Hiss, S., Sauerwein, H., Petersen, B.: Measurement of haptoglobin in porcine meat juice using Surface Acoustic Wave biosensor technology. Noch nicht veröffentlicht.

[9] Petersen, B.: Die Kontrolle von Leistung und Gesundheit in Ferkelerzeugerbetrieben mit Hilfe eines produktionsbegleitenden Informationssystems, Habilitation Rheinische Friedrich-Wilhelms-Universität, Verlag H. Orzekowsky, Bonn, 1985.

[10] Strotmann, K.: Modell zur Verarbeitung von Ergebnissen aus Gesundheitsvorsorge- und Trächtigkeitstests zu vorhersagenden Informationen als Entscheidungshilfen für den Sauenhalter, Habilitation Rheinische Friedrich-Wilhelms-Universität, Bonn, 1989.

[11] Vecchio, T.J.: Predictive value of a single diagnostic test in unselected populations, The New England Journal of Medicine, 274, S. 1171-1173. 1966.

[12] Shannon, C.E., Weaver, W.: The mathematical theory of communication, University of Illinois Press, Chicago, 1949.

[13] Berns, G.: Einbindung von Checklisten und mobile Analyselabor in Beratungskonzepte zur Erweiterung von Gesundheitsvorsorge- und Qualitätsmanagementsystemen in der Schweinefleischerzeugung, Dissertation Rheinische Friedrich-Wilhelms-Universität, Bonn, 1996.

[14] Christensen, L.B.: Drip loss sampling in porcine M. Longissimus dorsi. Meat Science, 63, S. 469-477, 2003.

[15] Hiss, S.: Entwicklung und Validierung von enzymimmunologischen Messverfahren zur Bestimmung von Haptoglobin bei verschiedenen Haustierspezies und erste Anwendungen in Pilotstudien, Dissertation Tierärztliche Hochschule Hannover, Hannover, 2001.

GQW-Tagungsbände

Schnauber, H. (Hrsg.): GQW-Tagung '98 Festtagungsband. Tagungsband GQW-Tagung 1998, Bochum. Bochum, 1998.

Weckenmann, A. (Hrsg.): Erfolgreiches Qualitätsmanagement durch bessere Integration von Kundeninformationen. Tagungsband GQW-Tagung 1999, Erlangen. Erlangen, 1999.

Molitor, M. (Hrsg.): Qualität mit System – Magdeburger Perspektiven. Berichte zum Qualitätsmanagement, Band 2/2000, Aachen, 2001.

Redeker, G. (Hrsg.): Qualitätsmanagement für die Zukunft – Business Excellence als Ziel. Bericht zur GQW-Jahrestagung 2001, Hannover. Berichte zum Qualitätsmanagement, Band 3/2001, Aachen, 2001.

Woll, R. (Hrsg.): Qualitätswissenschaft für Bildung und Praxis. Bericht zur GQW-Jahrestagung 2002, Cottbus. Berichte zum Qualitätsmanagement, Band 4/2002, Aachen, 2002.

Pfeifer, T. (Hrsg.): Prozessorientiertes Qualitätsmanagement – Gestalten, Umsetzen, Bewerten. Bericht zur GQW-Jahrestagung 2003, Aachen. Berichte zum Qualitätsmanagement, Band 5/2002, Aachen, 2003.

Herrmann, J. (Hrsg.): Qualitätsmanagement – Anspruch und Wirklichkeit. Bericht zur GQW-Jahrestagung 2004, Berlin. Berichte zum Qualitätsmanagement, Band 6/2004, Aachen, 2004.

Petersen, B. (Hrsg.): Qualitätsmanagement – Querschnittsaufgabe in Wirtschaft und Wissenschaft. Bericht zur GQW-Jahrestagung 2005, Bonn. Berichte zum Qualitätsmanagement, Band 7/2005, Aachen, 2005.

Winzer, P. (Hrsg.): Qualitätsmanagementsystem im Produktlebenszyklus. Bericht zur GQW-Jahrestagung 2006, Wuppertal. Berichte zum Qualitätsmanagement, Band 8/2006, Aachen, 2006.

Linß, G. (Hrsg.): Messbare Qualität. Bericht zur GQW-Tagung 2007, Ilmenau. Berichte zum Qualitätsmanagement, Band 9/2007, Aachen, 2007.

Goch, G. (Hrsg.): Innovationsqualität: Qualitätsmanagement für Innovationen. Bericht zur GQW-Tagung 2008, Bremen. Berichte zum Qualitätsmanagement, Band 10/2008, Aachen, 2008.

Theuvsen, L.; Deimel, M. (Hrsg.): Qualitätsmanagement in Wertschöpfungsnetzwerken. Bericht zur GQW-Tagung 2009, Göttingen. Berichte zum Qualitätsmanagement, Band 11/2009, Aachen, 2009.

GQW-Tagungsbände

Schmitt, R. (Hrsg.): Unternehmerisches Qualitätsmanagement. Bericht zur GQW-Tagung 2010, Aachen. Berichte zum Qualitätsmanagement, Band 12/2010, Apprimus Verlag, Aachen, 2010.